PERMISSÃO PARA FALAR

Samara Bay

PERMISSÃO PARA FALAR

EMPODERAR VOZES, COMEÇANDO COM VOCÊ

Tradução
STEFFANY DIAS DA SILVA

Copyright © 2023 by The Wild Voice, Inc.

Publicado em acordo com Crown, um selo da Random House, uma divisão da Penguin Random House LLC, New York.

O selo Fontanar foi licenciado para a Editora Schwarcz S.A.

Grafia atualizada segundo o Acordo Ortográfico da Língua Portuguesa de 1990, que entrou em vigor no Brasil em 2009.

TÍTULO ORIGINAL Permission to Speak: How to Change What Power Sounds Like, Starting with You

CAPA E ILUSTRAÇÃO Anna Kochman

PREPARAÇÃO Lígia Azevedo

ÍNDICE REMISSIVO Probo Poletti

REVISÃO Clara Diament e Natália Mori

Dados Internacionais de Catalogação na Publicação (CIP)
(Câmara Brasileira do Livro, SP, Brasil)

Bay, Samara
  Permissão para falar : Empoderar vozes, começando com você / Samara Bay ; tradução Steffany Dias da Silva. — 1ª ed. — São Paulo : Fontanar, 2023.

  Título original: Permission to Speak : How to Change What Power Sounds Like, Starting with You.
  ISBN 978-65-84954-08-3

  1. Falar em público 2. Oratória I. Título.

23-141162   CDD-808.51

Índice para catálogo sistemático:
1. Falar em público : Retórica   808.51

Eliete Marques da Silva – Bibliotecária – CRB-8/9380

Todos os direitos desta edição reservados à
EDITORA SCHWARCZ S.A.
Rua Bandeira Paulista, 702, cj. 32
04532-002 — São Paulo — SP
Telefone: (11) 3707-3500
facebook.com/Fontanar.br
instagram.com/editorafontanar

Para as mães

Sumário

Introdução — O novo som do poder 9

1. Respiração 27
Como respirar como alguém com permissão para falar

2. Dimensão 58
Voz crepitante, entonação ascendente, desculpas e o tamanho da sua voz

3. Emoção 95
Assuma seus sentimentos — de uma vez

4. Altura 128
Os altos e baixos do poder

5. Tom 157
Fale para ser ouvida

6. Sons 182
Preconceito contra sotaques, supremacia branca, e como gostar da sua voz real

7. Palavras 207
As palavras que você escolhe e como dizê-las como se fossem suas

8. Heroísmo 241
Como falar de si (dica: não tem a ver com você, tem a ver com todas nós)

Agradecimentos 273
Notas 277
Índice remissivo 287

Introdução:
O novo som do poder

*O que precisamos é de alguma antiquada e séria
conscientização a respeito do que queremos dizer com
"voz de autoridade" e de como viemos a construí-la.*

Mary Beard, *Mulheres e poder: Um manifesto*

Eu estava na livraria independente do meu bairro, na
zona leste de Los Angeles, batendo um papo com a caixa. Ela
me perguntou qual era o título do livro que eu estava escrevendo. Quando lhe contei, o homem atrás de mim na fila
— alto, ruivo, de bochechas rosadas — deu uma gargalhada
e interveio:

"Permissão para falar? Isso é algo de que nunca precisei."

A caixa e eu trocamos um olhar de cumplicidade. *Pois é,
senhor. É justamente isso.*

Este livro... não é para ele.

Quando eu tinha 24 anos, perdi a voz. Eu precisava deste livro — desesperadamente. Lembro que conseguia falar na
parte da manhã, na maioria das vezes; titubeava, mas minha
voz era inteligível. No entanto, quando a noite chegava, ela

tinha sumido. Eu me esforçava para falar durante o dia, mesmo sentindo um incômodo constante na garganta, mesmo que o esforço consumisse toda a minha energia e estraçalhasse meu espírito. Havia algo muito errado, mas eu não sabia o que era. Será que eu estava doente? Será que estava esgotada?

Eu morava em Providence, Rhode Island, e estava na metade do curso de pós-graduação em artes cênicas — um sonho que eu havia lutado para realizar —, mas, na realidade, não me enquadrava bem ali. Eu me sentia muito sozinha, e não conseguir nem sequer falar piorou a sensação. Saí da peça que estava ensaiando. Assistia às aulas como se fosse um fantasma, consciente de cada impulso que sentia de me comunicar e de como os suprimia. Parei de falar com meus pais e com meus amigos pelo telefone, porque era doloroso demais. Parei de rir de vez. À noite, no ápice do inverno, eu me aconchegava na minha casa alugada de um quarto, bebendo chá com mel, e me perguntava o que minha voz estava querendo me dizer e por que eu não voltava ao *normal*.

Acontece que eu estava com um princípio de calo nas cordas vocais — pequenas bolhas tinham se formado ali e estavam inflamadas. Ainda tenho uma fotografia bizarra das minhas cordas vocais em formato de V, tirada pelo médico com uma câmera minúscula que entrou pelo meu nariz e desceu até a garganta. Lembro que ele mostrou o ponto onde as cordas se tocavam — no lugar errado. A verdade é que eu havia me habituado a falar com uma voz um pouco mais grave do que o adequado para minha estrutura física. Minha recuperação foi relativamente simples. Em sessões de fonoaudiologia no recesso de inverno, treinei um novo jeito de falar que parecia estranho no começo, mas depois deixou de me incomodar. E me apressei a retornar ao mundo dos vivos.

Mas eu ainda tinha sérios questionamentos. Por que havia desenvolvido aquele hábito que acabara em caos? Será que eu recebia algum tipo de compensação por falar daquela maneira? Ou era apenas um "mau uso", como disse na frente da turma toda, com um muxoxo, o diretor da peça, quando voltei com o diagnóstico? Foi como se ele me acusasse de arruinar minha voz de propósito. Como se eu pudesse ter *escolhido* falar de maneira correta e saudável, e em vez disso preferisse falar de forma inadequada — e por qual motivo? Preguiça?

E ainda havia o questionamento que começou a tomar forma devagar quando passei a compartilhar minha luta contra os calos depois da formatura e, em troca, as pessoas me contavam suas próprias histórias: será que eu era mesmo anormal? Eu me perguntava quanta gente havia tido a dura experiência de sentir um descompasso entre o corpo e a voz. Quantas mulheres, aparentemente, falavam de uma maneira que não era natural e livre porque uma vozinha em sua cabeça dizia: *Você não está falando direito*. Ou: *Você não está falando tão alto como deveria*. Ou: *Sua voz não é como a voz dos poderosos — qual é o seu problema?*.

Talvez você mesma tenha ouvido essa vozinha. Talvez a tenha escutado, em alto e bom som, da boca de mentores ou chefes bem-intencionados, que puxaram você de lado para lhe dar "só um conselho". Talvez alguém tenha lhe dado a dica amiga de que ninguém levaria você a sério se falasse "tipo" o tempo todo, ou se falasse manso. Ou talvez tenha ouvido, de profissionais instruídos que "só queriam o seu bem", que você soava irritada, estridente, agressiva, que sua voz era aguda demais, ou que você tinha um sotaque ou um maneirismo na fala nada profissional, ou de alguém sem formação.

Mau uso, mau uso, mau uso.

Os gurus do empoderamento, assim como vários memes, dizem "encontre sua voz", mas nós não falamos o bastante sobre o motivo pelo qual nossa voz desapareceu. Não costumamos discutir por que é difícil se permitir falar tão prontamente quanto o homem atrás de mim na livraria. Tenho uma notícia para você: a culpa não é nossa. Existe um tipo de voz que todas crescemos ouvindo, que soa convicta, como uma ordem. É como a voz de John F. Kennedy nos vídeos que vimos na escola e a oratória empolgante de Winston Churchill. É como Steve Jobs em seu famoso discurso de formatura em Stanford, e Tom Hanks encantando a todos no sofá de um programa de entrevistas, e Stephen Colbert do outro lado da mesa, trocando gracejos com o ator.

Veja bem, a culpa não é deles: eles apenas disseram o que tinham a dizer. Mas por gerações esses homens — esses homens heterossexuais, brancos, ricos e importantes — definiram o que significa autoridade natural. São vozes como a deles que costumamos levar a sério. É a eles que nossos pais, e os pais deles, e os pais dos pais deles ofereceram sempre, quase como reflexo, o benefício da dúvida. É neles que tendemos a acreditar. Eles são nossos especialistas, nossos apresentadores de telejornal, nossos líderes e heróis. Representam a voz padrão da autoridade tanto quanto alguém de aparência simétrica, de pele clara e jovem representa o padrão de beleza, mesmo que saibamos que olhar fotos de modelos em revistas e influenciadores nas redes sociais só faça com que nos sintamos inadequados. Às vezes, quando não estamos prestando atenção, nem percebemos que estamos fazendo isso — *simplesmente não gostamos da nossa aparência*.

O problema com o padrão de voz é similar: quando você ou eu queremos nos tornar especialistas ou líderes, somos impelidas a tentar nos aproximar do discurso de homens poderosos, da mesma maneira como podemos nos sentir forçadas a passar tempo demais discutindo tratamentos estéticos ou tentando perder aquele peso extra. E talvez você nem perceba que está fazendo isso — *você simplesmente não gosta do som da sua voz*. É assim que os padrões funcionam; eles estão em toda parte, e você é como um peixe que não percebe que está na água.

Mas, se fizer um curso para desenvolver uma "presença executiva" ou uma pesquisa para saber como falar como um líder, o conselho será duvidosamente consistente. Vão recomendar que mantenha a voz "baixa" e "firme". Que evite ficar "emotiva" ou "falar cantando", que "aprume" as palavras, que não "eleve o tom" ao final de cada frase, que mantenha um ritmo controlado, em cerca de "75% do seu normal". Esse é o padrão. É como o poder tradicionalmente soa. Como diz a dra. Mary Beard, renomada pesquisadora classicista britânica, essa é a voz da autoridade como viemos a concebê-la. Exerça todos os seus instintos através desses preceitos ou corra o risco de ser ridicularizada, diminuída ou ignorada.

Para ser sincera, é mesmo de admirar que acabemos nos sentindo desconfortáveis ao falar em público? É claro que nos preocupa não estar falando da maneira correta, ou talvez usar "hum" ou "ah" demais em vez de falar de maneira fluida. É óbvio que acabamos complexadas, temendo falar de maneira suave demais, ou áspera demais, ou aguda ou feminina ou informal ou estrangeira demais, e adquirimos hábitos para combater esses medos. Existem tradições! Existem padrões! Existe toda uma indústria — não tão conspícua quanto a da beleza, mas que alcança todos os cantos da cultura *mainstream* — nos indicando como falar se quisermos ter sucesso. E a resposta é que devemos falar como um homem heterossexual, branco, rico e notavelmente grande.

Este livro é para o resto de nós. É para aquelas de nós que também gostariam de saber como é simplesmente dizer aquilo que temos a dizer. É para aquelas que se perguntam: é possível? É possível conseguir *se expressar* de verdade, como uma pessoa completa e coerente, em sincronia com o corpo e a voz, pronta para enviar sua mensagem, dominar o recinto e sentir uma alegria absurda ao falar em público? Alegria, afinal, é o que esses padrões roubam de nós — a possibilidade de nos *divertirmos* quando falamos. A ansiedade em relação à maneira como falamos nos distrai da possibilidade de amar o público e deixar que ele nos ame de volta sem preocupações. Acaba com o simples prazer de ser vista, ouvida e adorada pelo que dizemos e fazemos. Como *podemos* ser vistas e ouvidas quando estamos nos esforçando para esconder partes de nós mesmas que não se encaixam no padrão e tentando fazer nossa voz se encaixar em um molde que não foi feito para nós? Em seu discurso ao receber o prêmio Nobel, o filósofo Bertrand Russell disse: "*Olhe para mim* é um dos desejos mais fundamentais do coração humano". Olhe para mim, sim. Sim, Bertrand. Mas em meus próprios termos. Veja-me e ouça-me por quem sou e pelo que preciso fazer no mundo. Ouça-me falar com uma voz que é, sem amarras, sem reservas, completamente *minha*.

Então, em vez de me tornar uma atriz, me tornei alguém que auxilia quem trabalha com isso — o turbulento processo de dar seu melhor nos momentos mais públicos. De certa forma, talvez eu tenha me preparado para isso ao longo da vida. Fui uma pré-adolescente obcecada por Shakespeare, que me sentava na plateia do festival de teatro da minha cidade e assistia a abordagens modernas das peças apresentadas ao ar livre em uma floresta de sequoias. Eu estudava intensamente a linguagem e o ritmo marcado do texto, e ficava fascinada, mesmo naquela época, com a maneira como alguém podia abrir a boca e mudar a energia de um lugar.

Fora que meu filme favorito quando criança era *Minha bela dama*, o musical sobre uma vendedora de flores pobre na Inglaterra treinada para falar de maneira sofisticada como um experimento social orquestrado por um preparador de dialeto misógino. Eu repetia as frases com o sotaque *cockney* do East End de Londres e fazia imitações como se fosse o mais novo membro do elenco do *Saturday Night Live*. Outro assunto que eu adorava era Marilyn Monroe, que também era um experimento social na construção de uma persona em um palco muito público: o nome inventado. A loira de farmácia. Mas, acima de tudo, a icônica voz ofegante. Talvez eu sempre tenha ficado intrigada com a relação entre nossa voz e o modo como somos tratados. Ou, para colocar mais autonomia na discussão, os meios pelos quais passamos a comandar a maneira como nos apresentamos no mundo.

Vale ressaltar que, por causa do trabalho do meu pai, cresci em meio a conferências de física ao redor do mundo — eu não tinha percebido quão pouco convencional era essa criação até ir para a faculdade. Mas tenho vívidas lembranças de participar de brunchs com Stephen Hawking e de ouvir prolongadas conversas sobre o universo em palácios no Vale do Loire, na França, e em mosteiros perto do lago Como. Os físicos têm excelente gosto para escolher pontos de encontro. Mas cheguei bem cedo à conclusão de que, não importava quão magnífica fosse a localidade, *aparentemente*, para falar na frente de uma plateia, era preciso ter um discurso seco e sem emoção. (Os poucos destaques daqueles anos eram de natureza tão diferente que guardei tudo na memória. Era apenas sorte? Carisma inato? Um comedian-te de *stand-up* fazendo um bico em uma área austera?)

E teve a faculdade. Entrei em Princeton e deixei a Costa Oeste para viver aventuras e varar noites, realizando a façanha de obter um diploma de inglês só lendo peças — que eram curtas e quase só diálogo. Atuei em peças e dirigi também. Achei que estivesse construindo uma vida no teatro, quando, na realidade, estava preparando o terreno para passar a vida ajudando pessoas a se expressar no palco do mundo.

Depois que me formei, preparei atores com foco em so-taques e dialetos. Tive a sorte de ter como mentores dois dos melhores preparadores de dialetos de Nova York, que gene-rosamente me passaram trabalhos quando tinham de sobra, mesmo antes de eu acreditar que estava pronta. Com mui-to orgulho, eu fazia parte da cena de teatro da Broadway e off-Broadway, depois fui para Los Angeles e comecei a tra-balhar na televisão e no cinema — e a passar centenas de horas preparando clientes em mesas de jantar e em trailers silenciosos perto do set, ajudando-os a falar de uma forma ligeiramente diferente. Ter um bom ouvido não é a única arte que o trabalho envolve, como percebi logo no início; o segredo é permitir que os clientes se divirtam, fiquem à vontade e sejam ruins antes de serem bons.

A notícia se espalhou, e comecei a preparar atores em sets de filmes indies como *Loving* e grandes sucessos de Hollywood como *Mulher Maravilha: 1984*, fora séries de TV como *American Crime Story: Versace*, *Black Mirror* e *Hunters*. Depois de um tempo, um curso em Los Angeles que prepa-ra pessoas de qualquer setor para se tornar apresentadores de televisão e falar bem diante das câmeras me convidou para dar aulas de voz, e eu descobri que podia me concen-trar de maneira contínua nos problemas vocais dos participantes e oferecer bons conselhos, que funcionavam. Pensando no meu pai, resolvi escrever para o Alan Alda Center for Communicating Science, em Nova York, e eles me convidaram para aprender seu método de ensinar cientistas a se conectar melhor com seus alunos e o público. Então a Microsoft telefonou e um gigante das redes sociais encomendou uma oficina para ajudar suas funcionárias a falar mais à vontade. Elaborei apresentações para a fundação de Tory Burch, Create & Cultivate, e fiz uma parceria com a Moveon.org, que precisava de instrutores para preparar políticos iniciantes. Preparei palestrantes do TED e conferencistas das Nações Unidas, uma representante da W20 (a organização feminina do G20) e um astro pop mundial que faria um discurso de premiação que o estava deixando com os nervos à flor da pele. Apresentei o projeto de um podcast para o iHeartRadio — o primeiro *sobre* o modo como falamos em uma plataforma feita para isso — e eles o compraram na hora.

Entrei nessa profissão como treinadora de dialetos, mas a verdade é que o tête-à-tête que tive com os atores ao longo dos anos durante suas crises de carreira e os ousados jogos de poder moldaram meu trabalho tanto quanto os treinamentos de voz que fiz com eles. Este não é um livro de revelações, e os detalhes íntimos, assim como a maioria dos nomes, foram alterados. Mas basta dizer que preparar estrelas de cinema tem sido uma lição incrível de como trabalhar o poder que temos, como criar o poder que não temos e como encontrar nosso pessoal para poder arrasar, crescer e celebrar juntos.

E agora eu treino todo mundo. Ou melhor, todos aqueles que precisam de ajuda para descobrir uma voz que poderão em algum momento chamar de sua, independente de padrões antiquados e inadequados: empreendedores, CEOs, políticos iniciantes, trabalhadores do setor criativo, mães retomando a carreira e celebridades. Preparo mulheres com uma missão, mas não apenas mulheres: imigrantes, pessoas racializadas, pessoas queer e aquelas que rejeitam rótulos binários, aquelas que se preocupam por se acharem grandes ou pequenas demais, que tentam se recuperar da masculinidade tóxica, que querem se encaixar, que desejam se destacar. (Aliás, falo muito no feminino neste livro, mas isso porque centralizar a mulher é uma prática, e não porque este trabalho seja exclusivo para elas. Se você se vê nestas páginas, seja bem-vindo. Aposto que até o cara da livraria precisa de uma ajudinha.)

Talvez você esteja aqui porque tem aquela sensação inexplicável de que não está usando sua voz como deveria. Talvez você se sinta presa. Talvez tenha vontade de aprender a levantar a voz para dizer *Eu odeio isso* ou literalmente qualquer outra coisa. Ou talvez você queira, sejamos sinceras, *mais poder*. Afinal, muitas de nós começamos a ouvir — talvez baixinho, talvez tão alto que abafa todo o resto — o que as ativistas de direitos civis e as agitadoras feministas vêm gritando há centenas de anos: nem os poderes de prestígio (cargos de liderança no trabalho e no governo) nem os poderes da vida cotidiana (conversar sem interrupção ou, caramba, apenas chegar em casa em segurança) são distribuídos de forma justa.

Por um lado, isso é óbvio. Por outro, muitas de nós que crescemos nos anos 1980 e 1990 fomos ludibriadas com as seguintes ideias: "Nossas mães lutaram pela igualdade para que não tivéssemos que lutar" e "Parabéns, vivemos em uma nação pós-machismo!". A inevitável tensão entre os momentos da vida que não se encaixavam nessa narrativa e o pleno acalento da narrativa afetou cada uma de nós de modo diferente; fechamos os olhos, internalizamos esse pensamento, mantivemos a cabeça baixa. Ou talvez você de fato tenha levantado a voz, mas em escolas ou instituições que não estavam preparadas para lidar com uma reclamação que ameaçava desfazer essas belas mentiras. *Somos todos iguais. Isso é justo. Relaxa. Fica quietinha.*

Estou aqui para dizer: por favor, não fique quietinha. Pensar sobre sua voz é pensar sobre seu poder. E isso significa olhar para a história da sua voz: uma vida inteira de hábitos que você provavelmente formou como membro funcional de uma sociedade disfuncional — e depois escolher assumi-los ou abandoná-los. Este livro vai dar a você a permissão e as ferramentas necessárias para mudar a história e encontrar sua voz. Talvez você tenha o hábito de ficar quieta quando se sente desconfortável, ou talvez sua voz saia um pouco lânguida. Talvez sua garganta fique apertada, você precise se esforçar para falar e a voz saia rouca. Talvez você sempre soe "legal" quando todos estão olhando para você. Talvez você fale em tom monótono, pressionando a garganta para não parecer entusiasmada demais em um contexto em que prefere parecer tranquila. Talvez você tenha medo de errar, de não ser perfeita, de ocupar tempo demais.

Quando saímos da nossa zona de conforto, seja para experimentar novos sons na boca, como fazem os atores, ou para falar pela primeira vez para um grupo grande de pessoas, nosso corpo vai à loucura. Você já deve ter percebido isso. Em paralelo ao nervosismo geral, todas as nossas inseguranças entram em jogo, perturbando nossos sentidos e despertando mensagens que passaram a vida adormecidas. Talvez você tenha sido constantemente instruída a ficar quieta ou a falar mais alto quando criança; a parar de resmungar ou falar de maneira mais apropriada. Talvez você tenha sido recompensada porque sua voz faz você parecer jovem em uma indústria que valoriza a juventude, ou por ser pouco intimidadora em um mundo que prefere que você não ameace os poderes constituídos. Sua voz, em cenários de alta tensão, está tomada de hábitos baseados em sua origem e no que você fez para sobreviver diariamente em ambientes de poder.

Queira ou não, esses hábitos ajudam você a se esconder. Alguns deles ainda podem ajudar você a obter o que deseja por algum tempo, e isso é uma informação valiosa. Você pode até estar cansada de alguns desses hábitos, mas outros podem ser confortáveis, porque está acostumada com eles. O importante é que não somos nossos hábitos. Eles foram formados, na maioria das vezes, para servir a alguém que não somos nós. E para nos impedir de usar nosso poder.

Deixe-me ser clara. Quando digo poder, estou falando de respeito. Quando digo poder, estou falando do controle sobre nosso corpo, nossas finanças e nosso destino. Quando digo poder, falo da oportunidade de comandar e sentir o que sentimos e querer o que queremos e amar o que amamos e descansar quando desejarmos e sair dando gargalhada. Se todas nós pudéssemos magicamente falar como quiséssemos e ainda ganhar e manter poder com isso, não apenas assumiríamos nossa voz e deixaríamos de nos preocupar com a forma como somos percebidas — *nós não teríamos a voz que temos hoje*. Teríamos uma voz mais encorpada, mais relaxada, mais expansiva, expressiva, livre dos limites das normas sociais e cheia de possibilidades. Falaríamos como falamos quando estamos com as pessoas de quem mais gostamos. Falaríamos de maneira livre. Falaríamos com permissão.

Felizmente, o mundo está mudando e já mudou, e existem especialistas, âncoras, líderes e heróis da sua comunidade e da minha que não se encaixam em nenhum desses rótulos demográficos que usamos para descrever Tom Hanks. Eles representam um novo som de poder, ou uma série de novos sons de poder. (Esse novo som de poder não é único. Não existe essa possibilidade, porque a diversidade é o objetivo. O importante é que nossa voz reflita nossa experiência de vida. O importante é que a voz de cada uma de nós tenha o som de *uma vida inteira*.) Tem a Oprah, é claro, e Jacinda Ardern, Lizzo, Ai-jen Poo, Jameela Jamil, Dolores Huerta, Mona Eltahawy, Bozoma Saint John, a dra. Amani Ballour, a rabina Sharon Brous e outras pessoas que virão nas páginas a seguir. E nossas jovens líderes, Amanda Gorman, Greta Thunberg, Malala Yousafzai, X González e as ativistas locais, além de nossas filhas e sobrinhas.

E tem você. Imagino que esteja prestes a se lançar em novas e fascinantes esferas de poder; é por isso que está aqui e é o que desejo a você, se for o que você quer. Muito perto de você, há conferências, encontros e apresentações que podem transformar sua vida. Além disso, graças ao que a jornalista Jia Tolentino chama de "monetização da individualidade", as plataformas digitais que permeiam nossa vida diária oferecem a cada uma de nós a chance, ou nos impõem a obrigação, de nos jogarmos no púlpito da intimidação. Essas plataformas nos estimulam a nos identificarmos como marcas de produtos, mas também a mostrarmos autenticidade e vulnerabilidade (que são apenas palavras para descrever a experiência de ver alguém falar de forma plena e coerente). Elas nos incentivam a atrair visualizações e engajamento, mas também a defender um propósito. "No final", disse Martin Luther King Jr., "nós nos lembraremos não das palavras de nossos inimigos, mas do silêncio de nossos amigos." Então, aqui estamos nós, descobrindo *como é o som* oposto ao silêncio.

O que sei é: abandonar hábitos é ter curiosidade, experimentar alternativas e se divertir com os novos sons que surgem, mesmo que pareçam estranhos de início. Abandonar hábitos é descobrir o que não é negociável (às vezes você não precisa mudar nada — é o mundo que tem que mudar; e você encontra essa rota e a mantém). Abandonar hábitos é algo que fazemos juntas, normalizando nosso drama vocal e falando sobre ele no nível do problema, que é global; não é algo que resolvemos sozinhas, aconchegadas com uma xícara de chá, cultivando dúvidas particulares.

Porque não estamos individualmente despedaçadas. Estamos criando coletivamente novos padrões, que são confusos, desajeitados, cheios de esperança e uma verdadeira alegria se o fazemos umas pelas outras e umas *com* as outras.

O trabalho de voz é na realidade superdivertido. Já navegar no que bell hooks chama de nosso patriarcado imperialista, supremacista branco e capitalista... não é. Mas encontrar um espaço para lidar com a forma como essa toxicidade herdada apareceu em nosso corpo e em nossa voz é um alívio. É uma chance de expirar, de ser sincera, de abrir a caixa torácica e ocupar espaço juntas, de nos sentirmos confortáveis com nosso alter ego (que pode ser apenas nós mesmas com mais permissão), de transformar os primeiros murmúrios de risadinhas hesitantes em gargalhadas diante do absurdo de tudo. Vejo minhas sessões de treinamento e oficinas (e agora aqui com você) como uma oportunidade para, com malícia nos olhos, imaginar um mundo melhor. Como uma chance de transformar algo invisível — uma voz, muitas vozes — em uma revolução que nos leve juntas a esse novo mundo. Porque a verdade é: quando mudamos a história do som do poder, nós mudamos quem tem poder.

Nós mudamos quem tem poder.

Preste atenção naqueles que falam com uma voz que parece totalmente despreocupada com os antigos padrões, que simplesmente dizem o que têm a dizer. Observe quem já está fazendo isso. Ouça essas pessoas e pense nelas como estrelas mapeando o novo som do poder. Assim como acontece com as constelações, temos que procurá-las e descrever umas para as outras as imagens que emergem. Caso contrário, piscamos e elas retornam ao esquecimento — e quando nós mesmas nos levantamos para falar em público, voltamos a tentar soar como alguém que não somos, que fala baixo e devagar, que reflete o velho som do poder. E o céu continua escuro ali onde nossa luz poderia brilhar.

Usar bem nossa voz às vezes significa mudar a maneira como falamos, mas outras vezes significa decidir que o modo como falamos está ótimo. É preciso dizer: existe uma tensão inerente a este trabalho. Para você, em qualquer dia, se dar permissão pode significar ousar correr grandes riscos ou ousar fazer a escolha segura e se proteger. Às vezes queremos a coisa (o emprego, a promoção, o voto) e às vezes queremos a sensação (integridade, orgulho, bem-estar); se a coisa e a sensação estiverem em desacordo, é difícil escolher uma delas sem se recriminar.

Falar em público também implica paradoxos básicos com os quais todos, incluindo JFK, tiveram que lidar por toda a história registrada: como praticar o bastante para estar preparado, mas conseguir pensar rápido o suficiente para lidar com situações espontâneas. Como parecer confiante o suficiente para ser verossímil, mas humano o bastante para ser confiável. Como se divertir, mas falar com a seriedade que o assunto exige. Como ser um líder e um membro da comunidade, alguém especial, mas acessível.

Pode parecer impossível, e até meio *quem se importa?*. No entanto, da primeira vez que ofereci uma oficina chamada "Como usar sua voz para conseguir o que você quer" — em uma conferência de mulheres na universidade onde estudei —, me disseram para esperar cerca de cinquenta participantes. Era uma oficina pequena, com horário programado, entre sessões com a lenda das poses de poder, a dra. Amy Cuddy, e (não estou brincando) Sonia Sotomayor e Elena Kagan, juízas da Suprema Corte dos Estados Unidos. Mas 465 mulheres se inscreveram, e a produção do evento teve que transferir minha oficina para o maior auditório do campus. Acontece que muitas de nós estão procurando subir na vida, influenciar os outros e honrar nossa missão na magnitude que essa missão merece. Falar para a câmera do celular e transmitir nossa imagem a nossos seguidores, ou falar em um microfone e fazer a voz chegar até o fundo do salão. Pedir um aumento, apresentar uma queixa formal, falar em um painel ou aceitar o convite de um podcast. Sair da segurança e do conforto de casa para se levantar na frente de uma plateia e dizer algo que ainda não foi dito.

Como você deve ter notado, minha definição de "falar em público" é bem ampla — na verdade, acho que podemos resumir assim: falar na frente de pessoas que ainda não sabem tudo sobre você. Não importa a plataforma, isso exige coragem. E não apenas coragem para chegar lá, apesar dos possíveis julgamentos do público que nos ouve do outro lado do abismo. A verdadeira coragem é rejeitar o antigo conceito de um abismo entre o orador e o público. Mesmo que só você esteja falando, é um diálogo. O que importa para mim é importante para você? O que temos em comum? O que queremos em comum? Isso é algo fundamental da coexistência humana. É a promessa de pertencimento e o prazer da comunidade. Está dizendo: *vamos cuidar das coisas juntos*. Falar em público é apenas se importar com as coisas juntos, de forma mais ampla.

Como você soa quando realmente acredita nisso? E como chega lá? Este livro é, em parte, uma exploração de como chegamos até aqui e, principalmente, um caminho de saída. Nas próximas páginas, você vai encontrar histórias que espero que ressoem, estruturas para pensar em como ser uma pessoa completa na frente de outras, ferramentas para perceber e nomear seus hábitos, experimentar novas opções e destacar momentos públicos em que você pode ouvir e aprender. É uma chance de considerar quem são seus modelos e como eles *realmente* soam. Uma oportunidade de receber treinamento na forma de um abraço ou um chute (às vezes o que precisamos é o oposto do que pensamos). E uma chance de ouvir luminares nas áreas da oratória, da linguística e das ciências sociais, além de amigos e clientes que estão abrindo caminho em meio a tudo isso.

Eles sabem, eu sei e agora você sabe: trata-se de um movimento, e você está nele.

1. Respiração

Estou disposta a ser vista.
Estou disposta a falar.
Estou disposta a prosseguir.
Estou disposta a ouvir o que os outros têm a dizer.
Estou disposta a seguir em frente mesmo
quando me sentir sozinha.
Estou disposta a ir para a cama toda noite em paz
comigo mesma.
Estou disposta a ser a melhor, a mais grandiosa e
poderosa versão de mim mesma.
Essas sete declarações me assustam muito.
Mas sei que elas estão na essência de tudo.

Emma Watson

Pare um segundo e apenas respire. Existe o bom e velho ritmo regular de inspirar e expirar que prevalece quando dormimos ou realizamos tarefas rotineiras; talvez você esteja num desses momentos agora. E existe o tipo de respiração que se manifesta nos momentos em que nos surpreendemos de maneira genuína — um toque caloroso, o clímax de uma piada, o encontro inesperado com uma amiga. O ritmo da nossa respiração muda, e nós puxamos mais ar do que o normal. É uma resposta instintiva ao que é novo e original. Como o momento em que li em voz alta as instruções do teste de gravidez para o meu marido, para descobrir o que significava o símbolo na fitinha — e parei bem no meio da palavra, arfando. Como o suspiro trêmulo que se seguiu, cheio de possibilidades e absoluta vulnerabilidade. Essa respiração é a vida em movimento.

Mas a respiração pode ser outra coisa também. Por quase uma década, "Não consigo respirar" tem sido um grito de protesto contra a ação da polícia sobre corpos negros, um lembrete da facilidade com a qual uma delicada traqueia — ou pessoa — pode ser maltratada. Quando o coronavírus se espalhou, súplicas desesperadas por fôlego ressoaram em hospitais de todo o mundo, em todas as línguas faladas por seres humanos. Para nos protegermos da doença, nós nos trancamos em casa, longe uns dos outros, nós cobrimos o nariz e a boca e literalmente mantivemos nossa respiração para nós mesmos. Reunir-se em espaços públicos, respirar o mesmo ar, tornou-se perigoso. No primeiro fim de semana de lockdown nos Estados Unidos, lembro que me sentei na cama e li tudo o que podia. Hiperventilando. Pensando que, meu Deus, respirar o mesmo ar que os outros agora podia significar a morte.

Nesse contexto, não é irrelevante começar a prestar atenção na própria respiração, tanto em momentos triviais quanto em situações que deixam você completamente apavorada. Respirar é a coisa mais fácil de se fazer; meio que acontece naturalmente, como piscar. Também é a coisa mais difícil de se fazer quando estamos assumindo um risco, quando a inspiração é uma preparação para *soltar* um sentimento ou uma ideia, e o resultado é incerto.

Mas, de certa forma, compartilhar esse tipo de respiração sempre foi perigoso. Aquelas de nós com perspectivas inovadoras, que, de maneira inevitável, são levadas a questionar as convenções, nunca tivemos nossos sentimentos ou ideias completamente validados pelo público. Fomos ameaçadas, desacreditadas e ignoradas. Perdemos empregos e fomos julgadas como bruxas. Não confiaram em nós. Para qualquer pessoa que não ocupe posições tradicionais de poder, respirar fundo e falar exige invalidar milhares de anos de mensagens sobre quem tem direito de falar em público e como a voz pode soar. Há toda uma mitologia a ser desafiada.

Porque a questão é: quando você respira bem fundo, o ar de fora é sugado para dentro do corpo, e emerge uma fração de segundo depois *como você* — como suas esperanças e seus sonhos, suas fúrias e alegrias. Suas demandas. Obviamente, todos precisamos de ar para permanecer vivos, mas cada um de nós também precisa de ar para ativar nossas fúrias e alegrias, e devemos acioná-las se quisermos mudar a história — é assim que reformulamos a mitologia sobre quem pode falar em público e como a voz deve soar. É assim que nos tornamos nossas próprias heroínas. Meu desejo é que, quando as apostas forem extremamente altas, você esteja pronta para respirar fundo e se soltar.

Mas às vezes nos encontramos sozinhas nesses espaços — a única representante da nossa raça, ou da comunidade queer, a única mulher, a única cadeirante, ou a única a se vestir com cores chamativas ou roupas de segunda mão, a única perceptivelmente grávida, ou com sotaque diferente ou disposta a perder dinheiro para fazer o que é certo. Como diz Tamika Mallory, ativista do Black Lives Matter, às vezes nos encontramos em uma "arena que não foi projetada para ser conquistada por nós". É quando sentimos o desejo profundo de encolher ou esconder nossa diferença, e uma maneira eficaz de desaparecer por completo é parar de respirar.

Mas, às vezes, o espaço precisa de uma reforma — e talvez você esteja com vontade de projetar o novo design. Já vi isso acontecer várias vezes, com os clientes que orientei, com pessoas sem familiaridade com plateias grandes em todo tipo de lugar: somos ambiciosas e ousadas, temos uma missão e somos movidas por um propósito, estamos preparadas para conquistar o mundo. Mas então nos levantamos na frente daqueles indivíduos cujas lapelas estamos prontas para agarrar e... prendemos a respiração, forçamos o ar a passar pela garganta apertada, que tenta ao mesmo tempo nos libertar e nos deter. Falamos, mas sufocamos, e nossa voz sai rouca ou monótona. Falamos sem emoção. Estamos prontas para mudar a história, mas parece que nossa voz não sabe disso. Talvez tenhamos nos prevenido por tanto tempo — contra o sentimento de não pertencimento, de insuficiência, de incompreensão, contra o medo de ser desprezada, vaiada ou expulsa do palco — que agora fazemos isso por hábito. E aquelas lapelas permanecem intocadas.

Eu estou aqui para ajudar você a romper com esse hábito, e isso envolve tanto se permitir respirar quanto se familiarizar com sua respiração. Você tem que confiar, e confiar de verdade, que seu corpo pertence a esse espaço, e se convidar, sem reservas, a ambientes que te assustam. Alcançar esse tipo de confiança requer prática, e eu tenho exercícios que vão ajudar a chegar lá.

E compartilho de sua perspectiva, porque você não está sozinha. Você não é a única que sente que não pertence a esses espaços, que perde o fôlego diante da ideia de levantar a voz pelo que acredita. Nosso desconforto em falar em público, que é na realidade desconforto em *ser alguém público*, é uma história que pertence a muitas de nós, e a nossas mães e avós, a todas que estão fora dos padrões, que são desajustadas e sonhadoras. Nenhuma de nós foi convidada para a mesa de negociação quando as convenções sociais foram concebidas, eras atrás. É bom que ajudemos umas às outras agora, que avistemos outras pessoas que também são "únicas" e façamos com que se sintam acolhidas, para que possam respirar com mais facilidade. Tente imaginar que somos como um coletivo, deixe a camaradagem tomar conta, e quando os olhos de vocês se encontrarem, talvez você veja seu próprio reflexo e respire melhor também. Não há nada como o poder da solidariedade para pegar a caneta e reescrever tratados antigos. Pelo bem de todas nós.

Quando a vice-presidente americana Kamala Harris aceitou a indicação na Convenção Nacional Democrata no verão de 2020, falou ora de maneira impetuosa, ora de maneira divertida. Usou um tom coloquial e íntimo, mas também falou com propósito, respeitando o peso da cerimônia. Vale a pena assistir ao discurso de novo como uma aula de respiração. Ela começa com "Saudações, América!", em uma sala desprovida do burburinho da multidão, sem nenhuma reação orgânica do público com a qual os políticos contavam no mundo pré-pandemia. Antes de prosseguir, respira fundo — como se aspirasse todos os que a ajudaram a chegar ali, como se absorvesse seu próprio sentimento de pertencimento. Kamala poderia ter se sabotado e se antecipado sem apoio respiratório, mas não foi o que ela fez. "É uma verdadeira honra falar com vocês esta noite", ela continua, respirando de novo após essa declaração. Nessa pausa, ela se concentra e usa o ar para fomentar o próximo pensamento, e o seguinte.

Você pode dizer que Kamala estava controlando o ritmo da apresentação, mas não é isso que me interessa. O que importa para mim é que você respire pelo pensamento que deseja transmitir e pelas pessoas que precisam ouvir sua mensagem — o que significa que você deve estar presente o suficiente para compreender continuamente a plateia e a si mesma. Algumas declarações exigem um silêncio intencional no desfecho, para que o significado possa reverberar enquanto você observa seu público, em expectativa. Talvez você até possa fazer uma sequência completa de respiração, inspirando e expirando, depois inspirando novamente para prosseguir. O silêncio, e somente um salão inteiro de pessoas respirando, pode ser surpreendentemente poderoso. Mas algumas declarações são dignas de um ritmo mais acelerado, porque o próprio embalo dá significado à assertiva — geralmente perto do desfecho de um discurso ou do final de uma discussão, conforme você esboça, de maneira triunfante, o caminho para a conclusão. E você pode conseguir isso com uma inspiração mais rápida e energética. Kamala fez tudo: ocupou o espaço, honrou sua mensagem com a respiração adequada à grandeza de seus pensamentos e esteve profunda e inteiramente presente.

Quando assumimos o controle da nossa respiração dessa maneira, temos a chance de estar presentes de verdade. Temos uma oportunidade de criar momentos de verdadeira surpresa, de vida em movimento. Os rebeldes respiram fundo; na verdade, acredito que precisamos de apoio respiratório para nos rebelar. Quando respiramos fundo, podemos ser bem ouvidos e vistos em toda a nossa glória. Quando respiramos fundo, podemos apresentar a nossa versão mais completa e humana para as pessoas que talvez não estejam prontas para nós, e depois mostrar a elas o que estavam perdendo. É isso que muda a história.

Assim, este primeiro capítulo de um livro sobre voz é, na realidade, sobre o momento de silêncio antes de existir uma voz. É sobre o instante em que você está prestes a subir no palco e diz para si mesma: *Respira!*, apenas para perceber que, ao erguer os ombros ou abrir o peito, seu corpo responde com mais pânico, e não menos. É sobre o momento em que você pega o microfone, olha para o público e se sabota, tentando respirar em um corpo que está travado demais, por estresse ou hábito, para conseguir alcançar uma respiração completa. Ou ainda sobre o momento em que você prende a respiração em antecipação e depois se esquece de soltar. É sobre tudo aquilo que pode dar errado e que, com um pouco de ajuda, pode logo dar certo.

"Se *vocês* não se apoiarem, quem vai fazer isso?" Lembro-me de querer revirar os olhos quando a professora do coral disse isso no ensino médio, dando uma bronca na gente por não respirar o suficiente para segurar a nota. Parecia tão piegas. Apoio respiratório, apoio moral, entendeu? Mas agora volto atrás nesse revirar de olhos e admito prontamente o quanto isso é importante.

Existe uma extraordinária conexão mente-corpo entre o quanto nos permitimos respirar e se nos permitimos ou não acreditar que somos dignas. E dignas de qualquer coisa: de um salário mais alto, de atenção, compaixão, poder. É uma via de mão dupla. Quanto melhor respiramos, mais poderosas nos sentimos; quanto mais poderosas nos sentimos, melhor respiramos. E, falando de maneira simples, quando nos apoiamos — com respiração, com convicção —, mudamos o mundo.

É curioso, porque, quando você e eu nascemos, sabíamos tudo o que era preciso saber sobre o ato de respirar. É a primeira coisa produtiva que os bebês fazem por si mesmos, no momento em que saem do útero, e continua sendo a coisa mais importante que fazemos por conta própria todos os dias — se o fazemos da maneira correta. Isso significa respirar com a mesma facilidade de quando éramos bebês, antes que o mundo nos dissesse como deveríamos ser — quanto barulho deveríamos fazer, quão amáveis deveríamos parecer, quanto espaço deveríamos ocupar, quão pouco poder *deveríamos* ter.

Respirar bem antes de falar é a maneira primordial que cada uma de nós tem de se legitimar ou se diminuir, e de sinalizar aos outros que devem nos tratar do mesmo modo. Se a vice-presidente tivesse mantido a respiração curta e comprimido o som na garganta, a mensagem que teríamos recebido seria completamente diferente. Se esse tivesse sido um hábito dela nos anos que antecederam a noite do discurso, aposto que não teria chegado aonde chegou, para início de conversa. Se você tem a sensação de que isso pode descrever você, a culpa não é sua. Mas você pode e deve recuperar o fôlego.

A respiração é um ato enganosamente simples. Afinal, nós fazemos isso mais de 20 mil vezes por dia. E, de fato, o corpo respira bem sozinho, quando estamos dormindo, correndo ou rindo com os amigos. Ele se expande naturalmente para dar andamento ao que estamos fazendo. Mas, nos momentos mais importantes, quando a maneira como falamos pode mudar nossa vida — a apresentação, a argumentação, o podcast, a promoção, até mesmo a tentativa de estabelecer limites com um parceiro ou com os pais —, nada parece natural. Não nos permitimos expandir o suficiente. Porque, do ponto de vista biológico, nosso corpo ainda funciona exatamente como o de nossos ancestrais centenas de milhares de anos atrás: quando estamos ansiosos ou sentimos que corremos perigo, é liberada uma explosão de hormônios que fazem nossa respiração ficar superficial e acelerada, para que possamos obter oxigênio mais rápido para o cérebro, a fim de combater a ameaça. E isso ocorre em detrimento de todo o resto. Passamos a nos concentrar somente na ameaça, sob a influência da adrenalina; prontos para correr, nosso coração bombeia sangue com tanta força que conseguimos até ouvir os batimentos.

Quando se trata de falar em público, a ameaça não é física: são "aquelas pessoas lá fora", nos observando, nos julgando. Mesmo depois que o corpo passa por esse processo, essas pessoas *continuam presentes*. No entanto, agora estão assistindo a uma versão de nós que é cada vez menos parecida conosco; nós nos tornamos uma paródia em pânico e constrangida de uma pessoa tentando segurar as pontas, em vez de cumprir seu propósito. Nosso organismo sabe como mobilizar todas as faculdades de combate ou de fuga para enfrentar o desafio de um urso correndo em nossa direção. Obrigada, organismo. Mas, se quisermos enfrentar o desafio de ser a melhor, a mais grandiosa e poderosa versão de nós mesmas na frente dos outros, temos que ensinar nosso corpo a mobilizar outras faculdades por inteiro, o que é mais uma questão de hábitos que de imperativos biológicos. Um exemplo disso é nossa tendência a pensar em nós mesmas quando estamos sob os holofotes, em nosso relacionamento com a plateia, na importância que temos para o público e em nossos padrões de comportamento quando temos a palavra.

Como romper com um hábito? Digo "hábito" para me referir a uma tendência à qual se está acostumada e que, assim como uma droga, pode oferecer conforto no momento, mas que, no longo prazo, funciona como uma muleta. O problema com os hábitos é que a maioria deles é formada de maneira inconsciente — e por outras pessoas. Alguém lhe disse, quando era criança, que se não tinha nada de bom a dizer era melhor ficar calada? Você ouviu dizer que a raiva era um sentimento feio? Que manter a paz era primordial? Que devia aparecer menos e ficar mais quieta? Nossos pais, por mais bem-intencionados que tenham sido, as instituições de ensino, os colegas de classe, os filmes a que assistimos, os youtubers que seguimos, as lições sobre consequências que aprendemos com quem não seguiu as regras e com quem seguiu — tudo isso nos civilizou. Sem que pudéssemos perceber, ao longo de décadas, encontramos maneiras de usar nossa respiração para sufocar, redirecionar e gerenciar impulsos impróprios para subsistir como membros adequados da sociedade. O problema é que o que nos torna bons membros da sociedade nos faz péssimos revolucionários — ou, se isso parece dramático demais, nos transforma em oradores ruins.

Assim como não estou interessada em recriminá-la por usar essas muletas, não quero lhe oferecer outras. Para respirar bem, você deve encontrar algo mais real e mais libertador do que os hábitos adquiridos. Quando nossos hábitos sussurram para nós: *Não sou do tipo que...*, podemos sussurrar de volta: *Mas e se fosse?*. Temos a tendência de adquirir hábitos quando as condições exigem, e talvez, para você, as condições tenham mudado. Talvez você tenha comprado este livro porque aquela sua versão que ofega e foge do perigo não está mais dando certo. O que é uma ótima notícia, porque o mundo está à sua espera.

* * *

Podemos aprender muito com nosso organismo quando ele está tranquilo. Do ponto de vista técnico, quando estamos falando em um contexto totalmente confortável, costumamos inspirar a quantidade exata de ar para que o pensamento que estamos expressando saia. Em suma, o *pensamento* se conecta à *respiração*, que se conecta à *voz*. O processo interno é lindo: o que chamamos de "fala" começa com um desejo de se comunicar, que se traduz em uma varredura cerebral como um simples impulso do córtex motor, tanto faz se sentimos uma necessidade colossal de ser ouvido ou simplesmente o desejo de dizer "oi" quando passamos por um desconhecido. Uma corrente elétrica desce pela espinha até as terminações nervosas associadas aos músculos da fala e da respiração, que são *muitos*. Em seguida, um choque de movimentos coordenados expande a caixa torácica, estimula o músculo maciço que separa nosso torso superior e inferior, chamado diafragma, e empurra nossos órgãos para criar espaço para os pulmões se expandirem e o ar entrar e sair com a mesma facilidade — uma quantidade pequena para um pensamento pequeno, uma quantidade grande para um pensamento longo e sinuoso. Pouco ar para um comentário casual, bastante ar para um grito.

Nesse ideal platônico de respirar para se comunicar, o ar passa pelas cordas vocais em formato de V na saída, fazendo com que elas vibrem como uma corda de instrumento musical. E isso cria o som, embora ele ainda não tenha saído do organismo. As vibrações perambulam primeiro, transformando os ossos em amplificadores e as cavidades entre eles em câmaras de som, onde as vibrações se acumulam, multiplicando-se e reverberando — literalmente "ressoando" —

como um eco. Finalmente, usamos os lábios, os dentes, a língua e as partes duras e moles da boca para articular esses sons, produzindo significado à medida que as ondas encontram um caminho através das formas que criamos para elas. Esse desejo inicial de se comunicar encontra satisfação quando as ondas sonoras chegam aos ouvidos de outra pessoa, ou em muitos ouvidos, e as pessoas nos escutam e nos entendem.

Pense em uma ocasião em que você estava empolgada, contando uma história bem interessante, ou em êxtase em resposta ao que uma amiga acabara de contar ("Meu Deus, não *acredito*!"). Você provavelmente conseguiu atingir esse ideal platônico. Nos momentos em que nos fazemos presentes, o sistema funciona de maneira magnífica. Os momentos em que não temos nada a provar são elucidativos: respiramos melhor quando nos sentimos seguras e amadas — quando a vontade de se comunicar não é prejudicada pelo desejo oposto de se esconder.

O problema, é claro, são as outras ocasiões — quando somos incompreendidas, quando atropelam nossa fala, quando somos ignoradas ou quando duvidamos de nossos próprios pensamentos enquanto os expressamos. Então, os instintos de luta ou fuga, nossos velhos hábitos, assumem o controle. Respirar se torna difícil. O ar acaba cedo demais ou nos esquecemos de respirar e precisamos recuperar o fôlego. Os músculos da garganta se contraem por causa da adrenalina, prendendo o som e forçando as cordas vocais a trabalhar mais para compensar (percebe como, no ideal platônico de pensar para respirar para falar, a *garganta* não passa de um participante passivo?). O encantamento do espaço público nos manipula, desordenando a conexão entre o corpo e a mente, e de repente as terminações nervosas e os grupos musculares elegantemente coordenados, capazes de produzir um concerto musical, se assemelham a um bando de crianças de cinco anos brincando de banda.

Se você se considera uma pessoa muito equilibrada, talvez tenha desenvolvido o hábito de esconder essa constrangedora dificuldade, mesmo que ainda não a tenha resolvido. Minha cliente Meg foi criada em uma casa de imigrantes coreanos em Los Angeles e, segundo me disse, é movida pela necessidade de deixar os pais orgulhosos a todo custo — uma perfeccionista assumida. Meg estava atrás de uma grande promoção na startup onde trabalhava, um cargo de muita visibilidade pública. Tinha a disposição e as habilidades certas para abordar os problemas da empresa, mas sua obsessão por fazer tudo de maneira detalhada e perfeita também a tornava uma oradora empolada, motivo pelo qual talvez não conseguisse o trabalho.

Quando perguntei a ela sobre seus objetivos, no início de nossa sessão, Meg respondeu com toda a elegância. Ela falou sem hesitar, usando palavras eloquentes e parágrafos completos, mas que não faziam muito sentido. Mesmo quando estava a sós comigo, não estava de fato ouvindo as perguntas e buscando em si mesma respostas efetivas. Ela não se dava espaço para se surpreender. Era como se pensasse que respirar fundo ou parar para pensar indicaria fraqueza, ou talvez isso fosse o que pensava quando era mais jovem e o hábito permaneceu. Como uma cantora que não quer demonstrar quando toma fôlego antes de um verso da música, Meg queria esconder seu esforço a todo custo. A conduta fazia com que ela parecesse polida, mas de uma maneira artificial. Isso pode fazer com que qualquer um de nós pareça pouco confiável. Concluí que ela parecia mais um retrato do que uma pessoa, e me lembrei do conselho do gênio do marketing Seth Godin: "O perfeccionismo é outra forma de se esconder". Não tenho nada contra falas refinadas; é maravilhoso estar bem preparada e manter o controle, mas não se deve confundir autopoliciamento com refinamento. A diferença entre os dois está na respiração. E a diferença entre você parecer ou não um ser humano vivo e animado enquanto se comunica também está na forma como respira.

Para parecer um ser humano, é preciso *estar presente no próprio corpo*. Seu corpo não serve apenas para carregar o seu cérebro, não aparece de vez em quando para você fazer pilates ou se excitar pensando no casal de *Outlander*. Você pode ter esquecido seu corpo, ou se desconectado dele, ou aprendido a odiá-lo. E pode ter feito isso por um bom motivo: o músculo principal que separa a metade superior e a metade inferior do seu torso, o diafragma, é responsável por muita angústia. O ponto em comum entre o medo de falar em público, os padrões de beleza, os traumas pessoais e a insistência em parecer "simpática" é o bendito diafragma. Ele tem o formato de uma cúpula e, como todos os músculos, pode ficar em posição de repouso (arredondado para cima) ou se contrair e *fazer* alguma coisa (se achatar para baixo e abrir as portas do inferno).

Quando o diafragma consegue se contrair completamente, o movimento transfere uma quantidade significativa de ar para os pulmões; à medida que relaxa completamente, ele expulsa o ar inútil, sem oxigênio. Mas, se contrair o estômago ao longo do dia, você vai limitar a amplitude de movimento do diafragma — sua respiração será mais superficial, e, por causa das exalações fracas, até 30% do dióxido de carbono restante pode ficar retido em seus pulmões. Por que faríamos isso com nós mesmas? Porque há benefícios reais e práticos em manter o diafragma retesado e no lugar. Por um lado, há uma boa chance de ninguém olhar para sua barriga, porque não haverá movimento lá. Por outro lado, você não sentirá todas as suas emoções — há uma razão pela qual associamos a sabedoria profunda do corpo ao intestino. Quando respira de maneira superficial, você não mergulha nessa área, então não consegue sentir os avisos. Por isso, pode ter a sensação satisfatória de que está no controle. Isso pode ser o que você considera normal, e existe um conforto nisso. Com o diafragma contraído, sua voz provavelmente sairá um pouco mais suave, frágil, tensa, mais aguda, pode soar como uma voz feminina estereotipada. De qualquer forma, você não vai parecer uma ameaça. A comediante britânica Deborah Frances-White inicia os populares episódios de seu podcast *Guilty Feminist* descarregando um punhado de confissões tórridas: "Sou feminista, mas...". Sou feminista, mas... tensionar a barriga é um mecanismo de defesa espetacular. Ajuda a levar a vida sem problemas; ajuda a não precisar mudar absolutamente nada.

Eis o que vai acontecer se você abrir as portas do inferno que eu mencionei anteriormente e contrair seu diafragma em cada ciclo respiratório para que o ar entre em seus pulmões: você sentirá mais de tudo. Será capaz de acessar sua intuição, compreender o que está acontecendo e atentar ao momento em que receber novas informações. Um organismo que respira bem se ouve pensar. Como resultado, você vai surpreender a si mesma e a seus ouvintes. Pode parecer perigoso. Muitas coisas vão mudar. Mas sua voz sairá mais encorpada, com mais ressonância, cor e expressão, o que significa que seu público não apenas ouvirá melhor, mas a *verá* melhor. Sua voz vai soar confiante. Você vai se sentir poderosa. E será mais poderosa.

Vale notar: é aterrorizante para a maioria de nós respirar corretamente, porque isso exige que deixemos o abdômen relaxado, e todas crescemos com o costume de encolher a barriga. Não podemos mudar o tamanho de nossas coxas, por exemplo, apenas respirando de maneira diferente, mas podemos mudar o tamanho da barriga... e fazemos isso. É difícil acreditar quanta coragem é necessária para ocupar o espaço real do nosso corpo quando estamos sendo observadas. Em vez disso, a maioria de nós tende a negociar nosso poder vocal por uma sensação de poder visual percebido. Ou estamos tão acostumadas a fazer isso que nunca paramos para refletir se é uma troca que devemos fazer.

Uma cliente minha é uma estrela de cinema em uma das maiores franquias de todos os tempos e me disse que, na escola de teatro, não conseguia entender como respirar pela barriga. Quando finalmente conseguiu, depois de todo tipo de provocação do instrutor vocal, ela chorou e soluçou. "Não sei o que houve", ela me disse. "Talvez estivesse finalmente superando a autossabotagem." Isso pode ser parte do processo para você também. E não tem problema se questionar se vale a pena enfrentar hábitos que, de certa forma, protegeram você por toda a vida.

Na verdade, se o objetivo é usar a voz para conseguir o que você deseja, contrair o diafragma e evitar respirar da maneira correta *pode funcionar melhor* — em certos ambientes, em certos relacionamentos. Todas podemos pensar em momentos em que foi mais conveniente se inferiorizar, desapegar de sentimentos desconfortáveis, não parecer uma ameaça e não surpreender. Existem vantagens verdadeiras no curto prazo para quem cultiva esses hábitos. Mas você já notou quantas mulheres dão palestras no TED usando aqueles dispositivos de tortura que se ajustam à forma do corpo, revelam a roupa íntima e exigem o uso de uma cinta modeladora, os chamados vestidos tubinho? Eu vibro com as palestras de mulheres que vestem algo mais solto. Não estou julgando as pessoas com base em suas escolhas de roupas; só sei que com a segunda opção há mais chances de que algo *real* aconteça no palco — que elas surpreendam a si mesmas e a nós simplesmente porque poderão respirar mais livremente. Espero que você use novas ferramentas para que algo real aconteça para você também. Troque seu vestido tubinho, real ou metafórico, e rejeite o costume de contrair a barriga. Ocupe espaço, mesmo que seja um risco. Assim, vai conseguir o que *realmente* quer. Tenho a sensação de que é por isso que você está aqui: para os outros espaços, os outros relacionamentos, aqueles que você quer ter no longo prazo. Para pegar as pessoas pela lapela e transformar tudo. Para que você possa se tornar o novo som do poder.

É o caso da minha amiga Cathy. Ela me enviou a seguinte mensagem: "Ei! Hoje me disseram, com muita delicadeza, que eu costumo falar pela garganta ou guinchar. Me ajuda??". Após atuar durante anos como ativista, inspirada pelas eleições de meio de mandato de 2018 (conhecidas como "onda azul" por causa do tsunami de pessoas democratas eleitas, muitas delas mulheres e pessoas racializadas), Cathy sentiu a necessidade de fazer mais do que organizar e marchar, então anunciou sua candidatura para concorrer ao Congresso dos Estados Unidos em 2020. O distrito dela precisava de uma mudança, e sua experiência na área da saúde a preparara para entender as necessidades de seus futuros eleitores e para lidar com o inevitável trabalho árduo da burocracia legislativa necessária para atender a elas. Além disso, Cathy tinha acabado de sobreviver a um grave acidente de esqui que a deixara destemida. Ela pensou: quando, se não agora? Quem, se não eu? Mas sua fala pela garganta e os guinchos não se importavam se Cathy era a candidata ideal: iam derrubá-la.

"Sim", respondi por mensagem também. "Você já pensou no seu corpo enquanto está falando?" Vinte e quatro horas depois, estávamos frente a frente, em posição de prontidão — como se estivéssemos prestes a participar da partida de vôlei mais feroz do mundo. Sem tirar os olhos uma da outra, ela reproduziu meus movimentos enquanto eu segurava minha barriga e a balançava, estimulando o estômago a se soltar enquanto inspirava pelo nariz e expirava pela boca. Ela começou a rir.

"É como se alongar antes de uma corrida. É claro que é preciso se alongar antes de falar em público!"

De fato, quer estejamos apresentando uma ideia para pessoas da nossa comunidade ou para uma plateia inescrutável, o truque é expandir. Ocupar espaço. O alongamento lembra nosso corpo de seu tamanho real e o aquece para que esse tamanho pareça normal.

"Por que nunca pensei nisso antes?", Cathy perguntou.

Dei de ombros e disse: "Por causa do patriarcado?".

Veja bem, há milênios, tem sido bastante conveniente que as mulheres estejam desconectadas do poder sobre a sua própria respiração. Não para *nós*, mas para *alguém*. Quem não respira profundamente o bastante não pode explorar todos os recursos de que dispõe — desde uma voz potente até uma intensa percepção do que não é justo e não deve mais ser tolerado.

Naquele momento, estávamos tentando conectar o que Cathy sabia em sua cabeça — que ela estava pronta para liderar — com um corpo desacostumado a empregar a energia necessária. Ela decidira que era destemida, mas seu corpo não havia sido informado disso. *Sua respiração estava presa em hábitos que sua ambição superara*. Por isso, sacudimos o corpo, com o queixo para baixo, suspirando e acrescentando apenas um leve som — um "huuuuh" —, deixando que nos sacudisse enquanto movimentávamos a barriga com as mãos, notando, com muita sutileza, como é incomum relaxarmos o abdômen.

Podemos defender intelectualmente, diante de nós mesmas, um corpo mais livre, ou podemos simplesmente balançar esse corpo. Existem benefícios em cada uma dessas abordagens, mas uma é pesada e a outra é leve. Uma leva uma vida inteira, a outra proporciona resultados em uma hora. Para mim, os pontos de tensão são sempre meu trato digestivo, entre as omoplatas e nas axilas. Para todas nós, são as partes do corpo que encolhemos por medo e hábito.

Quero que você pratique a expansão com um pequeno toque de diversão, se puder. Divido este aquecimento em quatro posturas. Experimente todas. Você pode usá-lo para se preparar para um dia importante ou para o cotidiano, escolha o que é certo para o seu corpo — mas ouse descobrir o que *certo* significa de fato.

Dá para fazer tudo em um minuto, ou em meia hora, se você colocar uma música tranquila para tocar e transformar o processo em meditação. Também é possível botar pra quebrar ao som de uma música animada. Você pode dançar de forma provocante e atrevida. E tem permissão para ficar ofegante: quando fazemos atividades aeróbicas, a sabedoria do corpo entra em ação. Em seu ensaio "Walking", de 1861, Henry David Thoreau escreveu: "Esse ato primordial de mobilidade nos conecta com nosso estado selvagem essencial, aquela fonte de vitalidade espiritual metodicamente atrofiada por nossa civilização sedentária". Quando nos movimentamos, nos lembramos de nós mesmas. Nós nos lembramos da nossa origem selvagem.

POSTURA 1: A RESPIRAÇÃO DAS GRANDES DECISÕES

Deitada de costas no chão com os joelhos apontando para o teto, pressione a parte inferior das costas contra o chão. Coloque uma mão na barriga e a outra no coração. Esvazie os pulmões e espere pela necessidade de respirar. À medida que essa necessidade surgir, sinta a barriga encher — tente não forçar — e, em vez de segurar o ar, siga o ciclo da respiração. Inspiração total, expiração total. Quando estiver sem ar de novo, segure até sentir novamente a necessidade de inspirar. Pense nas ondas do mar, fazendo espuma antes de tocar os dedos dos seus pés na praia e depois voltando.

O objetivo aqui é descobrir seu ritmo natural de respiração através do diafragma ou o que tenho chamado de "respirar bem". Quando adotamos esse tipo de respiração e permitimos que nosso diafragma seja ativado e achatado, ele faz pressão no abdômen, reordenando temporariamente esses órgãos e criando um desequilíbrio de pressão do ar, como um vácuo, que os pulmões se apressam em solucionar se enchendo de oxigênio até atingir o equilíbrio. Essa nova onda de oxigênio fortalece todo o nosso sistema.

Os praticantes de ioga chamam essa respiração completa de *prana*, que literalmente significa "força vital" em sânscrito, ou "uma energia universal, que flui em correntes dentro e ao redor do corpo", de acordo com o Dicionário Oxford de Inglês. Essa definição parece bem esotérica, mas os cientistas concordam que esse tipo de respiração transforma vidas.

Uma dose saudável de oxigênio é crucial para defender o sistema imunológico e equilibrar o sistema nervoso. (É fisicamente impossível fazer respirações profundas e restauradoras e entrar em pânico ao mesmo tempo.) E a boa respiração muda a maneira como nosso cérebro processa informações: uma prática de respiração como essa pode servir como uma intervenção não farmacêutica para reduzir a ansiedade, a depressão e até o esgotamento profissional, segundo diversos estudos. O oposto — o hábito de não puxar ar suficiente — leva estresse ao coração e está associado a ganho de peso, mudanças de humor, sono irregular e funções executivas debilitadas. Sabe o que isso significa? Que a maneira como processamos o mundo, como descobrimos o que é importante para nós e como escolhemos ir atrás disso se resume ao modo como respiramos. Parece loucura. Mas aqui estamos nós, apoiados pela ciência. Então, se você precisar tomar uma grande decisão, deite-se de costas e com os joelhos dobrados.

POSTURA 2: RESPIRAR PARA LIBERAR

Fique de pé com os braços para cima. Segurando o pulso esquerdo com o direito, arqueie o corpo para a direita o máximo que puder e expire com a boca, como se estivesse soprando um bilhão de velas de aniversário. Espere pela necessidade de respirar e, em seguida, deixe o ar entrar pelo nariz, sentindo o lado esquerdo da caixa torácica se expandir. Continue a puxar o pulso e tente alongar o máximo que puder o lado esquerdo, do tornozelo ao pulso. Faça isso mais uma vez e troque de lado.

Agora, concentre-se no impulso de inspirar depois que tiver expirado. Enquanto você segura o pulso mais uma vez de cada lado, inspire pelo nariz, fingindo que está sentindo o melhor cheiro do mundo. Talvez o aroma da sua flor favorita, o perfume da pessoa de quem gostava na escola, o cheiro de um recém-nascido, do mar. Deixe isso impactar você.

O objetivo deste exercício é soltar as costelas. A imagem de uma caixa torácica pode evocar uma gaiola, com barras que não se movem, e os ossos, de fato, não se dobram, mas os espaços entre as costelas *podem* se expandir. Se você estiver se sentindo desconfortável, com alguma resistência, tentando superar um momento difícil ou lidando com traumas emocionais de longa data, sua caixa torácica pode perder mobilidade, endurecendo ou mesmo travando, lembrando até uma prisão. É uma forma de proteção. Mas isso torna a respiração mais difícil, o que, no longo prazo, pode ser mais prejudicial. Este exercício proporciona algum alívio, mesmo que venha acompanhado de emoções mais complicadas à medida que elas vão sendo liberadas pelo corpo. Quando você o fizer, caso se sinta segura, permita-se sentir tudo e continue respirando.

POSTURA 3: RESPIRAÇÃO FÁCIL

De pé, curve o corpo para a frente e sinta a cabeça pesar. Deixe os braços soltos e os joelhos dobrados de maneira confortável. Inspire pelo nariz, expire pela boca e observe se consegue sentir as costelas ou a parte inferior da coluna se expandirem. Quando faço isso, sinto até meu glúteo se expandir nessa posição. Durante todo o exercício, tente manter a respiração na parte inferior o quanto puder. Balance a cabeça para baixo e para cima e para os lados, balance os joelhos devagar e suspire, acrescentando um pouco de voz com um "hum". Após vários ciclos respiratórios, levante devagar. Fixe os olhos em algo do outro lado do cômodo e abra a boca para que o "hum" se transforme em um "maaaaaa". Balance um pouco para ter certeza de que você não está ficando travada.

Ao respirar novamente, diga "meu" para o ponto do outro lado do cômodo. Da próxima vez, diga "Meu nome é _____". Faça seus lábios vibrarem para liberar mais tensão. *Brummmm*. Massageie as articulações da mandíbula com as mãos, coloque a língua para fora e conte até dez assim (se estiver fazendo certo, a contagem será bastante ininteligível). Divirta-se um pouco. Agora tente arfar, como se tivesse tido a melhor ideia de todos os tempos, e solte um "hã!". Você manteve a respiração o mais inferior possível? Tente de novo.

O objetivo deste exercício é conectar a respiração à fala. Embora existam centenas de teorias sobre como exatamente os seres humanos começaram a usar a linguagem, de acordo com Bill Bryson em *The Mother Tongue: English and How It Got That Way* [A língua materna: Como o inglês se tornou como é], quase todas elas se baseiam na premissa de que a fala inicial envolvia o tipo de enunciado espontâneo que ainda usamos hoje quando somos surpreendidos por dor, alegria ou alarme. Essa inspiração e expiração com som é a forma mais pura da fala. É pueril, genuína, talvez totalmente espontânea. Preste atenção da próxima vez que algo surpreender você — mesmo que seja apenas uma ideia que tenha no chuveiro — e observe o que acontece com sua respiração. Esses exercícios ajudam a se conectar novamente com os impulsos, mesmo sob pressão.

FORMA 4: RESPIRAÇÃO
EM MOMENTOS DECISIVOS

A maioria das pessoas se sente incrivelmente vulnerável diante da ideia de balançar a barriga com as mãos, mas experimente e veja. Fique em pé, com uma base forte, mantendo as pernas afastadas na largura dos ombros, os joelhos e a cintura levemente dobrados, o peito para a frente e os olhos fixos. Em seguida, dê um pouco de carinho para a barriga com as suas mãos, inspirando e expirando pela boca, suspirando e soltando um "hãããã" ofegante.

Experimente fazer esta posição com um gesto que você considera poderoso. Tente bater no peito. Adicione um som ("hãããã") e ouça-o reverberar enquanto você bate. Levante os braços formando um V e deixe que caiam enquanto se balança e suspira fazendo o som, indo do agudo ao grave. Faça algo para se sentir expandida. Experimente a pose de poder de Amy Cuddy (mãos nos quadris) e de Rapinoe (mãos estendidas como se você estivesse segurando o mundo, que é seu). Enquanto estiver fazendo a pose de Rapinoe, imagine sua inspiração preenchendo seu corpo todo até os dedos do meio e recuando a partir deles. Tente falar novamente "Meu nome é _____". Não precisa ser muito alto, apenas o suficiente para preencher o cômodo em que estiver. Abaixe os braços e tente de novo. Tente dizer "Preciso da sua ajuda", como se estivesse falando com um mecânico que está ignorando você. Tente de novo, desta vez como se estivesse falando com seu chefe. (Você ainda está respirando? A partir do ponto mais inferior possível?) E, mais uma vez, como se estivesse inspirando sua comunidade a se juntar a você. Fale como se estivesse no final de um longo discurso e *soubesse* que todos vão aplaudir assim que você terminar. Reconhece sua própria voz? Inspire e expire mais uma vez, ouvindo os aplausos em sua cabeça. Se você apenas leu as instruções até agora, pare e tente fazer este exercício.

O objetivo aqui é praticar a forma como você respira quando tem algo a dizer em um momento importante. A ioga, a meditação e a corrida usam padrões de respiração diferentes daqueles da fala; em cada uma dessas atividades, o objetivo é atingir uma espécie de consistência dentro de um sistema fechado. A respiração estimula a atividade, mas o objetivo da atividade é interno e tudo o que precisamos já está dentro de nós. Na fala, o objetivo é transmitir algo de dentro de nós para fora, para expandir o sistema. E o objetivo do discurso, na maioria das vezes, é obter de outra pessoa algo de que precisamos. Isso é assustador, porque estamos pedindo ajuda — mesmo que seja apenas para convidar alguém para tomar um café com leite, mandar o filho se vestir quando se está atrasado, pedir que consertem nosso carro ou tenham respeito por nós. É assustador porque é possível não conseguir o que queremos; a maneira *como* pedimos vai afetar o resultado e, em algum nível, sabemos disso. O primeiro tipo de respiração é chamado respiração vegetativa; o segundo é a respiração para a *fala*.

Esta postura final vai ensinar você a apoiar a si mesma enquanto se comunica, com pedidos cada vez mais difíceis para que possa experimentar novos níveis de apoio respiratório. O organismo de Cathy não estava acostumado a empregar a energia necessária para ativar o diafragma; esta é sua chance de explorar quanta energia *é* necessária para fazer exatamente isso. Sinta-se à vontade para adaptar os cenários ao que for relevante para você. Talvez você pratique a respiração abdominal e a relacione à primeira fala de uma conversa difícil que sabe que precisa ter. Ou à sua resposta para a pergunta "O que você faz?", se é algo que costuma deixá-la nervosa. Ou às primeiras frases do discurso da vice-presidente Harris. Sinta seu diafragma preparando você para o sucesso. Sinta-se apoiando a si mesma.

Apenas algumas gerações atrás, as mulheres já eram transgressoras só pelo fato de saírem de casa. Em 1900, nas maiores cidades dos Estados Unidos, mulheres desacompanhadas não eram legalmente permitidas no domínio dos homens — ou o que poderíamos chamar hoje de "âmbito público"; para quem não pertencia à classe média e não era branca, essa restrição durou ainda mais. Os costumes sociais começaram a mudar em parte graças ao advento das lojas de departamento e sua promessa de uma esfera pública/privada mista — um cálculo bem documentado para induzir as mulheres a gastar mais dinheiro da família. Valeu, capitalismo. Mas não foi como se, uma vez fora de casa, as mulheres pudessem de repente parar de fazer compras e chamar a atenção de todos, falando livremente para uma multidão de pessoas diferentes.

E agora?

Gaining a Public Voice [Ganhando uma voz pública] é uma investigação realizada pela dra. Judith Mattson Bean no início do século XXI a respeito das atitudes culturais em relação às mulheres no âmbito público durante o século XIX nos Estados Unidos. Parece estranhamente familiar hoje. As mulheres foram ensinadas a ser, como a dra. Bean resume, "silenciosas, discretas e publicamente invisíveis". Até mesmo intelectuais proeminentes da época, como Catharine Beecher, irmã de Harriet Beecher Stowe, argumentavam — um tanto ironicamente — que as mulheres que falavam em público sobre suas próprias convicções não deveriam ser confiáveis, pois o faziam "sob os impulsos da ambição ou da sede de poder". É difícil imaginar membros da plateia dispostos a dar autoridade às mulheres que falavam em público nesse contexto, muito menos as próprias mulheres dando autoridade a si mesmas. Também é difícil não perceber na observação de Catharine Beecher o tom das manchetes modernas que acompanharam a candidatura da vice-presidente Kamala Harris.

Nossas bisavós foram ensinadas a minimizar a realização pessoal e a ambição; foram ensinadas por suas mães a desviar a atenção do próprio corpo e de suas convicções. Para as mulheres, ser invisível no âmbito público tem sido aceitável há milênios. A ausência pública é melhor ainda, na verdade. Cem anos atrás, presumia-se que mulheres desacompanhadas que andavam pelas ruas da cidade em plena luz do dia (para não falar depois do anoitecer) eram ou trabalhadoras domésticas correndo de um emprego para outro ou prostitutas — que eram literalmente chamadas de "mulheres públicas". Mas, mesmo agora, se você for agredida em público, uma das primeiras perguntas provavelmente será: "Por que estava andando sozinha?". Então, se você fica nervosa com a ideia de se apresentar em uma reunião, se algo dentro de você a impele a ocupar o menor espaço possível, a prender a respiração em uma tentativa de não ser vista nem ouvida, podemos dizer que existem precedentes para tal comportamento.

Historicamente, o ato de falar em público tem sido visto inclusive como incompatível com a realidade feminina. De acordo com registros de médicos especialistas no século XIX, as mulheres corriam um risco real de se "tornar estéreis por meio de esforços intelectuais extenuantes, como a oratória, 'dessexualizando-se' literal e figurativamente", como escreve a dra. Bean. Uma carta influente elaborada por líderes religiosos na década de 1830 advertia que as mulheres que tentassem falar em público "não apenas deixariam de dar frutos, mas decairiam de vergonha e desonra". Nem tentem levantar a voz, moças; seus úteros vão murchar, e vocês podem morrer.

"As coisas sólidas vêm e vão, mas as histórias perduram", escreve Elizabeth Lesser em seu livro de 2020 *Cassandra Speaks* [Cassandra fala]. Por mais desequilibradas que pareçam as vozes de algumas centenas de anos atrás, elas eram a extensão lógica de histórias contadas por séculos sobre como o poder se parece e como ele soa. Os contos de origem da cultura ocidental, de Adão e Eva em diante, tendem a pintar as mulheres como "eroticamente sedutoras, mas emocionalmente instáveis, necessitadas de proteção e perigosas, tudo ao mesmo tempo", diz Lesser. "Quem poderia confiar em tal criatura?" E, embora possamos facilmente zombar desse sentimento hoje, algo dele permanece.

Segundo a dra. Mary Beard, algumas das histórias mais antigas do mundo ocidental, como *A Odisseia* e os mitos gregos e romanos, ainda vivem em nós e governam nossa sensibilidade. Como disse a dra. Maria Tatar, autora de *The Heroine with 1001 Faces* [A heroína de mil e uma faces]: "Nossas narrativas fundacionais (mitos, histórias bíblicas, epopeias e contos de fadas) são usadas não apenas para educar, mas para doutrinar". E nenhuma de nós está completamente imune. Pense nas vezes em que falamos que não gostávamos do som da voz de uma mulher ou em que desconfiamos de uma mulher que pleiteava um cargo de liderança. Reflita sobre as vezes que questionamos a validade de nossa própria voz. As lições que herdamos desses textos antigos influenciam nossos gostos modernos sobre "o que é considerado boa ou má oratória, persuasiva ou não, e o discurso de quem deve ter espaço para ser ouvido", escreve Beard em *Mulheres e poder: Um manifesto*. "O discurso público era um — se não *o* — atributo definidor da masculinidade", então uma mulher usando sua voz em público era "por definição uma não mulher".

É uma herança e tanto: as mulheres que levantam a voz em público ou estão tentando ser um homem (o arquétipo é Andrógino na mitologia grega, uma criatura homem-mulher), ou chamar atenção quando não têm esse direito, sendo exibicionistas ou sedutoras (como a sereia da mitologia grega, uma criatura perigosa parecida com uma mulher que atrai os homens para a morte com sua bela voz). Elas são ou assexuadas ou hipersexualizadas — ou sem as partes do corpo associadas à mulher, ou reduzidas a seios e vagina. Nas *Metamorfoses* de Ovídio, as mulheres que falavam eram transformadas em vacas ou plantas, ou só podiam ecoar outras, ou tinham a língua arrancada. Belas alternativas! E, embora possamos zombar dessa barbárie, também há algo que permanece nos dias atuais.

Apesar de tudo, existiram iconoclastas fervorosas que resistiram ao sistema, e também somos descendentes delas. Mas essas mulheres, incluindo a própria dra. Beard, ainda recebem ameaças de estupro como ocorria com as mulheres dos mitos clássicos, só que agora pelo Twitter. Velhos estigmas custam a desaparecer. A vergonha de falar em público foi mudando de forma, e talvez de tamanho, a cada geração, mas está lá quando abrimos a boca para falar para um público que ainda está decidindo se quer ou não nos dar autoridade. Parece arriscado, e é.

Por isso é difícil respirar profundamente. Fazê-lo é lutar contra a vergonha e a inadequação para apresentar todo o nosso ser apesar dos riscos, e não como alguém que não tem sexo (agindo como o estereótipo de um homem) ou uma pessoa hipersexualizada (fazendo alguma paródia de feminilidade). E sem nos tornar invisíveis ou minimizar nossas convicções. Respirar fundo e falar é rejeitar os arquétipos que nunca aceitamos e que não nos cabem agora. Se respirarmos profundamente e nos permitirmos ver e ouvir, se de fato nos tornarmos reconhecíveis, estaremos cometendo um profundo ato de mudança social. Estaremos rompendo com a tradição (talvez até com a tradição da nossa própria família), mudando a história, sendo radicais e revolucionárias — quando, sinceramente, tudo o que queríamos fazer era apenas dizer o que estávamos pensando.

Cathy me escreveu no meio da campanha para relatar: "Entrei no closet da sala de jantar do Congresso fazendo barulhos e caretas para atingir meu alcance vocal completo". A cada parada, ela diligentemente encontrava lugares discretos para aquecer a respiração, dançar um pouco, criar coragem e dizer a si mesma que merecia ocupar aquele espaço. E ela ganhou as eleições primárias. Na verdade, o adversário dela desistiu porque ela o ultrapassava em fundos de campanha. Mas, em novembro de 2020, ela perdeu a candidatura ao Congresso; o distrito dela estava republicano demais para mudar em um único ciclo, e a campanha de rua foi muito prejudicada pela pandemia. Cathy mudou a história, no entanto. E inspirou milhares de pessoas no distrito, que agora estão implorando para que concorra novamente. Talvez ela aceite, mas antes precisa de um momento para respirar.

Em suma, tudo se trata de ousadia. Com boa respiração, com fé, nossos braços em volta umas das outras e as nossas mãos apoiadas nas costas umas das outras. Devemos fazer esse trabalho, cada uma de nós, por nós mesmas, mas não podemos achar que devemos fazê-lo sozinhas. O primeiro passo para abrir uma porta para qualquer espaço que não foi feito para nós é respirar fundo e ouvir, no silêncio, a respiração coletiva de milhões de pessoas nos desafiando.

2. Dimensão

A natureza nos chama para expandir.
O medo é aprendido.

Tanya O. Williams,
coach e educadora de justiça social

No documentário *Virando a mesa do poder*, Alexandria Ocasio-Cortez aparece sentada em um sofá de couro sintético em seu minúsculo apartamento no Bronx, falando para si mesma palavras de incentivo antes de um grande debate. Ela faz gestos amplos, um pouco tímidos, repetindo para si mesma: "Preciso ocupar espaço". Ela tinha um pressentimento de que seu oponente ia tentar fazê-la se sentir pequena, jovem demais e inexperiente. Sabia que poderia acidentalmente começar a encolher caso não se preparasse mental e fisicamente.

Cinquenta e nove milhões de pessoas assistiram à palestra da dra. Amy Cuddy no TED sobre o poder da pose para fazer o corpo se sentir grande. Os braços estendidos da estrela de futebol Megan Rapinoe, com energia até as pontas dos dedos, inspiraram mulheres ao redor do mundo a se posicionar em suas vidas como se fossem donas do lugar. O livro *The Body Is Not an Apology* [O corpo não é uma desculpa], da autora e ativista Sonya Renee Taylor, apresenta uma imagem inesquecível na capa, em que seu corpo negro repousa nu, confiante e radiante, sobre uma cama de flores. Essas três mulheres poderosas fizeram a seguinte aposta: quando nosso corpo ocupa espaço com ousadia, nossos pensamentos também o fazem, e então nossa vida tem a chance de atingir o tamanho que merece.

A essa altura, os imperativos para *ocupar espaço* e *arriscar* estão em consonância com nossa compreensão moderna do que é ser uma mulher forte: observe onde costumamos nos encolher, tente não fazer isso. É o padrão da nossa vida, seja fazendo piadas sobre parar de inserir pontos de exclamação em e-mails, decidir se vale a pena largar o emprego ou obter outro diploma, ou terminar um relacionamento. Estamos constantemente debatendo com nós mesmas sobre quão grande nossa vida merece ser. Somos ferozes como onças, mas às vezes não conseguimos rosnar. Então nos sentimos como impostoras ou fraudes; não gostamos do clichê, mas ainda assim continuamos presas a ele. Já fiz caminhadas cansativas pelas colinas de Hollywood e atendimentos com muito choro, deliberando com minhas amigas mais competentes, com CEOS, estrelas de cinema, ativistas impetuosas e minhas próprias mentoras, todas tentando navegar pelos meandros da expansão nos momentos importantes, todas repetidamente percebendo quando costumamos encolher e tentando parar de fazer isso.

Fiquei perplexa assistindo à primeira mulher reitora de uma universidade da Ivy League, uma bióloga condecorada chamada Shirley Tilghman, que havia arrecadado bilhões de dólares para a Universidade de Princeton, com dificuldade de responder a uma questão. "Quando você sentiu que você era o *suficiente?*", alguém lhe perguntou, saindo do roteiro, quando a sessão estava terminando. Na frente de 3 mil mulheres ávidas, a reitora abriu e fechou a boca, seu rosto revelando tentativas sucessivas e descartadas de dar uma resposta, nenhuma delas suficientemente verdadeira para ser falada em voz alta. Ela ficou em silêncio. Por fim, acenou com a cabeça devagar, soltou uma risadinha delicada e se revelou para nós. Um entendimento se estabeleceu na plateia — nós olhamos ao redor, avistando umas às outras, e compartilhamos sorrisos de reconhecimento. Obviamente, estamos todas juntas nessa.

Os ataques vêm de dentro e de fora. Esses ataques — as microagressões que enfrentamos individualmente, assim como os preconceitos culturais em grande escala escritos na legislação e recontados em nossas histórias e incorporados em nossas psiques — são o que nos pressionam a não arriscar. Não é uma patologia inerente a nós mesmas; o medo é aprendido. Como Ruchika Tulshyan e Jodi-Ann Burey escreveram na *Harvard Business Review*: "A síndrome da impostora orienta nossa perspectiva a consertar as mulheres no ambiente de trabalho em vez de consertar os ambientes onde as mulheres trabalham". A responsabilidade de mudar o sistema está nas mãos de pessoas em posição de poder que escrevem declarações de diversidade, mas não sabem nada sobre ouvir vozes diversas com diligência.

Mas não podemos esperar a boa vontade deles. Então praticamos nossas poses de poder, levando em consideração a conexão entre ocupar espaço físico e a mentalidade que antecipa essa ocupação ou que vem depois dela (é uma via de mão dupla). Fazemos o que estiver ao nosso alcance para ganhar mais poder para que, em algum momento, talvez em breve, estejamos no comando desses mesmos locais de trabalho.

Também existe um equivalente vocal de ocupar espaço sem pedir desculpas — e isso vai ajudar nessa empreitada. Falar com toda a envergadura da voz exige algum conhecimento técnico, assim como certa flexibilidade do músculo da permissão. Mas, quando se faz isso, não é apenas mais provável que você fale — você vai transformar a transmissão real de seu discurso. *Vai soar diferente*. E existe uma chance de que seja ouvida de fato.

Outra expressão que muitas vezes vem junto de *ocupar espaço é levantar a voz*. Esta, é claro, é minha especialidade, mas quero ser bem específica aqui. Quando se está criando coragem para respirar e falar de fato em um momento difícil, a escolha pode parecer binária: falar ou não falar. Você pode pensar: vou tomar uma decisão e chamar alguém para sair ou vou deixar passar? Vou contar minha ideia esquisita ou vou desistir? Vou seguir para o palanque quando meu nome for chamado ou ficar convenientemente presa no banheiro? Mas, uma vez que você disser "sim", a história estará apenas começando.

O modo como nós falamos *durante* o discurso é tão importante, se não mais, do que a maneira como começamos a falar. Trata-se de assumir a responsabilidade por todo o percurso até terminar de falar. A alternativa é algo como: "Acredito profundamente nisso... *mas, tipo, talvez não, o que você acha?*". A segunda parte do nosso discurso é onde as coisas ficam interessantes, porque, no projeto de ocupar espaço com nosso discurso, a prova está no final. É quando revelamos, geralmente sem querer, se viemos prontas para a batalha. De certa forma, o primeiro capítulo deste livro já foi sobre tamanho — o que é exigido do nosso corpo quando estamos nos preparando para falar para muitas pessoas ou apenas para uma pessoa importante, e de quanto fôlego precisamos para fazer isso. Respirar bem é uma grande conquista. Mas, quando nossas palavras atingem o ar, novas provações nos aguardam. Escrevi sobre deixar seu corpo se expandir no espaço real que habita, com a respiração, mesmo quando se está sendo observada; aqui, quero que você considere que seu discurso funciona da mesma maneira.

Em primeiro lugar, ajuda se pensarmos que, quando uma pessoa fala, não apenas abre e fecha a boca, emitindo sons. Ela *faz algo* para seus ouvintes. A fala transforma o pensamento em ação. Se você perguntar a uma pessoa nova no trabalho: "Quer almoçar comigo algum dia?", mesmo que nunca cheguem a almoçar de fato, isso não significa que a oferta não teve valor; você fez com que a pessoa se sentisse bem-vinda, mostrou-se acolhedora e iniciou um relacionamento. Os linguistas consideram até a comunicação mais básica como "fazer movimentos sociais" ou realizar "atos de fala". E, embora os atos de fala geralmente envolvam palavras, não se trata apenas delas: a *maneira como* você convidou a pessoa para almoçar vai definir a conversa e talvez até todo o relacionamento a partir de então. Havia sinais de alegria forçada em sua voz? De flerte? Um entusiasmo sincero que foi de alguma forma silenciado no final para esconder o fato de que você secretamente teme que não seja tão interessante e que a pessoa provavelmente rejeite o convite? As palavras emergem de dentro de nós com uma série de outras informações valiosas na forma de altura, volume, tom e ritmo — nossa melodia e nosso ritmo no momento, com todos os nossos hábitos e todas as nossas esperanças. Como ouvintes, captamos tudo isso; tivemos milênios para praticar.

Na década de 1970, um zoólogo chamado Eugene Morton, da Smithsonian Institution, estudou as vocalizações de mais de cinquenta espécies de aves e mamíferos para mapear seus grasnados graves e guinchos agudos, e a variedade de opções entre esses dois extremos. O que ele encontrou se conecta com as infinitas possibilidades embutidas nesse "Quer almoçar comigo algum dia?": a quantidade e a variedade de sons que os animais fazem ao longo desse espectro estão diretamente relacionadas às capacidades de socialização das espécies.

Como o jornalista John Colapinto explica em seu livro *This Is the Voice* [Essa é a voz]: "Aqueles animais que vivem em grupos cooperativos maiores, com interações sociais mais complexas, produzem e processam sinais com mais pontos — mais sons — através do espectro emocional". Os lagartos, que comem os próprios filhotes se não fugirem rápido o suficiente, não têm capacidade cerebral para fazer ligações emocionais e não podem emitir nenhum som. Nós, seres humanos, somos a espécie mais socialmente complexa que existe, e nossas opções vocais são prova disso. Ao fazermos uma mudança sutil na entonação, demonstramos preocupação, mas, com um toque de ciúme, ou de melancolia com gratidão, ou de fúria com um revirar de olhos porque estamos bravos por estarmos bravos.

Mas também podemos confundir as pessoas e a nós mesmos com a abundância de opções vocais disponíveis. Porque, para complicar ainda mais, não temos apenas opções baseadas em milhares de anos de evolução: também temos variantes e nuances que usamos com base nas tendências modernas que aprendemos com nossos amigos ou ídolos. E às vezes essas opções se transformam em hábitos que vão contra nossas reais intenções. Em outras palavras, às vezes nossa fala é oposta ao nosso discurso.

É onde entram a voz crepitante [*vocal fry*] e a entonação ascendente. Mulheres ao redor do mundo são ridicularizadas por soarem como bacon fritando na panela (voz crepitante) ou por aumentarem a frequência do som no final de cada frase (entonação ascendente), como se estivéssemos fazendo uma pergunta quando não estamos, além de usar palavras como "tipo" e "assim" quando não são estritamente necessárias. Somos chamadas para uma conversa por mentores bondosos, tanto homens quanto mulheres, que nos dizem que esses hábitos vão nos prejudicar e que precisamos parar com isso — como se fosse um rito de passagem, deixar de lado as coisas infantis. Alguém que conheço ouviu uma mulher mais velha sussurrando para outra na plateia de uma oficina minha: "Você acha que Samara falou tanto 'tipo' *de propósito?*". Minha reação instintiva ao ouvir isso foi ficar mortificada; minha reação seguinte foi certo orgulho contido. Sei como é essa história.

Por décadas, inúmeros artigos discutiram como esses "impedimentos de fala autoimpostos" tornam as millennials e as mulheres ainda mais jovens incapazes de soar profissionais, ou como chefes. As manchetes do *Atlantic* ao *Guardian* proclamaram "Voz crepitante pode prejudicar as perspectivas de emprego das mulheres" e "Mulheres jovens, parem de usar voz crepitante e recuperem a força da voz feminina". Artigos sérios sobre linguagem de gênero estão repletos de pronunciamentos como "o uso da entonação ascendente é um dos elementos mais comuns que prejudicam a credibilidade das mulheres", uma vez que está associado a hesitação e incerteza. Estudos afirmam que essas caracte rísticas do discurso contemporâneo, às vezes até chamadas de "mau uso da fala", "assumiram uma conotação negativa, feminina, imbuída de imaturidade e até idiotice". A história é que nós, mulheres, herdamos o delicado instrumento que é nosso aparelho vocal, afinado ao longo de centenas de milhares de anos, e o estamos golpeando contra o palco como aspirantes a estrelas do rock esquecendo que as pessoas vieram para ouvir música.

Eu gostaria de rejeitar toda essa retórica e dizer que você não deve dar ouvidos a rabugentos que se ressentem por terem ficado velhos e irrelevantes *e por a voz deles demonstrar isso*, mas não é tão simples assim. Existem, afinal, muitos dados para apoiar as alegações de que, ao ouvir a voz crepitante e a entonação ascendente, as pessoas que têm o poder de abrir e fechar as portas tendem a manter essas portas fechadas. Em um desses estudos de 2014, financiado pela Fuqua School of Business, da Universidade Duke, pesquisadores concluíram que, "em uma grande amostra nacional de adultos americanos, descobrimos que a voz crepitante é interpretada de maneira negativa. Em relação a uma voz normal, vozes femininas adultas jovens que apresentam o som crepitante são percebidas como menos competentes, menos educadas, menos confiáveis, menos atraentes e menos prováveis de serem contratadas". Se você quer ser contratada, esses dados são importantes, mesmo que sejam baseados em preconceito vocal.

Talvez você não tenha conseguido um emprego porque alguém decidiu que você soava jovem demais, talvez não tenha sido escolhida para representar a empresa naquela conferência porque "há algo na sua voz" que incomoda a chefia. Ou talvez *você* não goste desses sons, então os rejeita. Eu ouvi esses comentários e outros similares de meus clientes.

Quem entre nós nunca decidiu uma vez ou outra parar de ouvir um podcast porque a voz da apresentadora desviava a atenção? *Eu já.* Se estamos falando em nos dar permissão, em nos convidar com convicção para participar de espaços de poder, o que fazemos com todos esses indícios? Não deixe esses infelizes esmagarem você; ao mesmo tempo, de acordo com a ciência e até com nossos próprios preconceitos, falar da maneira como você fala de fato vai te prejudicar. Então boa sorte com isso.

Muitas discussões sobre a voz das mulheres escolhem um dos lados e param por aí. Policiem as mulheres! Ou deixem-nas em paz! Mas este é um falso binarismo. Não temos apenas uma maneira de falar, nem mesmo uma maneira *autêntica* de falar. Não ocupamos um espaço consistente quando falamos, e sim arbitrário; não importa quais tenham sido nossos hábitos no passado, eles não definem nossa próxima respiração ou a seguinte. Considere a variedade de ações que você negocia na sociedade todos os dias. Como soa quando está falando com sua avó ou com um advogado? E com alguém que a está ignorando, ou alguém que está apaixonado por você? Pense em como você soa quando se sente menos segura de si mesma — e então quando se sente mais segura. Quem é essa versão mais recente de você? Aquela que se sente livre. Agora imagine-a de fato: quanto espaço está ocupando, com seu corpo e sua voz? Como se move nos lugares? Como é a voz dela? O que seria necessário para levá-la com você para mais espaços?

Na noite de 2 de novembro de 2020, Glennon Doyle e Oprah Winfrey fizeram uma live no Instagram para discutir como lidar com a ansiedade coletiva em relação à eleição presidencial dos Estados Unidos. Ali estavam duas das mulheres mais poderosas do mundo, ambas celebradas por sua sabedoria e liderança, ambas muito mais velhas do que o padrão "millennial" e compartilhando com o público suas histórias de desconforto pessoal e sua relativa paz no presente. Ali estavam duas mulheres presentes, com autoridade e emoção, aliviando a alma de milhares e milhares de espectadores. E ali estavam duas mulheres usando voz crepitante e entonação ascendente algumas vezes durante a conversa.

Após cerca de um minuto de gravação, quando falava sobre a ansiedade de limpar a casa, Glennon diz: "É tipo, como se uma versão mais esperançosa de você aparecesse. E então você chega à metade e... [som crepitante] aaah". E Oprah responde com a voz toda crepitante: "Não vou fazer isso hoooooje. Eu seeeeeeeei". Não preciso dizer que isso não as tornou menos eficientes. Se o objetivo era oferecer um apoio sólido, mas afetivo, e um verdadeiro senso de comunidade em um momento de necessidade, elas certamente conseguiram.

A história das mulheres e seus hábitos vocais é mais complexa do que simplesmente eliminar o som crepitante, a entonação ascendente ou a palavra "tipo" da sua fala para serem levadas a sério. E o tema é mais complicado do que simplesmente dar ouvidos a este ou aquele preparador vocal, este ou aquele mentor. E, sim, talvez Oprah e Glennon tenham conquistado o direito de falar como quiserem, mas há mais a aprender com elas do que apenas como ganhar certos privilégios. O que está acontecendo vocalmente com elas, e com todas nós, tem muito mais a ver com permissão e menos a ver com fala. No vídeo, elas habitam — vivem de fato — os momentos em que escolhem falar, *e falam na dimensão que funciona melhor em cada momento.* Você também pode chegar lá. Glennon e Oprah usam o som crepitante e a entonação ascendente, com essa intenção ou não, como ferramentas para servir a seus propósitos. E não usam quando não servem. Você também pode seguir essa estratégia.

Uma curiosidade: quando falamos em inglês, tendemos a "adiantar a carga" dos nossos enunciados. Começamos com uma grande explosão de energia ao cruzarmos o limiar da não fala para a fala. É quando temos mais fôlego de prontidão e talvez mais coragem por causa de toda essa antecipação acumulada, como um corredor na linha de partida, ansioso para sair. É natural então gastar essa energia enquanto falamos.

Mas, se nos sentimos desconfortáveis em falar por qualquer motivo, os efeitos do adiantamento da carga se tornam ainda mais dramáticos. Quando começamos a dizer as palavras, a pista se curva inesperadamente e podemos esmorecer: vemos a plateia, as expressões ilegíveis ou hostis, e podemos começar a questionar nosso direito ao espaço e ao tempo que estamos tentando habitar. Podemos começar a pensar: *Talvez minha ideia não seja tão boa, afinal. Eu deveria ter pensado mais sobre isso. Pareço burra. Definitivamente não pareço com aquela outra pessoa que falou com toda a confiança e que tinha a aparência e a fala adequadas. O que estou fazendo? Quem penso que sou?*

Essa grande explosão de energia que tínhamos no topo se dissipa, e soamos cada vez menos ousadas ao final da nossa fala, resultando em uma energia do tipo "não importa, retiro o que disse" — também conhecida como voz crepitante e entonação ascendente (ou *uptalk*, ou, se você quiser usar termos mais técnicos, uma inflexão acentuada na sílaba final). Como a maioria dos padrões de voz ao estilo JFK que descrevi na introdução não é tão comum, não me surpreende que algumas clientes venham até mim certas de que a voz crepitante e a entonação ascendente estão arruinando sua vida, enquanto outras pessoas nunca ouviram falar nesses termos. Então, aqui está a questão principal. A voz crepitante é o som rangente que as pessoas produzem, geralmente na segunda metade de uma frase falada. (Tente dizer "tipo assim..." de maneira sarcástica, arrastando a frase como se nada mais precisasse ser dito, e você provavelmente ouvirá esse som na sua voz.) Ela é definida como "uma forma de fonação [ou seja, de produção de som], caracterizada por um padrão vibratório laríngeo distinto" nas cordas vocais, vibrações basicamente lentas que produzem um efeito glótico que lembra aquele som de bacon fritando. Isso acontece com a maioria de nós quando estamos cansadas e não energizamos nossas palavras com fôlego suficiente, ou se estamos roucas, no final de um longo dia, porque falamos demais. Mas esse som também é produzido quando não estamos nem um pouco cansadas, por motivos muito interessantes que vou abordar. Exemplos disso estão em toda parte, mas nosso modelo moderno da cultura pop de voz crepitante é Kim Kardashian e aqueles que tentam acompanhá-la. E para que você não pense que estamos caindo no estereótipo, lembre-se de Oprah. E de mim. E provavelmente de você mesma.

Caso você esteja se perguntando, os homens também adquiriram esse hábito: Ira Glass passou a usar a voz crepitante com regularidade em um famoso episódio de *This American Life* chamado "Freedom Fries", quando respondeu a todas as reclamações que recebeu sobre as vozes das jovens repórteres em seu programa, ressaltando que ninguém reclamou da voz dele. Na verdade, é uma tendência de todo mundo, mas apenas as mulheres são difamadas por isso.

Uma busca no Google pelo termo "voz crepitante" [*vocal fry*] mostra centenas desses artigos voltados para mulheres, alegando estar nos salvando do suicídio profissional; não há artigos equivalentes para homens, e muitas vezes nem percebemos quando eles fazem isso. Há um vídeo incrível, que pode ser encontrado na internet, no qual um professor associado da Fuqua School of Business da Universidade Duke discute como aquele estudo de 2014 revelou que a voz crepitante em mulheres está correlacionada à percepção de um menor senso de autoridade. Mas o pesquisador em questão, um Tom Cruise de quarenta e poucos anos, cuja cabeça fica no centro da tela durante a maior parte do vídeo, *fala com som crepitante no final de quase todas as frases.* O fato é que nenhuma pessoa envolvida nesse projeto de constranger as falantes do som crepitante deve ter parado para ouvir o que estava sendo dito.

A entonação ascendente é prima da voz crepitante, e você pode pensar nelas como duas manifestações do mesmo impulso, o impulso de encolher — de dizer "esquece, deixa pra lá" no final de suas declarações. A entonação ascendente envolve inserir um tom de questionamento em algo que não é uma pergunta, de modo que o fim da frase sobe, independente do conteúdo — até mesmo, digamos, quando você diz a alguém como se chama. Caricaturas clássicas dessa montanha-russa vocal incluem Alicia Silverstone em *As patricinhas de Beverly Hills*, filme de 1995, e Kristen Wiig no esquete do *Saturday Night Live* "The Californians", mas, na verdade, isso está em toda parte. Alguém que conheço me enviou uma mensagem de texto com o áudio de uma pessoa que trabalha como correspondente da NPR dizendo: "Biden concorreu na agenda climática mais progressista da história dos Estados Unidos? E ganhou com isso? Então, cabe a ele levar isso a sério?". Escutei várias vezes, encantada.

Não existe um consenso sobre a origem da entonação ascendente, mas o conceito pode ter entrado no pensamento cultural quando o compositor Frank Zappa lançou "Valley Girl", single de 1982 que apresentava gravações de sua filha de catorze anos falando expressões associadas ao grupo social dela, jovens brancos e de classe alta no sul da Califórnia. Mas agora a entonação ascendente se dissociou desse grupo demográfico específico; está na internet e nas notícias, está na boca da maioria dos falantes de inglês, independentemente do país anglófono onde vivem, está na boca das nossas filhas (e dos nossos filhos) de apenas três anos de idade.

E existem os "atenuadores", um termo linguístico abrangente para tudo o que pode ser interpretado como uma palavra de "preenchimento", desde "hum" e "ah" até o uso frequente de "tipo", para suavizar termos que podemos soltar em uma conversa, como: "Assim, tipo, talvez você devesse conversar logo com ele sobre suas, ah, preocupações e tal". Dificilmente encontraremos alguém que não se culpe em segredo por usar atenuadores demais, prejudicando a própria credibilidade. A conclusão geral é que o discurso direto é forte, e a força é o objetivo. Por que arruinar um argumento certeiro perfeito com desvios frívolos e pausas?

Por fim, existe um hábito que se encontra fora de tendências vocais específicas, mas sustenta todas elas — o hábito das mulheres de se desculparem. Bastante. Provavelmente podemos apontar exemplos de desculpas excessivas saindo de nossa própria boca ou da boca de outras mulheres que conhecemos. Tenho uma amiga chamada Mandy que é uma organizadora comunitária e ativista. Recentemente, participei de uma reunião que ela iniciou pedindo desculpas, sem nenhum motivo. Ela não tinha se atrasado, não estava mal preparada, não tinha tratado ninguém mal — longe disso, estava ajudando a todos nós. Mas "desculpe, oi!" saiu da boca dela com tanta facilidade quanto "bem-vindos" poderia ter saído. Isso me lembrou de quando ela conquistou um cobiçado cargo em um comitê estadual. Como levou alguns dias para confirmar os resultados, o grande anúncio dela começou assim: "Desculpe, demorei para informar o resultado das eleições de terça-feira!". Eu me encolhi.

Mas, como quero tratar o assunto complexo de como as mulheres falam com honestidade, em vez de recorrer a respostas fáceis que são inúteis na vida prática, vou ser indecentemente imparcial sobre os benefícios e as desvantagens dessas tendências. Se você está esperando um guia sobre o que fazer e o que evitar, não vai encontrar isso aqui. Em vez disso, quero que você conheça suas opções e saiba o que elas causam nos ouvintes. Então cabe a você se dar a permissão para jogar e experimentar a graça de errar e se recuperar. Quero que você pense na pessoa com quem está tentando se conectar e *no que vai funcionar com ela*. Também quero que considere o que na sua voz lhe traz alegria e, principalmente, que você soe como a versão mais alegre de si mesma. Encolhemos e expandimos uns diante dos outros, o dia todo, todos os dias. É dolorosa, comovente e bonita a maneira como nos adaptamos aos outros e, às vezes, felizmente, a nós mesmas.

Vou dar um exemplo do que quero dizer, caso você se preocupe com a possibilidade de estar pedindo desculpas demais. Lembro-me de assentir energicamente enquanto estava sentada no set lendo um artigo do *New York Times* de 2019 de Ruth Whippman, destacando quase tudo no meu telefone. "Com certeza", ela sugere, "muitos de nossos problemas sociais e políticos mais prementes — do movimento #MeToo aos estupros nas universidades, dos tiroteios em escolas à postura do presidente Trump no Twitter — são causados não pela falta de assertividade das mulheres, mas por uma assertividade excessiva dos homens." Ela cita um famoso estudo de 2010 que concluiu que as mulheres pedem desculpas com mais frequência do que os homens porque temos uma "tolerância menor para o que constitui comportamento ofensivo", e ela se pergunta por que isso é enquadrado como uma deficiência feminina. Por que promover uma "alta tolerância para comportamento ofensivo" deve ser o objetivo de qualquer pessoa? Ela nos adverte contra assumir padrões masculinos:

> Raras vezes no curso dessa cruzada antidesculpas paramos para considerar o valor social e moral das desculpas e o custo de eliminá-las de nossas interações. Pedir desculpas é uma maneira altamente simbólica e socialmente eficiente de assumir a responsabilidade por nossas ações, corrigir um erro e abrir espaço para os sentimentos de outra pessoa. É um modo rotineiro de inserir a autocrítica e a reflexão moral na vida cotidiana.

Aleluia! A escola do meu filho usa a linguagem da psicoterapia para ensinar aos alunos reparos sociais — a não apenas dizer "desculpe" depois de cometer um erro, mas a assumir a responsabilidade pelo dano que pode ter sido causado e pensar no que fazer no futuro para que aquilo não aconteça novamente. Isso é muito Ruth Whippman da parte deles. Obviamente, dizer às mulheres ou a qualquer um para parar de se desculpar é tolice; a sociedade se beneficia quando corrigimos nossos erros e reparamos os danos.

Mas o trabalho começa aqui: cada uma de nós tem que observar com bastante atenção seus próprios hábitos. Seu impulso de se desculpar nasceu de uma mágoa, não importa quão pequena seja, que você deseja curar? É um desequilíbrio que gostaria de equilibrar? Ou talvez seja algo mais genérico do que isso, uma reação automática que não combina com a ocasião? Porque se, como era o caso da minha amiga Mandy, nada específico à sua frente exigir reparação, vai parecer que você está se desculpando por ocupar tempo e espaço — e inadvertidamente se oferecendo para reparar sua própria existência. É difícil encolher mais do que isso.

À medida que nos aprofundamos nas escolhas que cada uma de nós tem quanto a usar a voz crepitante, a entonação ascendente, os atenuadores e os pedidos desculpas, não esqueça nunca: elas *são* escolhas, e são práticas. Podem ser a ferramenta certa para o trabalho. Mas podem não ser, e nós devemos manejá-las com cuidado, porque há uma coisa que todos esses hábitos têm em comum: eles mantêm a paz. Dizem aos poderes constituídos que sabemos qual é nosso lugar. E, principalmente à medida que nos expandimos e alcançamos lugares novos e mais poderosos, esses detalhes linguísticos atuam como uma homenagem ao tamanho que tínhamos antes, quando ainda não reivindicávamos o tempo e o espaço que costumavam pertencer a outros. É uma função e tanto. Existem benefícios em pedir desculpas quando não existe necessidade e existem benefícios em encerrar nossas falas com um suspiro em vez de um bramido. Na verdade, aqui está algo que esses artigos nunca mencionam: as mesmas pessoas que caçoam da nossa voz crepitante e da entonação ascendente provavelmente ficariam ainda *mais* desconfortáveis com a versão da nossa voz que é firme até o fim; simplesmente não percebem que a coisa toda é uma armação.

Mas é uma armação que podemos superar se formos espertas.

Em primeiro lugar, ouça o som crepitante na sua fala e na dos seus amigos. Ouça as entrevistas das suas celebridades favoritas em *talk shows* e quando seus youtubers prediletos postam novos vídeos. Você vai começar a perceber que toda vez que a voz entra naquele registro mais grave e rouco a pessoa está *fazendo* alguma coisa. Uma função da voz crepitante é que ela pode ser empregada para ajudar você a criar um aparte ou uma observação, e isso pode ser uma maneira significativa de sinalizar pensamentos de alta e baixa prioridade para o ouvinte. (Assista a Emma Stone e Jennifer Lawrence juntas em uma filmagem despojada de um bate-papo da W *Magazine*, e você vai ouvir tudo. J-Law diz a Emma: "Você já assistiu a *Em busca do...* não, espere aí! Nós duas já [a voz fica crepitante] falamos sobre [mais crepitante ainda] *Em busca do Vale Encantado*".) De fato, outra função da voz crepitante é fazer referência a um elemento de ironia ou humor. Da mesma forma, ela pode nos ajudar a dar a entender que o que estamos dizendo tem um sentido metafórico e que estamos cientes disso, como se fossem o equivalente auditivo das aspas de ironia. Eu faço isso o tempo todo. Está no "Eu seeeeeeeei" da Oprah. E quando Jennifer sugere que o nome verdadeiro de Emma seria ótimo para uma estrela pornô. Sem pestanejar, Emma diz, em tom crepitante: "Isso é... muito legal da sua parte". E Jen responde, com a voz igualmente crepitante: "Disponha".

Quando falamos com voz crepitante no trabalho, perto dos nossos superiores, isso também pode servir como um experimento — sugerindo algo com cautela, mas com um olhar aguçado, sobre como o que você disse é recebido pelos outros. Funciona como uma maneira eficaz de lançar uma ideia, mas depois dando um passinho atrás no final por questão de segurança, caso alguém em uma posição de poder discorde de nós. Isso não é necessariamente uma coisa ruim: podemos sinalizar que temos uma ideia, mas que estamos abertos à opinião dos outros. De qualquer forma, é um mecanismo de proteção, que indica que podemos aceitar diferentes opiniões e que não vamos dar trabalho.

De fato, a voz crepitante está associada a certa tranquilidade. Os fonoaudiólogos afirmam que é impossível falar em voz crepitante se a garganta estiver apertada. As cordas vocais *precisam* estar relaxadas. Cantores profissionais dizem que praticar o som crepitante segurando um som de vogal é na verdade parte de um aquecimento vocal saudável, pois relaxa a tensão nas cordas. Existe uma razão para que os trabalhos acadêmicos sobre esse fenômeno usem termos como "desinteressado", "desapegado" e "sem entusiasmo" para tentar capturar a essência do som (ou do falante... isso às vezes é ambíguo). E como a voz crepitante pode sugerir uma atitude relaxada, você pode sentir o impulso de usá-la para sinalizar uma mudança de um tom formal para um tom mais casual. Em todos esses casos, o uso do som crepitante pode ser percebido como confiança porque sua fala vai ser mais descolada. Em comum com o preconceito de gênero e de idade está a suposição cultural generalizada de que o entusiasmo e o zelo "infantis" classificam a pessoa como ingênua. Isso me deixa furiosa, e eu tenho muito a dizer a respeito disso (veja o próximo capítulo). Aqui, vou apenas dizer que, se o som crepitante no final dos seus comentários faz você parecer cínica e indiferente, pode ser uma saída bem útil contra ser rotulada como uma garotinha inocente. Em suma, essa firula vocal pode nos fazer parecer desinteressadas e inescrutáveis, o que é sempre mais seguro do que parecer engajada e exposta. Como diz Aaron Burr em *Hamilton*: "Fale menos; sorria mais. Não deixe que eles saibam se você é contra ou a favor". Ele não é o nosso personagem favorito, mas consegue se manter vivo.

A voz crepitante se tornou um elemento tão comum do discurso moderno que ganhou mais uma função importante: é um cartão de membro do clube. Como Deborah Tannen escreveu em seu clássico de linguística popular *You Just Don't Understand: Women and Men in Conversation* [Você simplesmente não entende: Mulheres e homens conversando], "existe um impulso humano fundamental de imitar aquilo que ouvimos". Ela ainda diz: "Os adolescentes falam de certa maneira porque outros adolescentes falam dessa maneira e eles querem falar como seus semelhantes". Independente da sua idade, isso pode oferecer capital social para parecer atualizado, e é bom falar como pessoas com quem você se associa ou com quem deseja parecer. Se vários de nós estivermos vibrando as cordas vocais dessa maneira, quando dissermos "mas, sério" ou "ou não" ou "incríííííível" na hora certa, com a voz bem crepitante, vai ser mais fácil construir laços de confiança e conexão uns com os outros.

Na verdade, você pode usar a voz crepitante em qualquer um dos seus enunciados, não porque tenha vontade de se encolher, mas porque está imitando os amigos, se encaixando na tribo, sinalizando que pertence a um grupo. E o que há de errado em falar como as pessoas que você ama? É literalmente por isso que existe variedade na forma como falamos no mundo todo. A variação linguística é o resultado de milênios de nós-contra-eles tribais que se apresentam na forma como falamos. Imagine um homem das cavernas perdido deparando com um grupo de caçadores e respirando aliviado porque todos eles grunhem no mesmo som crepitante.

E este é um bom exemplo de por que caracterizar sua voz crepitante como algo bom ou ruim é inútil: na maioria das vezes, o som simplesmente nos ajuda a nos conectar. Isso nos ajuda a ser engraçadas, pertinentes e autênticas. É um hábito que parece completamente confortável para muitas de nós, e quanto mais à vontade estivermos quando falamos, mais provável é que nos sintamos livres e alegres. E é aí que a nossa melhor comunicação acontece.

Algumas das primeiras pesquisas inovadoras sobre a entonação ascendente vieram da dra. Cynthia McLemore, que vigiou de perto uma irmandade específica do Texas no final dos anos 1980. Ela estudou a entonação das integrantes da irmandade em vários contextos e descobriu algo impactante: aumentar a entonação no final das frases não era um mecanismo usado para sugerir incerteza ou deferência. Pelo contrário. As líderes da irmandade e integrantes seniores usavam como um recurso retórico suplementar para marcar novas informações. Por exemplo: "Tá, então vamos dar uma festa? No sábado? E o tema vai ser fogo e gelo?". A entonação ascendente *não* era usada para falar sobre informações discutidas anteriormente, como: "Assim como todos sabem, estamos arrecadando fundos para nossa nova banheira de hidromassagem".

Em muitos casos, ainda é assim que a entonação ascendente é usada hoje — para salientar algo novo (a entonação sobe) em vez de algo já estabelecido (a entonação desce, talvez até faça um som crepitante). A pessoa que trabalhava como correspondente da NPR e falou sobre como Biden estava oferecendo uma perspectiva nova, em vez de repetir uma verdade universalmente reconhecida. É o que acontece também quando nos apresentamos a alguém (e, ahã, principalmente se nosso nome for incomum); nossa intenção provavelmente não é apenas divulgar nosso nome, mas também verificar se as pessoas o compreenderam. Estamos dando novas informações e perguntando ao mesmo tempo: "Entendeu o que eu disse?". É eficaz. E leva em conta a experiência do ouvinte.

Na verdade, vários estudos sugerem que a entonação ascendente é um ato de generosidade, mesmo que nós nem sempre a usemos de modo consciente. Ela ajuda a animar a conversa, como se fizéssemos um sinal de boas-vindas com a voz. Os linguistas descobriram que nos bate-papos só entre homens e só entre mulheres (deixando de lado por ora os grupos com ambos os gêneros), os homens têm a tendência a contribuir em uma discussão para competir, enquanto as mulheres o fazem para colaborar. A energia ascendente no final de uma frase sugere uma oferta aberta em vez de uma fechada, com um "mas o que você acha?" embutido.

De acordo com Amanda Montell em seu livro *Wordslut: A Feminist Guide to Taking Back the English Language* [Um guia feminista para retomar a língua inglesa], as conversas das mulheres "têm uma estrutura distinta de revezamento — um estilo de conversa que [a linguista britânica dra. Jennifer] Coates compara a uma sessão de improvisação no jazz". Em outras palavras, quando as mulheres conversam umas com as outras, o espaço é aberto e a hierarquia é equilibrada; todas as envolvidas dão a entender que as outras são *bem-vindas* para falar. Montell ressalta: "Nessas conversas, você pode ouvir falas sobrepostas, pessoas repetindo o que outras disseram ou reformulando as palavras umas das outras. Todas estão trabalhando juntas para construir um significado e, portanto, a regra de um falante de cada vez não se aplica". A energia aberta da entonação ascendente funciona como um passe para a próxima pessoa contribuir com sua opinião, porque a conversa em si é mais importante do que qualquer pessoa. Não é necessário dizer que, se os homens tradicionalmente não conversam dessa maneira, mas se revezam para cada um ter a palavra de uma vez, enquanto "bancam os especialistas", as conversas de gênero misto podem facilmente se complicar.

Quando leio roteiros com atores, costumamos falar sobre essas opções de tom no final da linha de diálogo, se é "aberto ou fechado", fazendo referência à possibilidade de o arco do tom se curvar para cima ou para baixo na conclusão de um pensamento. Pode parecer um detalhe ínfimo, mas escolhas como essas refletem o estado de espírito de uma personagem. Quando "Vou indo" está escrito em uma página, pode soar como "Vou... indo?", com uma energia ascendente no final, o que sugere consultar a outra personagem, talvez seja uma ameaça ou um teste, ou talvez seja um pedido de permissão, mas, em qualquer caso, se está *buscando algo*. A energia ascendente envolve a outra pessoa — é um pedido de reação. E é um ato de gentileza. "Vou indo" com uma energia descendente, quando você considera de fato o ponto que o escritor pôs no final da fala, sugere alguém que realmente encerrou a conversa. Não há nada inerentemente errado com isso, mas é uma escolha. À medida que a fala acontece, essas duas opções oferecem um forte contraste — que pode até definir o relacionamento, em cenas mais dramáticas. É assim conosco também. O benefício da entonação ascendente é que ela nos mantém abertas — vocalmente, emocionalmente, filosoficamente, em todos os sentidos.

Na verdade, os atenuadores também são um ato de gentileza. Adicionar preenchimentos ou suavizar os termos das suas declarações — hum, é, assim, meio que, sabe, tipo — é o que os críticos chamam de vícios de linguagem, mas na verdade isso não indica que nos falta confiança ou lucidez, embora algumas vezes possa ser o caso. Linguistas experientes chamam isso de táticas vocais, e não de vícios. Táticas para conseguir o quê? Cuidar um do outro, vocalmente. A dra. Coates, linguista que comparou a conversa a uma sessão de improvisações no jazz, explica que os atenuadores "são usados para respeitar as necessidades de todos os participantes, para negociar tópicos delicados e encorajar a participação de outros". Muitas vezes estamos cientes da necessidade de ajudar todos ao redor a evitar a humilhação ou aparentar estar errado, de manter a conversa rolando sem problemas. Os termos de suavização fazem esse trabalho pesado, e, de acordo com um famoso estudo que analisou 263 transcrições separadas, eles são "mais comuns entre mulheres, participantes mais jovens e pessoas mais conscientes". Usamos os atenuadores quando não temos poder, ou não temos poder o suficiente. Ajudamos os mais poderosos a manter as aparências, seguimos em suas boas graças e ganhamos um pouco de influência em troca.

Usar "hum" e "ah" também é uma forma de gentileza. Na verdade, eles funcionam como pequenas placas de sinalização para nos ajudar a concluir nossos pensamentos sem deixar os ouvintes perdidos. A verdade é que são usados tanto por homens quanto por mulheres. Se você está preocupada que essas expressões indiquem hesitação, pode ser bom considerar que funcionam como dicas para os ouvintes de que você está fazendo uma pausa para encontrar uma palavra. Na verdade, alguns estudos sugerem que temos a tendência a dizer "ah" quando estamos prestes a fazer uma pausa curta e "hum" para uma pausa um pouco mais longa. E se acharmos que estamos falando "ah" demais, de acordo com uma pesquisa, sinalizamos essa demora no meio de um pensamento, e não entre os pensamentos. Parece que realmente queremos ter certeza de que, caso nossa linguagem não tenha fluidez, identificaremos isso para poder fazer algo a respeito. "Ah" e "hum" não prejudicam a comunicação; fazem parte dela. Assim como respirar fundo antes de uma declaração difícil, ou suspirar ao final dela, transmitem algo para os nossos ouvintes — e algo nada ruim.

Já "tipo" [em inglês, *like*] é um termo injustamente demonizado. Tem vários significados distintos, mas todos são pronunciados da mesma forma? Todos os significados são usados tanto por homens quanto por mulheres — incluindo "Eu tenho isso, tipo, desde sempre". No entanto, quando os homens o usam, não há incômodo, e quando as mulheres usam considera-se uma aniquilação da língua e, possivelmente, da nossa credibilidade juntamente com ela.

Então, a questão é a seguinte. Esses hábitos — voz crepitante, entonação ascendente, atenuadores, desculpas excessivas — obviamente têm seus benefícios. Muitos benefícios incríveis e úteis, que facilitam relacionamentos. Mas (você sabe o que vou dizer) também têm suas desvantagens. Uma, claro, é o modo como esses sinais vocais são percebidos por pessoas que não os usam (ou não sabem que os usam), pessoas que podem muito bem ter o poder de abrir as portas do futuro que você deseja. Pode valer a pena explorar outras opções simplesmente para ter acesso a essas portas.

Mas para ser justa: essas pessoas não são apenas máquinas insensíveis e preconceituosas. A voz crepitante pode parecer "incerta" para alguns ouvintes, ou "legal" para outros, mas, de qualquer forma, *se for um meio de se esconder, o resultado é que você soa como se estivesse se escondendo*. Os ouvintes podem ficar confusos, imaginando se você quer mesmo dizer o que está dizendo ou não. E a entonação ascendente também pode ser confusa. Se tivermos o costume de subir o tom em cada frase, assim como no final de cada pensamento, é fácil para o ouvido (e não apenas para os velhos e rabugentos, infelizmente) se perder no padrão repetitivo de curvas em vez de acompanhar a lógica do que estamos de fato dizendo.

Mas há outra boa razão para reconsiderar todos esses hábitos. No fundo, apesar de tantos benefícios, está uma dura verdade. Nossos pais, nossas bonecas, nossas revistas, nossos professores, nossos amores, nossas opções de vestimenta nos ensinaram, de maneira sutil e óbvia, que ocupar muito espaço não é um atributo feminino, e isso se estende à dimensão de nossa voz. Como dizem Penelope Eckert e Sally McConnell-Ginet em *Language and Gender* [Linguagem e gênero], seu livro seminal de linguística feminista: "Desde a infância, crianças do sexo masculino e feminino são interpretadas de maneira diferente e tratadas de modo diferente. Evidências experimentais sugerem que as percepções dos adultos sobre os bebês são afetadas por suas crenças sobre o sexo dos bebês". Por exemplo, "os adultos julgavam um bebê de 24 horas como maior se acreditassem que fosse um menino, e com traços mais delicados se acreditassem que fosse uma menina". E não é uma surpresa que esses julgamentos afetem a maneira como as pessoas interagem com bebês e crianças pequenas e maiores. "As pessoas lidam com os bebês com mais delicadeza quando acreditam que são do sexo feminino e brincam mais com crianças que acreditam ser do sexo masculino. E costumam falar com eles de forma diferente. Os pais usam mais diminutivos (*gatinho, cachorrinho*) ao falar com as meninas do que com os meninos." É alguma surpresa que, quando mulheres chegam à fase adulta, tenham incorporado o diminutivo? Que ocupemos o menor espaço possível com nossa voz?

Veja bem: as conversas privadas, íntimas e deliberadamente casuais entre amigos podem ser incrementadas com o uso fluente das táticas vocais acima. Na verdade, era isso que Glennon e Oprah estavam fazendo — elas apenas nos deixaram acompanhar a conversa delas. O mesmo aconteceu com Emma e Jen. Mas as grandes apresentações públicas, ou até mesmo as conversas privadas de grande importância, são diferentes: as percepções geram consequências, e existe a possibilidade de alteração de poder no espaço. A diferença é que *já não se trata mais de uma sessão de improvisação no jazz*. Você não precisa dividir a palavra, e, de fato, não deveria fazer isso. Você não precisa se apoiar nas táticas vocais que aprendeu para permanecer pequena, ser generosa e sobreviver em espaços de poder. Manter a paz não é mais o único objetivo — na verdade, pode nem ser um objetivo.

Somos criaturas extremamente sociais que captam sussurros no ar, pequenas alterações na lealdade ou na confiança entre amigos ou colegas de trabalho, que variam suas vozes de acordo com tudo isso. Mas nem sempre sabemos compreender uma plateia maior ou menos familiar. Então trazemos nossos hábitos conosco, sem refletir, e todos os hábitos acima — de voz crepitante, entonação ascendente, atenuadores e pedidos de desculpas — nos ajudam a não parecer intimidantes, a permanecer pequenas quando ser grande pode nos ajudar a fechar o negócio. Acidentalmente acabamos refletindo nossa vida inteira de encolhimento em vez de nossa intenção de expandir.

No famoso discurso de Oprah no Globo de Ouro de 2018, quando falou para uma plateia solene toda vestida de preto em homenagem ao movimento #TimesUp e contou a dolorosa história de Recy Taylor, ela deixou a voz crepitante nos bastidores. Também podemos optar por expandir ou contrair a voz de acordo com a necessidade de escopo ou intimidade do público, deixando-a grande ou pequena, intensa ou leve. E podemos escolher como interagimos com o público e o tipo de relacionamento que construímos com ele. Nossa voz real pode refletir essas escolhas, carregadas de marcadores de estilo conversacional e geracional — ou não. E *ainda somos nós.*

Então, quem é a versão pública gigante de você, que domina as conversas e a plateia e lança algumas firulas vocais modernas somente quando quer? Quero conhecer essa mulher que não cede até concluir o pensamento e o expor sem pedir desculpas, porque ela equipara sua voz ao tamanho de sua missão.

Para controlar o que antes eram possíveis hábitos, e não escolhas vocais conscientes, meu truque favorito é o exercício da bola imaginária. É uma chance de esclarecer suas opções, de abraçar sua energia vocal e experimentar jogá-la para cima (entonação ascendente), para baixo (voz crepitante) ou para fora (bem assustador). Este exercício vai ajudar você a perceber seus próprios hábitos, a manipulá-los e a aprender a ocupar a quantidade certa de espaço para seus objetivos. (Detalhe: não existe uma quantidade "certa" oficial. Trata-se do que é bom, ousado, expressivo e verdadeiro, e o que funciona com seus ouvintes. Eu já disse que isso é uma prática?)

Para fazer este exercício, fique de pé, de preferência sozinha em um cômodo, em posição de prontidão — pés afastados, respirando o mais baixo possível. Agora use o braço para lançar uma bola imaginária (do tamanho de, digamos, uma laranja) de baixo para cima, em direção ao teto, enquanto pronuncia algo simples, como "Olá, meu nome é _____". Tente equiparar seu tom com a curva da trajetória da bola, para que a sua voz vá de baixa para alta, assim como a bola. Equipare de verdade; não tem problema se sua voz soar mais cantada do que o normal. Deixe o movimento que seu pulso vai fazer para soltar a bola imaginária para a parte mais importante do pensamento, provavelmente seu nome. Em seguida, jogue a bola para baixo, equiparando novamente o arremesso com sua voz. Depois, arremesse com tanta força que parece que a bola — e a sua voz — vai acertar a parede do outro lado da sala. Chegue um pouco mais para trás, para que você possa jogá-la ainda mais longe. E, sim, é totalmente normal se sentir um pouco boba; você está jogando uma bola falsa, que parece uma laranja.

Preste atenção no seu corpo. Você está tensionando o pescoço ou se esquecendo de respirar? Observe principalmente se você fala mais alto ao tentar jogar a bola — "Meu nome é SAMARA!!!". Este é um primeiro passo fácil de assimilar, mas não se trata de volume, e sim de intenção. Trata-se dos dedos de Megan Rapinoe, energizados *para além* de si próprios. Se a energia do seu pensamento não acerta o alvo quando o final do pensamento se curva para cima ou para baixo, tente descobrir o que é preciso para atingir seu objetivo. Você precisa de mais energia? Experimente atingir o alvo com as palavras da maneira mais tranquila que puder. Da maneira mais intensa. Agora, da maneira mais fácil. Da maneira mais charmosa. Da maneira mais intimidante. Às vezes, os clientes riem não porque o exercício é bobo, mas porque, quando dizemos algo que realmente queremos, sem voltar atrás ou sem atenuantes, parece surpreendentemente perigoso.

O próximo passo, depois que você se sentir confortável jogando a bola de mentira e equiparando a trajetória dela a seu tom e sua intenção, é dar declarações em voz alta cada vez mais complicadas e carregadas de emoção:

Preciso de ajuda. *(Volte ao capítulo 1 e experimente as variações que propus, mas desta vez pense também no final da frase.)*
Minha ideia vai funcionar. Confie em mim.
Sou a melhor pessoa para o trabalho.
Acho que _____ é a melhor comida do universo.
Tenho certeza de que tenho razão.
Eu estou falando.

Personalize o exercício para você. Ao jogar a bola de mentira na segurança relativa de um cômodo vazio, tente dizer algo de que se orgulhe. Tente dizer algo que você não faz muito bem, mas assuma isso com vontade. Nada de dizer "tipo" ou "hum" por enquanto. Compartilhe algo que você gosta em si mesma como se fosse um fato garantido. Compartilhe um segredo que não contou a ninguém e seja sincera até o fim. Tente de novo. Desafie a si mesma.

Agora, pare o movimento com a mão e conserve a sensação de jogar a bola. Familiarize-se com a sensação de acertar o alvo; quanto mais nos ouvimos fazendo isso, mais normal se torna para nós. Grave a si mesma e ouça a gravação. Faça isso 25 vezes, e no final você não vai mais pensar: *Odeio o som da minha voz*; vai pensar: *Eu consigo fazer isso.*

Alex é uma epidemiologista de trinta e poucos anos que conheci quando estávamos no set de um filme de Dwayne "The Rock" Johnson em Atlanta no outono de 2020 — eu trabalhando com voz e ela dando instruções quanto aos protocolos de covid. Estávamos as duas do lado de fora com nossos laptops em uma tarde ensolarada de sábado, sentadas a mais de 1,80 metro de distância uma da outra, em um banco longo e arredondado em um anfiteatro abandonado. Descobrimos que ambas estávamos escrevendo um livro, e ela me disse que recentemente havia estado em vários programas de notícias como especialista convidada. Alex estava contente (embora, é claro, devidamente horrorizada) por seu árduo trabalho de doutorado ter se tornado tão relevante, e encontrava-se no processo de entregar sua tese para publicação. Depois de uma entrevista para a CNN, ela recebeu um e-mail da âncora lhe oferecendo alguns conselhos severos. A mulher disse a Alex: "Você hesitou várias vezes. Não hesite; siga em frente. Ocupe o tempo que tem e acredite que queremos saber o que tem a dizer".

Alex disse que ficou perplexa; ela não sabia que precisava daquela permissão, mas precisava. Eu me lembrei da minha época de faculdade: no último ano, finalmente consegui um papel principal: a sra. Lovett em uma produção de *Sweeney Todd*. O formidável chefe do curso de teatro assistiu ao ensaio final e pediu para falar a sós comigo no fim. Eu estava nervosa quando me aproximei dele, me negando a precisar de sua aprovação, mas ainda assim desesperada por ela. Ele disse: "Samara, você está desperdiçando todo o seu poder. Você pode ser fantástica, mas está sendo generosa demais. Finja que a peça se chama *Sra. Lovett*". Foi uma grande surpresa para mim. Ele estava certo. Eu estava me voltando para o coprotagonista da peça em vez de ficar com os holofotes para mim. Tinha sido generosa demais quando não era aquele o objetivo.

Vale dizer que fui matadora no palco. (Literalmente — é um musical sobre assassinato.) Mas, falando sério, senti muita alegria e liberdade depois de receber aquela permissão. E alegria e liberdade são sentimentos que nos levam a ocupar o espaço que merecemos. Se você precisa de permissão para ser a personagem principal da sua vida, aqui está. Costumamos julgar a palavra "*entitled*" [privilegiado], em inglês, como um palavrão, mas existem duas definições muito diferentes do termo. Como adjetivo, significa esnobe, alguém que acredita que merece um tratamento especial. Mas, como verbo, significa *reivindicar* o direito de receber ou fazer alguma coisa. Você acabou de *reivindicar* a ocupação do espaço. Tem direito a isso. E vamos ser sinceras: fico feliz em lhe dar permissão, como aquele professor fez, mas funciona melhor se você der permissão a si mesma.

Permissão se trata sempre de acabar com as crenças irritantes que te limitam, e é por isso que é uma prática: quando conseguimos nos desfazer de várias delas, outras entram saltitantes na dança. É a ex-reitora da Universidade Princeton sentada naquele palco acenando para todas nós, dizendo que a incerteza pode nunca desaparecer completamente. É Alexandria Ocasio-Cortez, que contou à jornalista da *Vanity Fair* Michelle Ruiz sobre o medo que tinha, quando era mais jovem, de falhar diante da memória de seu pai: "Eu costumava, na verdade, me torturar mentalmente sobre o fato de que eu não era nada". Ela acrescentou: "Percebi que preciso escolher a mim mesma, porque, se não o fizer, vou definhar". Em outras palavras: ela deu a si mesma permissão para ocupar espaço. Mas ainda precisava se sentar no sofá e praticar, depois praticar um pouco mais.

Quando você sente que essas crenças limitantes sugam sua alegria e liberdade, quando você ouve aquela infame síndrome da impostora sussurrar *Você não está pronta para isso* em uma voz que soa como sabedoria, por favor, lembre-se de que, em toda a história do mundo, as mulheres ainda estão há pouquíssimo tempo tendo uma voz em público. Como minha querida amiga, a instrutora criativa Liz Kimball, escreveu em um artigo no Medium sobre a síndrome da impostora: "A maioria de nós está ciente do valor profissional e estratégico de nos tornarmos melhores defensoras do nosso trabalho, de defender nossas realizações e aceitar elogios, mas pode ser útil lembrar que muitas de nós somos a primeira geração na história de nossa família e de nossa cultura a fazer isso (pense com que regularidade você ouviu sua avó ou uma parente desviar de elogios ou minimizar sua magnificência)". Eu sei que é o meu caso. Estamos destruindo coisas profundamente arraigadas.

E, quando parecer uma tarefa impossível, aqui estão alguns truques de permissão que reuni para ajudar você a liberar sua voz. Primeiro, quando você se considerar uma fraude, pergunte a si mesma: quem eu posso ajudar? Digo "sim" para quase todos os e-mails que recebo de alguém em busca de orientação; essas conversas transformam meus conflitos em lições melhor do que qualquer autoafirmação jamais poderia. Quando ajudamos principiantes, irmãs, amigas e qualquer pessoa que venha atrás de nós ou depare com um problema que já conseguimos resolver, somos lembradas do que superamos e do quanto realmente sabemos o que estamos fazendo. É um presente nos ver através dos olhos delas, e isso nos lembra de quão poderosas somos.

Segue mais um truque. Eu não costumo recorrer à religião como uma ferramenta de treinamento de fala, mas também sou extremamente prática; por que ignorar a sabedoria ancestral que ajudou inúmeras pessoas se ela pode nos ajudar? Então me acompanhe. Depois que deixou a Casa Branca, a redatora dos discursos dos Obama, Sarah Hurwitz, começou a escrever um livro sobre a descoberta do judaísmo, *Here All Along* [Aqui desde sempre]. Nele, ela menciona um rabino chamado Yitz Greenberg, que fala de "três dignidades inalienáveis":

1. Cada um de nós tem um valor infinito — ninguém é dispensável e não é possível quantificar o valor de qualquer vida humana.

2. Somos todos fundamentalmente iguais — nenhum ser humano é mais importante do que qualquer outro ser humano.

3. Cada um de nós é completamente ímpar — não há ninguém como nós e ninguém é intercambiável.

Nós temos valor, temos o mesmo valor, mas somos todos diferentes. Se você é como eu, provavelmente está assentindo: *sim, com certeza*. Aprendemos isso quando crianças; ensinamos isso aos nossos filhos. Não é preciso ser membro de nenhuma religião para reconhecer que essas "dignidades" são um conjunto de valores que se resumem a tratar as pessoas de maneira justa. A questão, porém, é que muitas de nós não vivemos de acordo com nossos próprios valores, seja porque temos preconceitos que não consideramos e, na verdade, *estamos* tratando as pessoas de maneira injusta, seja porque *estamos tratando a nós mesmas assim*. Você acredita que seu valor é infinito? Você acredita que tem a mesma importância como ser humano se comparada ao seu chefe, àquela celebridade, àquele palestrante brilhante? Você acredita que é única e que é exatamente essa sua estranheza que lhe confere seu valor infinito? Ou está negando a si mesma a consideração que tem pelas outras pessoas?

Acredito que vale a pena cutucar o espírito de gentileza ligado aos padrões vocais discutidos neste capítulo. Gentileza tem a ver com entrega. Mas *podemos*, sim, entregar demais. Podemos ser gratas até que não tenhamos mais nada. Às vezes, o incentivo que recebemos para agradecer, seja através de um meme ou de uma aula de ioga, é um lembrete para apreciar aquilo a que não damos valor. A gratidão pode elevar nosso espírito. Mas às vezes o incentivo que recebemos para agradecer é uma censura, um lembrete para desempenhar um papel. Talvez venha na forma de "Não mereço pedir mais; eu deveria ser grata pelo que tenho". Esse tipo de gratidão é uma prática que muitas de nós aprimoramos ao longo da vida, uma vida deferente àqueles em posições de poder. Mas esse tipo de gratidão equivale aos momentos em que nos impedimos de agir corretamente em circunstâncias injustas. Corrói o espírito. Então, aqui está outro truque de permissão. É um fluxograma rápido sobre como navegar entre a gratidão construtiva e a destrutiva:

É algo que me faz sentir acalentada e conectada? É gratidão. É algo que me faz sentir fria e isolada? Não é.

Assim como um pedido de desculpas, um *agradecimento* pode ser sincero e servir para ajustar um desequilíbrio — ou pode parecer obrigatório e artificial, um show de gratidão que realizamos para um público que ensinamos a continuar nos desvalorizando. Serve a um propósito, mas, como acontccc com todas as táticas vocais que descrevi neste capítulo, esse propósito é nos manter seguras, e não nos ajudar a crescer.

Stacey Abrams sabia que "deveria dizer coisas boas e aceitar o destino" depois que a corrida para o governo da Geórgia de 2018 foi roubada dela, graças à supressão sistemática de eleitores. Mas Stacey decidiu não jogar mais o jogo da gratidão. Em *Lead from the Outside* [Liderar por fora], ela escreve:

> Como viemos de fora dessa bolha, as pessoas esperam que continuemos a reproduzir o sistema, principalmente para preservar nossa capacidade de participar da loteria da oportunidade e, talvez um dia, ganhar nessa loteria, ser aquela que entra pela porta. Reconheço plenamente o processo e como ele é eficaz. Meu problema é que não gosto dele, e acredito que podemos corrigi-lo.

A postura de gratidão, se adotada com frequência mesmo quando as circunstâncias são injustas, não nos prepara para ocupar o espaço que merecemos quando entramos pela porta. Cansamos de contar com o bilhete de loteria, de esperar pela sorte. Agora fazemos nossa própria sorte.

Quando a síndrome da impostora ataca, fico claustrofóbica. Esqueço como estou interligada com aqueles que me são mais queridos, pessoas que nunca me chamariam de impostora, claro. A voz que diz *Você não está preparada para isso* ou *Vão descobrir que você é uma farsa* na verdade diz *Você não tem valor. Você não deveria acreditar em si mesma.* Mas tudo muda quando faço uma lista das pessoas que me valorizam. Por isso, este é seu último truque de permissão: considere sua esfera de influência, aqueles que se importam com você e com o que tem a dizer. Não somos apenas o espaço que nosso corpo ocupa em um cômodo, ou o volume que nossa voz alcança, também somos do tamanho de nossa influência. Influenciamos todos que já nos amaram. Todos que já nos celebraram. Todos que já aprenderam algo novo conosco. E, na verdade, já somos enormes.

3. Emoção

Se as mulheres também fossem protagonistas das narrativas educativas das sociedades, espadas cravadas em pedras e bombas que explodem no ar não teriam sido mais laudatórias do que educar crianças e cultivar jardins... A cultura não reverenciaria apenas personalidades fortes e taciturnas; também seria legal ser falante, seria corajoso chorar, seria nobre sentir e se relacionar.

Elizabeth Lesser

Minha cliente Petra foi chamada para uma avaliação de desempenho na empresa de investimentos onde trabalhava. Disseram que ela se animava demais quando as coisas iam bem e se chateava demais quando iam mal, e que ela precisava aprender a "compartimentar melhor". Petra se lembra de assentir em concordância, com uma expressão neutra, enquanto sua mente evocava todas as vezes em que já tinha se contido no trabalho. Ela se lembra de ter tentado se manter imóvel enquanto seu corpo parecia gritar como as criaturas do *Inferno* de Dante.

Petra não foi a primeira a ouvir que o desapego ameno é a solução no ambiente de trabalho e que as emoções são um território perigoso para as mulheres. Essa é uma história que remonta ao período em que as emoções eram chamadas de "humores", um termo cunhado na Grécia Antiga para descrever fluidos corporais como a bile, que, segundo os gregos, ditavam o temperamento. Acreditava-se que o útero migrava pelo corpo, encostando em vários órgãos e arruinando os humores das mulheres. Naquela época, as mulheres que se atreviam a denunciar injustiças — por exemplo, dizendo o nome de quem as tinha estuprado — tinham a língua arrancada. Cerca de mil anos depois, mulheres inconvenientes e barulhentas, que diziam a verdade, foram queimadas na fogueira, ou internadas, no século xx, ou lobotomizadas, até a década de 1980, se não fossem devidamente reprimidas. Tudo para nos calar. Tudo para manter cada compartimento firmemente no lugar.

Hoje, é mais provável que sejamos apenas humilhadas, dispensadas ou malfaladas se parecermos emotivas demais. Mas entendemos o recado: no ambiente de trabalho, ou naquela reunião regular no Zoom, não devemos nos importar muito ou vamos parecer loucas — palavra cujo poder de envergonhar reverbera no tempo e no espaço, dos julgamentos das bruxas de outrora ao descrédito sistemático das sobreviventes de hoje. E se acidentalmente passarmos a impressão de sermos ansiosas ou sensíveis demais, apesar de nossas melhores tentativas de reprimir os sentimentos, corremos o risco de sermos rotuladas de *exageradas*. O medo desse rótulo paira, de modo descomunal, sobre todas as mulheres que conheço. E, de forma maciça e microscópica, ele nos amordaça.

Por isso, talvez você, assim como eu e Petra, às vezes esconda seu coração. Talvez você relaxe os ombros ou cruze os braços. Talvez tenha aprimorado uma expressão neutra e uma voz firme, talvez diga "Está tudo bem" e "Estou bem" quando não está. Talvez você sinta a garganta apertar enquanto reprime suas reações naturais, raciocinando consigo mesma que esse é o custo dos negócios. De fato, de acordo com pesquisadores que contribuíram com um capítulo do *Handbook on Well-Being of Working Women* [Manual de bem-estar para trabalhadoras], as mulheres acumulam penalidades sociais e econômicas quando agem de outra forma. "Elas são julgadas como pessoas sem controle emocional, o que acaba por prejudicar a legitimidade da competência e da capacidade profissional das mulheres." Então, como *não iríamos* esconder nossas emoções?

Mas essa tendência de se esconder tem um custo maior quando você pratica o desapego em um palco mais amplo e quando fala sobre um tipo de trabalho mais afetivo. Você pode falar sobre algo de que gosta, mas não é o que vai transparecer. Talvez isso tenha funcionado em algum momento no passado; o tom neutro muitas vezes pode passar por tranquilo e comedido. Mas, na minha experiência, só funciona até certo ponto — você não vai a) se sentir viva ou b) se tornar a versão mais poderosa e potente de si mesma.

"A maneira como usamos a altura, o tom ou a cor na linguagem tem um propósito: despertar no ouvinte sentimentos necessários para transmitir o significado", escreveu o dr. Wallace Bacon, estudioso em fala e oratória do século xx. Esse é um aspecto tão fundamental da comunicação que é fácil desconsiderá-lo: para transmitir o verdadeiro significado do que estamos dizendo, precisamos transmitir aos nossos ouvintes não apenas nossas palavras, mas as emoções que as acompanham. Precisamos transmitir a intenção ou o espírito que motivou as palavras. Esse é o elemento real de comunicação. Nossa fala natural poderia ser tão monótona quanto a de um robô se tudo o que precisássemos transmitir fosse a linguagem. E, se isso fosse verdade, provavelmente não teríamos evoluído para ter o impressionante aparato anatômico que são nossas cordas vocais.

Mas nós evoluímos. E nossos ouvidos evoluíram para escutar as emoções na voz dos outros e se sentir estimulados por ela. "As mesmas áreas neuronais do cérebro são ativadas quando vemos alguém emocionalmente animado e quando ficamos emocionalmente animados", confirma o dr. Michael Trimble, neurologista comportamental da College London. É uma dança antiga para a qual nossos corpos foram construídos: falamos com emoção, o que provoca emoção nos ouvintes, nosso sistema nervoso se envolve com o do outro e sentimos uma conexão. Nós nos sentimos vivos.

Minha cliente Juliana estava em um momento decisivo quando deixou um emprego de período integral como editora de reality show para apostar nos próprios projetos de direção. Juliana me procurou porque sabia que seu estilo de apresentação precisava de um impulso: ela soava tão monótona e profissional que não impressionava os ouvintes, que por sua vez não compravam os projetos dela. Juliana ganhava no jogo da neutralidade, mas perdia o engajamento do público.

Meu cliente Chris estava tentando vender sua mais recente ideia de programa de tv em Hollywood e me procurou porque percebeu que seus nervos não estavam ajudando em seus gracejos. "Conto piadas idiotas e acabo me sabotando." Ele ficava corado só de se lembrar daquilo. "Por que eu faço isso?", Chris me perguntou, muito sério.

"Para esconder sua vulnerabilidade", respondi. Essa palavra é tão compartilhada que é fácil perder de vista seu real significado. Role a página do Instagram e a palavra "vulnerável" pode parecer uma abreviação de "deixe que vejam você chorar". Não me oponho a chorar na frente das pessoas, mas esse não é o ponto. A vulnerabilidade são os buracos em nossa armadura, que podemos tentar consertar ou ousar exibir — como se disséssemos: *Você pode me machucar aqui, porque sou um ser humano de verdade por baixo. Sou frágil. Tenho sentimentos.* Alain de Botton disse: "O que constrói a conexão é o conhecimento da própria vulnerabilidade e o reconhecimento da vulnerabilidade do outro". Vulnerabilidade é o ato de mostrar o coração que estamos acostumadas a esconder.

E a maneira mais segura de fazer isso é mostrar às pessoas que você se importa. Se importar, e demonstrar isso, é um ato de extrema vulnerabilidade e coragem. Exige o tipo de coragem que faz os ouvintes se animarem a ser mais corajosos também. Era isso que Juliana e Chris precisavam praticar. O oposto da neutralidade. O oposto de divergir com piadas. É algo perigoso e emocionante. Quando você reivindica o que é importante, revela os buracos em sua armadura e transforma suas conversas em confiança, conexão e amor; é uma alquimia.

Certa vez, ouvi uma diretora de elenco dizer a uma sala cheia de aspirantes a apresentadores de tv aprendendo a ler um teleprompter de forma natural: "Quando você faz besteira, o público se apaixona por você". Ela não quis dizer que a besteira em si tinha algum poder, e sim que ver uma pessoa lidar de forma sincera com um passo em falso, quando ela se importa o suficiente para acertar, é incrivelmente cativante. Não importa o contexto: quando você mostra que se importa, com emoções verdadeiras, está dizendo: *Bem aqui, estes são o tamanho e a forma exatos da abertura na ar-*

madura. Você está dizendo: *Estou me expondo*. Está dizendo: *Você pode me machucar, e isso vai me custar alguma coisa*.

A chefia, o público e a mídia podem de fato prejudicar você, e a vida às vezes é extremamente injusta. Em alguns espaços, a vulnerabilidade não vale a pena. Mas, se você insistir em exibir seus pontos fracos nos lugares que realmente importam, apesar do risco, seu público pelo menos terá a *chance* de se apaixonar por você. Você vai oferecer às pessoas a oportunidade de serem animadas por você, assim como poderá ser animada por elas, e poderão dançar todas juntas. Nem Juliana nem Chris estavam se permitindo ser vulneráveis o suficiente para fazer uma conexão real com os ouvintes, mas ambos claramente queriam isso. Eles se importavam. Só precisavam de prática.

Certa vez, preparei um cientista — um homem mais velho e esguio que usava camisa de flanela azul, vivia com a testa franzida e era professor de engenharia civil em uma faculdade da Costa Leste. Ele acabou me contando a história por trás de um anel que usava no dedo mindinho. O anel tinha grande importância para ele, que o tocava com frequência porque o lembrava de sua vocação. O homem se deixou levar quando falou sobre o anel, e sua testa relaxou. Era como se tivesse se desdobrado e eu visse quem ele era de verdade. Mas, quando sugeri que começasse sua palestra introdutória para alunos do primeiro ano contando a mesma história, ele recusou. "Eu perderia toda a credibilidade." Sua voz soou como a de outra pessoa, deixando claro que ele não estava disposto a acreditar que a vulnerabilidade era uma força, não uma fraqueza. O homem desistiu de tentar.

É sempre fácil justificar o caminho mais seguro. Como diz Anne Kreamer, jornalista e autora de *It's Always Personal* [É sempre pessoal]: "No compêndio binário que usamos para compartimentar a vida moderna, pensamos no lar como o reino da emoção e no trabalho como o lugar onde a racionalidade impera". Ao considerar o modo como você soa quando fala em público e como deseja soar, há uma grande dicotomia? Uma pesquisa da *Harvard Business Review* faz referência a amplas evidências de ambientes de trabalho repletos de uma "cultura de concurso da masculinidade", na qual "os vencedores demonstram traços do estereótipo masculino, como resistência emocional, potência física e brutalidade". Embora falar em público nem sempre tenha relação com o trabalho, esse ideal viril de espaços de trabalho desprovidos de emoções tem uma maneira astuta de influenciar a maneira como falamos em público. O ambiente de trabalho, afinal, é o lugar onde muitas de nós temos a primeira experiência com as recompensas e punições associadas à nossa fala. É onde experimentamos e estabelecemos como soa a versão profissional e adulta de nós mesmas. Mesmo assim, como Kreamer aponta, essa estrutura em que deixamos nossas emoções em casa é "uma distinção ordenada que desmorona diante da experiência".

Minha cliente Vanessa desenvolveu uma "expressão facial cortês não reativa" no trabalho, a qual, segundo ela, a preserva de emoções incontroláveis que poderiam lhe causar problemas se fossem expostas. Por outro lado, Vanessa não suporta seu trabalho e sabe que não contribui na empresa de uma maneira que seja significativa para ela. Por isso, está atualmente procurando uma fuga. Ela me disse que talvez crie uma empresa com uma nova cultura de trabalho com suas próprias regras, um local que incentive todos os aspectos das personalidades dos funcionários. Vanessa não tem certeza de que isso seja possível, mas está um pouco abatida no momento.

É exaustivo fingir que não temos emoções, como se ainda tentássemos provar que nosso útero não está vagando por aí, liberando uma bile indecorosa. Na realidade, a emoção é, tecnicamente, uma resposta fisiológica automática associada ao sistema nervoso. *Automática*. Acontece *conosco* — e acontece *com todos nós*. O primatólogo holandês Frans de Waal, que tem uma perspectiva singular desde que passou décadas entre chimpanzés e bonobos, disse: "Não consigo nomear uma emoção que seja exclusivamente humana". Nós compartilhamos a experiência desses êxitos biológicos com seres humanos em todos os lugares e até com animais; porque são universais.

Mas os bonobos não são obrigados a vestir um terno e beber da cartilha do capitalismo a caminho do trabalho. E eles não se ensinam a classificar as emoções como patologias. Existe um termo para a atual incorporação submissa da repressão à qual nós, seres humanos, aderimos em ambientes profissionais: "regras de exibição". Elas se referem às escolhas que cada um de nós faz para esconder ou minimizar as emoções que parecem fora de sincronia com as normas culturais de qualquer contexto em que estejamos.

As regras estão implícitas, e não é preciso dizer que servem a alguns de nós mais do que a outros. Exemplos disso são a reação da mídia em relação à fúria de Brett Kavanaugh no tribunal e à fúria de Serena Williams na quadra de tênis. Não importava que ele estivesse se defendendo de acusações criminais e ela estivesse fazendo o trabalho dela; a fúria dele foi tratada como legítima e correta, e a dela, não. Lemos as notícias e assistimos às imagens. Todas entendemos o recado.

Como o dr. Marc Brackett, professor de Yale, afirmou em seu livro *Permissão para sentir*, "as pessoas com mais poder têm maior liberdade para expressar emoções. Os pais podem se expressar de maneiras que nunca tolerariam em seus filhos. Na sala de aula, o professor ou a professora manda e as crianças obedecem, uma dinâmica que se repete no ambiente de trabalho, gostemos ou não". E é óbvio que muitas vezes a dinâmica de poder não está ligada a relacionamentos formais; é um conjunto de preconceitos sociais que refletem quem historicamente tem permissão para mostrar toda a gama de emoções humanas sem ser penalizado e quem não tem. Como a autoproclamada agitadora Jodi-Ann Burey afirmou em sua palestra no TED *The myth of bringing your full authentic self to work* [O mito de levar o nosso verdadeiro eu para o trabalho]: "Uma ideia distorcida de normas culturais brancas e os padrões que atendem à comodidade daqueles que detêm poder social e institucional — isso é *profissionalismo*".

Nanci Luna Jiménez, que fundou há trinta anos um instituto no Noroeste Pacífico que oferece oficinas de antirracismo para pessoas e organizações, pergunta: "Quem pode ser humano em uma sociedade que defende a supremacia branca, o patriarcado, a dominação e o capitalismo?". "Quem tem a possibilidade de ser totalmente humano?" é uma grande questão. E, já que estamos pensando em nossa voz: quem consegue soar totalmente humano? E quem decide? Se estamos mudando o som do poder, isso também deve mudar.

O trabalho revolucionário de Nanci se concentra em desfazer o que ela chama de "adultismo" — regras de exibição que nos sentimos pressionadas a seguir antes mesmo de entrar no mercado de trabalho. Como ela descreve, a maioria de nós foi ensinada, quando criança, a se conter, se minimizar e se dissociar de nossas emoções exageradas e brincar de ser adultas cedo demais. "Fomos ridicularizadas pelo nosso idealismo; fomos ridicularizadas por nossa alegria genuína", ela me disse quando lhe perguntei por que achava que tínhamos um relacionamento tão complicado com nossas emoções.

Na perspectiva dela, é um ciclo que se repete ao longo das gerações: quando crianças, somos rebeldes e livres, estamos profundamente sintonizados com o que é justo e o que não é, e expressamos em voz alta nossa opinião sobre isso — até aprendermos que essas demonstrações não são socialmente aceitáveis. Nós ouvimos *shh, psiu, sente-se, fique quieta, não chore, relaxe, você está bem, você está exagerando, você precisa se acalmar.* E nos conformamos. E crescemos. Talvez tenhamos nossos próprios filhos. E então, assim como nossos pais fizeram conosco, "na tentativa de tornar a vida 'mais fácil' para nossos filhos, passamos adiante a dor que não curamos", diz ela. "Pensamos que, se nossos filhos crescerem já contidos, a vida deles será melhor. Achamos que estamos protegendo nossos jovens da decepção. Assim, continuamos projetando as grades de proteção que limitaram nossa vida e a capacidade de cuidar e sentir uma variedade de emoções humanas. Nenhum pai vai dizer: 'Sim, me tornei pai para reprimir meu filho', mas a sociedade opressora nos obriga a fazer esse papel". Ela acrescenta: "Nós nos tornamos aquele adulto que pensávamos que nossos pais queriam que fôssemos, mas, na realidade, nos tornamos quem eles achavam que tínhamos que ser para sobreviver".

"Adultismo" é uma palavra que descreve a supressão sistemática de nosso desenvolvimento emocional, de modo que não nos sentimos mais tão livres como quando éramos crianças. Para mim, também é uma confirmação para a estranha suspeita de que ser adulto ou "se tornar um adulto" é apenas uma construção: é o que fazemos para ganhar dinheiro e sobreviver. Existe uma razão, como aponta Nanci, para que "os mais jovens sempre liderem os grandes movimentos sociais. É porque eles ainda não estão conectados com o sistema econômico. É exatamente por isso que são desvalorizados, e é por isso que sabem o que não funciona. Eles não estão confusos".

Controlamos o tom dos nossos filhos porque o comportamento deles é de fato desrespeitoso ou porque ficamos desconfortáveis com suas emoções intensas, principalmente em relação a questões de justiça? Eu me avalio todos os dias para ter certeza de que não estou reproduzindo o adultismo com meu filho. Mas vale a pena perguntar o quanto controlamos nosso próprio tom, porque talvez estejamos desconfortáveis com *nossas* emoções intensas. Talvez tenhamos emoções intensas porque algo não é justo, mas tentamos nos convencer de que estamos sendo ridículas. *Você está bem. Você está exagerando. Você precisa se acalmar.*

O modo como nos dirigimos a nós mesmas quando falamos sobre nossas emoções é importante. Na vida cotidiana, costumamos usar as palavras "emoções" e "sentimentos" como se tivessem o mesmo significado, mas a distinção entre elas é extremamente útil aqui: as *emoções* acontecem em nosso corpo e são universais; os *sentimentos*, por outro lado, são definidos por especialistas como o dr. Brackett como outra coisa — não os impulsos químicos no corpo, mas a *interpretação* que a mente faz deles. Sentimentos são histórias. São as narrativas que contamos a nós mesmas ou que nos contaram *sobre* essas emoções. As pessoas podem ler nossas emoções, mas não podem ler nossos sentimentos.

Como os sentimentos são nosso diálogo interno, o que *dizemos* que valorizamos de forma abstrata entra em choque com o que valorizamos *de fato* quando as coisas ficam feias. As conversas que temos com nós mesmas são inevitavelmente relacionadas à cultura e profundamente pessoais. A forma como interpretamos o que está acontecendo quando nos emocionamos está sujeita a todo tipo de preconceito que aprendemos e a todo tipo de história que nossos pais, nosso primeiro namorado ou nosso chefe nos contaram. Como "homens de verdade não choram" ou "ninguém gosta de mulher exagerada" ou "chorar no trabalho não é profissional", ou "sua raiva é feia" ou "gente legal não se importa demais".

Os sussurros em nossa cabeça nos controlam quando estamos perto de nos libertar. Penso na roteirista e diretora Emerald Fennell ao receber o Oscar por *Bela vingança*, que passou uma boa parte de seu tempo no microfone falando sobre como tentava não chorar, em vez de apenas chorar e seguir em frente. Ou minha amiga Sandra, que teve coragem de contar para uma multidão sobre o abuso que sofreu quando criança, mas quando sentiu as emoções familiares começarem a borbulhar se repreendeu na frente de todo mundo. "Pare com isso", ela disse a si mesma em voz alta. "Pare de agir como um bebê." Penso no livro de Soraya Chemaly, *Rage Becomes Her* [A raiva se torna ela], repleto de dados sobre como as mulheres do mundo inteiro comprometem a saúde suprimindo a raiva, assim como fizeram as mães delas, e as mães das mães delas também. Eu ouvi isso de clientes, e várias vezes, em oficinas que dei. Nós nos ensinamos a agir de maneira emocionalmente neutra, mesmo que uma parte mais profunda e sábia de nós tenha noção da verdade. Repetimos esses velhos clichês, que causam estragos em nosso senso de permissão, e travamos quando as emoções querem explodir. Sim, é autodefesa, mas também é autossilenciamento e autossabotagem, e isso é péssimo.

Mas essa compreensão dos "sentimentos" oferece esperança. Significa que a forma como falamos para nós mesmas é importante. E que as pequenas maneiras como categorizamos nossas emoções à medida que elas surgem se somam. E que os sussurros que resolvemos escutar e rejeitar podem mudar o curso da nossa vida. Significa que não estamos apenas reagindo aos códigos da cultura, mas continuamente perpetuando e criando essa cultura. Estamos recebendo os impulsos de milênios de mensagens, mas *também somos a mensagem*. Temos dentro de nós o poder de checar nossos preconceitos e reconsiderar o modo como respeitamos nossas emoções e as de todas as pessoas que conhecemos. E devemos fazer isso juntas.

Podemos construir o mundo onde preferimos viver — já estamos fazendo isso apenas examinando essas histórias antigas e a quem elas servem. Podemos decidir coletivamente que, como escreve Elizabeth Lesser, é legal ser falante, é corajoso chorar, e é nobre sentir e se relacionar Porque, caso contrário, aqueles de nós que não parecem e soam como Brett Kavanaugh terão um relacionamento de tensão com a própria voz. Quando suprimimos deliberadamente nossa conexão emocional com o que estamos dizendo, limitamos a altura da nossa voz, nosso tom e nossa expressividade. Nós nos escondemos. E, de maneira inevitável, também limitamos quantos sentimentos vamos despertar em nossos ouvintes. Se esse for o objetivo, ótimo. Se seus superiores forem como os de Petra e a situação exigir que você faça isso, faça. Mas o que importa para mim são as outras vezes; o importante é você se tornar a versão mais poderosa e potente de si mesma.

As mentes mais brilhantes do mundo descobriram como nos levar à Lua, e ainda assim ninguém conseguiu construir uma laringe do zero. Esse nosso aparato belo e versátil tem o potencial de criar ondas sonoras que emergem de nós e levam novas ideias cheias de um conteúdo emocional potente diretamente aos ouvidos de nossos semelhantes, para que eles nos vejam e nos compreendam. Mas isso não vai acontecer se continuarmos acreditando na velha história de que as emoções nos enfraquecem.

Tenho outra história para contar, e aposto que esta vai parecer igualmente familiar, embora contradiga a anterior por completo. Não é uma história sobre rotular sentimentos intensos como ruins. Pelo contrário. É sobre como *amamos a paixão*. Todos nós. As empresas internacionais de consultoria em gestão McKinsey e Bain Capital adoram a paixão — é uma das primeiras palavras que usam para descrever o tipo de funcionário que querem contratar, de acordo com a dra. Lizzie Wolf, comportamentalista organizacional que realiza estudos sobre emoção no ambiente de trabalho. E, independente do nosso ceticismo ao ver essa palavra listada em uma descrição de emprego corporativo, é difícil negar o motivo pelo qual as empresas a usam: também adoramos estar envolvidos pela paixão.

Pense nas pessoas com quem você gosta de passar o tempo. É aquela amiga que sempre parece desinteressada ou aquela que exala animação? Podemos admirar ou invejar as pessoas que parecem ter as coisas de maneira fácil, que passam pela vida com serenidade, que são blasées. Mas nem sempre confiamos nelas. Ou nos divertimos com elas. Esse jogo — de quem consegue esconder melhor a própria humanidade — não é divertido. Para aqueles que tentam fazer isso, é um desastre para o sistema nervoso, para a sensação de satisfação e a capacidade de falar publicamente com uma voz que *funciona*.

Pense em algumas manifestações públicas recentes e memoráveis. O famoso discurso sobre misoginia da ex-primeira-ministra australiana Julia Gillard vem à mente. Ou Michelle Williams, atriz da minissérie *Fosse/Verdon* usando sua vitória no Globo de Ouro de 2020 para reconhecer publicamente como o acesso ao controle de natalidade foi crucial para seu sucesso. Ou Tamika Mallory, ativista do Black Lives Matter, lembrando ao público americano quem saqueou quem durante o verão de protestos após o assassinato de George Floyd. Discursos apáticos e comedidos estão fora de moda, seguindo o caminho da fala rígida do início do século xx. A comunicação neutra desprovida de toque pessoal pareceu o epítome do discurso de autoridade, mas agora parece suspeita. Nós, na plateia, ansiamos por algo que soe verdadeiro e pareça urgente. Nós nos inclinamos para a frente quando as pessoas falam com sentimento, quando revelam que estão determinadas, zangadas, com o coração partido, alegres, vivas. Compartilhamos vídeos e tornamos virais momentos como os que citei. Pessoas falando de maneira desinteressada e comedida não viralizam. Discursos entediantes não viralizam. Queremos sentir o sangue pulsando quando políticos, presidentes de empresas e heróis falam. Queremos acreditar nas palavras dessas pessoas, e quando não acreditamos percebemos a farsa. Queremos ouvir a voz de alguém que se importa.

Nesta versão da história, as emoções não são algo ruim: são um sinal. São o mensageiro sem fôlego da batalha de Maratona, transmitindo grandes notícias. A palavra "emoção" é derivada do latim: "colocar em movimento". As emoções se movem dentro de nós e nos deixam assim que sua mensagem é entregue, desde que deixemos que façam seu trabalho sem impedi-las. E elas movem outras pessoas também. Se estamos falando, as emoções são um sinal de que nos importamos — talvez até mais do que imaginávamos. Se estamos na plateia, testemunhando alguém falando com emoção, isso é um sinal de que algo *real* está acontecendo.

Nesta versão da história, as emoções não são algo ruim; elas servem a um *propósito*. Em *Permissão para sentir*, o dr. Brackett faz um grande esforço para "esclarecer um mal-entendido que pode estar se formando em sua mente: que essa permissão significa ter autorização para deixar tudo sair, para lamentar, gritar, agir com todos os impulsos emocionais e nos comportar como se não tivéssemos controle sobre o que sentimos, então simplesmente nos deixamos levar e surtamos". Não é isso que ele ou eu estamos defendendo. Você pode regurgitar vulnerabilidade se precisar desabafar; vá em frente. Mas, quando falamos em público, raramente queremos desabafar. O que queremos? Não importa a forma de falar em público que você prefira, provavelmente existe um chamado à ação — para convencer seu público a seguir em frente ou mudar de curso, a fazer uma doação ou a contratá-la, ou ainda convidá-los a se permitir. O que estou defendendo é que você recrute suas emoções ao chamar seu público à ação.

Isso é ser emocional com um propósito. É *usar* as emoções, em vez de simplesmente tê-las. Na verdade, como uma solução rápida, a dra. Lizzie Wolf sugere reformular como "paixão" até mesmo os rompantes inconvenientes de emoção no ambiente de trabalho. Ela demonstra como essa palavra é com frequência usada para descrever as emoções dos homens e é bem aceita porque implica autonomia, quando eles usam seus impulsos emocionais para uma boa causa. Sugere que os homens estão no controle, e não fora de controle, que usam as emoções em vez de apenas tê-las. Ela realizou experimentos em que as mulheres no ambiente de trabalho se referem às próprias emoções como paixão, e os resultados são surpreendentes. Essas mulheres são promovidas, escolhidas para fazer parte da equipe, recebem legitimidade profissional.

É um ótimo artifício inverter o roteiro para beneficiar colegas menos evoluídos, mas o que me interessa é que você faça isso para si mesma. Lembro-me de um comício de que participei em 2018, quando surgiram as primeiras notícias sobre a crise de separação de famílias na fronteira entre os Estados Unidos e o México. Ilyse Hogue, ex-presidente da Naral Pro-Choice America, falou para um público de centenas de pessoas em um parque público, sob a sombra de um salgueiro. Mas, no meio do discurso, o filho dela começou a soluçar e correu para o palco com os braços para cima. Ela o pegou no colo e começou a lacrimejar enquanto ele chorava. Em vez de fingir que podia lutar contra suas emoções e continuar a expor seus argumentos, Ilyse Hogue aproveitou o momento. "Eu posso segurar meu filho nos braços", disse ela, levantando a voz com angústia. "Posso ouvir os gritos dele e fazer algo para resolver isso. Os pais detidos na fronteira não podem." Estávamos todos destroçados. As emoções dela não eram uma dispersão; ajudaram a passar a mensagem. Ela foi emocional com um propósito.

Você pode descobrir que, se acreditar que pode usar suas emoções — sejam elas quais forem — para ajudar a passar a mensagem, o drama interno em torno delas vai se dissipar. Se, por exemplo, você sentir o início de uma reação ao estresse e souber que está prestes a chorar, respire e lembre-se de que as lágrimas não desviam a atenção da mensagem; são uma parte valiosa dela.

Na escola de teatro, quando uma pessoa terminava uma performance espetacular com lágrimas no rosto, o professor se voltava para o restante da classe e falava: "Ele/ela não é bom/boa porque está chorando; está chorando porque é bom/boa". Ele estava certo: enquanto vibrávamos em aplausos, não estávamos respondendo às lágrimas como se fossem uma artimanha de entretenimento, estávamos respondendo à reverberação da verdade na performance, *e a pessoa que se apresentava também*. Seja interpretando um papel ou a si mesmo, as lágrimas nunca são o objetivo; são o subproduto. Não têm valor intrínseco, mas sinalizam que você está falando sobre algo que importa, e isso é de imenso valor. As lágrimas — ou entusiasmo, raiva, qualquer emoção perceptível — são o que acontece quando permitimos que nossa comunicação realmente tenha importância.

"Autenticidade" é outra daquelas palavras ardilosas que são tão usadas que seu significado se tornou obscuro. Obviamente, todos queremos ser autênticos, mas como? Aqui está minha resposta prática: não significa apenas "seja você mesma", quem quer que você seja e como quer que se alinhe às normas do ambiente de trabalho. Significa revelar o que é importante, *o que realmente importa para você*. Fale sobre coisas com as quais você se importa como se você se importasse de verdade. Pense na voz de alguém que você ama, um desses exemplos que citei ou alguém de sua própria comunidade que fala com eficácia; garanto que é isso que a pessoa faz.

Quero ajudar você a adquirir essa habilidade e acessá-la de forma mais consistente para que você pare de tentar, como diz Anne Kreamer, "se livrar do seu lado humano". Devemos nos comover antes de comover os outros, e devemos comover os outros para conseguir o que queremos —

para conseguir o que todas queremos. Vamos começar com três razões sólidas para recuperar suas emoções e usá-las ao falar em público, apesar das indicações para fazer o contrário. Lembre-se disso quando sua mente começar a se rebelar e você — como aquele doce e irritante cientista — procurar se convencer a não tentar.

Primeiro, quando tentamos manter emoções e trabalho separados, ficamos com uma falsa sensação de que *somos nós* que estamos fazendo a coisa errada. Essa é uma tragédia insidiosa de proporções globais. Vi os olhos dos meus clientes perguntarem: *Por que não consigo fazer isso?*. Dor. Nós nos martirizamos por parecermos humanos quando não conseguimos nos conter. Nós nos sentimos sozinhos e derrotados. Homens e mulheres declaram sentir vergonha depois de chorar no trabalho, e, de acordo com uma pesquisa amplamente citada de 2018 realizada pela Accountemps, quase 50% das pessoas afirmam já ter chorado no ambiente de trabalho. Adicione acessos de raiva, frustração, euforia e mágoa à mistura e é claro que somos todos culpados de ter emoções no ambiente de trabalho. Estamos desperdiçando uma energia preciosa lutando contra elas. Trabalhar sem ser afetado pelas emoções é um teste no qual estamos fadados a falhar, e ainda assim continuamos tentando gabaritar esse teste, por hábito. Você relataria ter sentimentos de vergonha se fosse entrevistada? Vergonha e permissão são sentimentos praticamente opostos. E a vergonha tira o poder de todos nós.

O segundo ponto é que, se nos livrarmos do nosso "lado humano", seremos oradoras entediantes e sem entusiasmo. Ou palestrantes, apresentadoras, participantes de reuniões, o que for. E continuaremos a nos sentir péssimas em momentos que *poderiam* ser decisivos para uma vida de realizações pessoais. Vamos perder a oportunidade de nos sentirmos vivas e deixar que o público se sinta vivo também. Vamos perder a chance de ter *duende*, um conceito espanhol clássico e exuberante para uma força misteriosa, uma veracidade que faz as pessoas vibrarem, uma presença que não pode ser negada — e aposto que todos já nos sentimos assim ao assistir a uma oradora incrível. O poeta espanhol Federico García Lorca fez um famoso discurso sobre *duende* no qual expôs exemplos de performances de tirar o fôlego que ele vira, de dançarinos e músicos, assim como poetas e oradores, lembrando: "Ouvi um velho mestre do violão dizer: '*Duende* não está na garganta: *duende* surge, por dentro, pela sola dos pés'". *Duende* pode ser o que chamamos de "mandar ver". É o oposto de algo entediante e sem alegria — e está disponível para todas nós. Mas é preciso darmos a nós mesmas a permissão de sentir a música na alma, na frente dos outros.

O terceiro ponto é que a ciência está do lado da emoção. Um artigo de 2017 com foco na ascensão da educação on-line publicado na *Frontiers in Psychology* inclui uma síntese de descobertas recentes e afirma: "Vários estudos relataram que os processos cognitivos humanos são afetados pelas emoções, incluindo atenção, aprendizado e memória, raciocínio e resolução de problemas. Esses fatores são críticos nos domínios educacionais, porque, quando os alunos enfrentam tais dificuldades, isso anula o propósito da escolarização e pode torná-la sem sentido". *Anula o propósito e pode torná-la sem sentido*. É assim que queremos que nosso público se sinta? Esse artigo faz referência a 176 trabalhos acadêmicos diferentes que exploram o quanto o cérebro se ilumina quando somos apresentados a fatos misturados com sentimentos, oferecendo exemplos como este: "A ativação da amígdala durante a codificação de informações emocionalmente estimulantes (agradáveis ou desagradáveis) se correlaciona com a recordação subsequente". Em outras palavras, sem um componente emocional, ninguém vai se lembrar do que você disse.

Aqui estão algumas ferramentas para ajudar você a explorar mais facilmente a sua vida emocional e se permitir expressá-la — não apenas por causa das suas emoções (embora seria incrível parar de ter medo delas), mas por causa da sua mensagem e do seu público. Faça esse trabalho, porque isso vai fazer com que você se sinta menos sozinha, vai fazer com que você se sinta viva e com que sua mensagem seja lembrada.

A melhor maneira de entrar em contato com suas emoções é interagir com seu corpo. Você pode se mexer (como está escrito na minha caneca favorita: "Na dúvida, vá dançar") ou se centralizar. A principal diferença entre meu trabalho com atores e com pessoas de outras áreas é que passo grande parte da sessão com não atores tentando fazer com que eles soltem o corpo e a mente o suficiente para que consigam se surpreender, crescer e mudar. Os atores têm mais prática com isso. Pode ser difícil para você se permitir brincar, se movimentar de forma estranha e não se julgar, parar de tentar controlar tudo e agir somente com o coração. É difícil pelas razões bastante compreensíveis discutidas neste capítulo. No entanto, coisas boas acontecem do outro lado.

Eis um prelúdio: Lori Snyder, autora e fundadora do Writers Happiness Movement, contribuiu com a meditação guiada a seguir. Tente gravá-la no seu celular (mais devagar do que você pensa, respirando algumas vezes mais, principalmente quando você vir o símbolo //), e depois encontre uma posição confortável sentada ou deitada, aperte o play e feche os olhos. Se você é iniciante na meditação ou resiste a ela, isto é para você.

(COMECE A GRAVAR AQUI)

Aproveite os primeiros momentos para se acomodar, para se fazer presente. // Agora faça uma inspiração longa e profunda, completa e ressonante. Abra a boca e suspire. // Solte os ombros. // Descontraia a testa. // Relaxe a mandíbula.

Preste atenção na parte mais genuína de você, a parte que é mais você. Esta é a parte que existe separada dos rótulos que você usa para se descrever ou que outros usam para descrevê-la, separada de quaisquer papéis que você desempenhe em sua vida, de quaisquer cargos. // É a parte de onde vêm toda a arte, o amor c a generosidade, e é o que acessamos quando dizemos o que quer que precisemos dizer da maneira que queremos dizer. // Essa parte de nós é com frequência trancada, enterrada sob camadas de proteção. Então, se não está se mostrando agora, não tem problema. Ela ainda está lá, mesmo que você não a sinta.

Se puder sentir essa parte mais verdadeira de você, respire por ela. Deixe que se expanda, como se você estivesse atiçando as chamas com a respiração. // Se você não consegue sentir isso hoje, use sua imaginação para saber como seria se conectar com essa parte sua. Respire. Observe a sensação no seu corpo.

Observe se você consegue se manter presente por alguns minutos. // Quando estiver pronta, respire fundo mais uma vez.

E então, agora, sem ter que mudar mais nada na sua vida, tire a armadura. Coloque-a de lado.

Tire a máscara. Deixe-a de lado. //

Tire a máscara por trás da máscara. Deixe-a de lado também. //

Por último, se desfaça de qualquer escudo que esteja carregando. E observe se consegue simplesmente se fazer presente. Sem defesa. Sem pudores. Sem proteção.

Quando baixamos o escudo, tiramos a armadura e as máscaras, falamos apenas a verdade.

E, quando falamos apenas a verdade,
nos tornamos exatamente aquilo de que o mundo precisa. //

Quando estiver pronta para terminar,
inspire e expire profundamente. Então se mova devagar para voltar a suas atividades,
deixando a armadura,
as máscaras
e o escudo
no chão atrás de você.

Sem sair do lugar, depois de abrir os olhos e esperar que eles se ajustem, imagine que está falando com um grupo de pessoas com quem você realmente falará em breve ou para o qual você se apresenta com frequência. Respire enquanto observa a plateia em sua mente. Sinta como é estar sem armadura. Diga "Oi". Diga: "Estou feliz por poder falar sobre algo com que me importo". Observe se você contrai a barriga, o peito ou a garganta e preste atenção nisso. Sinta seus sentimentos. Envie um pouco mais de amor para as áreas do seu corpo que desejam se reprimir e diga a si mesma que você está segura.

Ao sair de casa, participe de uma reunião, interaja com a chefia, observe quando você volta a colocar sua armadura e pergunte a si mesma se precisa dela. Às vezes precisamos. Mas às vezes é apenas um hábito, e os buracos na armadura são sempre mais interessantes do que a própria armadura.

* * *

Agora, não será surpresa que, embora a garganta seja uma passagem relativamente passiva para a respiração e o som, nem sempre funciona assim. A ansiedade geral ou o medo específico de que nossas emoções nos causem problemas fazem com que a maioria de nós contraia os músculos para que as emoções não escapem. Esses músculos da garganta são fantásticos para nos controlar de modo que não pareçamos *exageradas* — e o uso excessivo deles prejudica nossas tentativas de descobrir o que pode ser *o certo*. Todas nós já testemunhamos palestras ou apresentações em que o orador mal se parece com um ser humano vivo e respirando. Podemos falar com uma voz tão apertada pela tensão na garganta e uma mentalidade tão governada pela sensação de que mostrar se importar não é adequado que não revelamos nada de nós.

Pois esse costume acaba aqui e agora.

Experimente este truque para relaxar a garganta e veja o que mais ele descontrai. Coloque a ponta do polegar atrás dos dentes superiores da frente e puxe com força enquanto respira profundamente pela barriga. Você sentirá toda a parte de trás do pescoço e o ponto entre as omoplatas sendo acionados e soltando quando parar de puxar. Esse movimento realinha seu crânio à sua coluna. Na verdade, os fonoaudiólogos dizem que isso realinha todo o seu *corpo*. É o que eles chamam de "ancoragem". E eu gostaria de salientar que também tem a vantagem de poder ser feito de modo bem sutil: eu mesma faço isso em festas, quando sei que meus músculos da garganta estão trabalhando demais para serem ouvidos em meio ao barulho. Experimente agora, talvez com os olhos fechados, e veja se consegue sentir a passagem passiva se abrir.

Eis outro truque. Em um espaço tranquilo, longe de outras pessoas, respire fundo, abra a boca e, lentamente, faça o som de um portão se abrindo (o que também conhecemos como voz crepitante). Respire e tente novamente. Você pode precisar experimentar um pouco até descobrir o mínimo de energia de que precisa para que suas cordas vocais façam esse som. Respire três vezes devagar fazendo esse rangido, soando muuuuito tranquila, então feche a boca e murmure do agudo para o grave algumas vezes antes de falar de novo. Este exercício afrouxa e normaliza as cordas vocais, que podem ter ficado tensas porque você fala de uma maneira que é difícil para elas (mais sobre isso no próximo capítulo) ou porque as usa para conter suas emoções.

Aqui estão sugestões de algumas frases para você sussurrar para si mesma, para adicionar ao seu diálogo interno em substituição às frases antigas e obsoletas. Primeiro, pense em algo que você fale com frequência. Talvez seus dizeres de boas-vindas ou algo mais específico, como a apresentação de um projeto que deseja vender ou a maneira como costuma descrever o que faz. Talvez o motivo pelo qual você fundou ou quer fundar sua empresa. Talvez um chamado à ação, um pedido para seu público se inscrever em sua newsletter ou siga você nas redes sociais.

Quando estiver sozinha, pratique dizer o que tem a dizer com uma modificação: fazendo um desvio pelo coração. Imagine que as palavras não apenas sobem pela garganta e saem pela sua boca, mas que passam pelo coração antes. E que elas saiam com algum resíduo dele — o que quer que isso signifique para você. Qual é a sensação? Imagine uma pessoa na sua frente e repita as palavras para ela. Depois de praticar um pouco sozinha, eu a desafio a experimentar com quem você se sente confortável e depois com quem não se sente confortável. Ninguém precisa saber a não ser você.

Como diz Kristin Linklater, famosa instrutora vocal, "as palavras se tornaram amplamente utilitárias na vida cotidiana e são condicionadas a correr do córtex da fala direto para a boca. Elas raras vezes capturam uma carga emocional, exceto quanto estão sob extrema provocação", como quando há raiva, tristeza ou alegria. Mas não precisamos de uma provocação tão extrema para evitar as armadilhas do discurso utilitarista. Podemos ativar as nossas palavras simplesmente nos lembrando de usar o coração na comunicação.

Este lembrete de "fazer um desvio pelo coração" é uma maneira de praticar dizer algo importante *com importância*, assim como sem importância. De fato, também é conveniente explorar o inverso: quando estiver sozinha, tente dizer "Eu amo o que faço porque _____" e permita que isso não demande absolutamente nada de você. Familiarize-se com a maneira como você sinaliza quando está animada com alguma coisa e quando não está. Se trabalha no setor de serviços — ou tem um longo histórico de precisar agradar aos outros —, observe também como você finge. Esta é sua oportunidade de começar a combinar seu interior com seu exterior.

Jen Krater, professora de teatro que recomendo a todos em Los Angeles, me apresentou pela primeira vez à ideia de fazer um desvio pelo coração há mais de uma década, e eu descobri que isso é aplicável a quase todos os cenários imagináveis, tanto para minha própria vida quanto para a vida dos meus clientes. Isso pode fazer você sentir coisas, mas siga em frente, sem desculpas. Não esqueça que está praticando acreditar que sentir as coisas é bom.

E aqui vai uma cortesia de Jen: muitas vezes, quando uma pessoa estava se apresentando na frente da turma e chegava à parte do roteiro em que se preparava para fazer uma pergunta importante ou dar uma grande notícia, Jen sussurrava suavemente das laterais: "Cause estrago". Inevitavelmente, a pessoa se transformava diante de nossos olhos. O momento se transformava.

"Cause estrago" é o empurrãozinho para um pouco mais de ousadia, para arriscar, para revelar seu coração. Eu ofereço isso a você. Quando sentir que um momento assustador está chegando — a pergunta importante, o grande chamado à ação, a chance de encolher ou expandir de acordo com o momento —, sussurre suavemente para si mesma: "Cause estrago". Se você sentir que está fugindo, "cause estrago". Se está desperdiçando uma energia preciosa se preocupando com a possibilidade de problemas futuros, "cause estrago". Só um pouquinho.

Talvez essa conversa privada consigo mesma resulte em um brilho nos olhos que você não tinha um momento antes. Talvez você se surpreenda e passe a falar com mais vulnerabilidade, mais *duende*, mais alegria. Confie que a aposta vai compensar. E então confie um pouco mais. A propósito, eu acredito que é essa a finalidade original do velho clichê de imaginar o público nu: quando você tem um segredinho, pode distrair seu cérebro de modo que ele acabe se divertindo.

Eis outro cenário simples. O que mais associamos à fala é a boca. Mas imagine agora que sua boca na verdade representa apenas uma das três fontes de sua energia vocal. Imagine que seu torso é um tridente, com um dente, tão poderoso quanto a boca, se projetando para fora de seu plexo solar, e outro para fora do seu estômago. Imagine sua energia vocal saindo dos três pontos simultaneamente. Tente falar *dessa maneira*.

Algumas pessoas dizem: "Abra a boca e o coração ao mesmo tempo"; eu digo "E se você também usar sua intuição, e todo o seu conteúdo emocional?". Sua barriga é "toda mágoa e ambição. Incêndios e maremotos", como diz a poeta Kate Baer. Mostre isso.

Descobri que, quando apresento essa imagem do tridente, os clientes ficam mais aprumados. De maneira inevitável, você vai dar mais de si mesma quando incluir sua sabedoria instintiva, e, falando de maneira mais literal, isso também ajuda a fortalecer sua coluna — em vez de permitir que seus ombros se curvem ou que seu queixo se projete. Quando sua coluna está forte, seu corpo fica alinhado, e é mais provável que você diga o que quer dizer e queira dizer o que diz. (Bônus: você pode visualizar isso como o raio dos Ursinhos Carinhosos em vez de um tridente, só que com três vetores de arco-íris. Essa é para quem nasceu nos anos 1980.)

E, finalmente, tente uma visualização de mentalidade. O dr. Brackett apontou que, em geral, a pessoa com mais poder na situação tem mais latitude para demonstrar emoção — e você provavelmente já viu isso acontecer. Mas também existe uma maneira intrigante de ganhar mais poder instantâneo. Não existe um substituto para o "poder social", como a dra. Amy Cuddy chama em seu livro *O poder da presença*, o tipo de poder que podemos ganhar tendo "acesso a bens de que os outros precisam — comida, abrigo, dinheiro, ferramentas, informações, status, atenção, carinho". Nada substitui ser a pessoa mais dominante em um espaço, ou acidentalmente nascer em uma posição privilegiada. Mas existem outros tipos de poder que podemos acessar de onde estamos. A dra. Cuddy chama essa segunda categoria de "poder pessoal". E tem mais a ver com os recursos internos do que com os externos; tem a ver com nossas habilidades conquistadas com muito esforço, nossos valores, o que sabemos e amamos sobre nós mesmos e o que nos dá coragem. Se o poder social é poder *sobre* algo, esse é um poder de *fazer* algo. Como assinala a dra. Cuddy: "Em um mundo ideal, nosso sentimento de poder pessoal seria incontestável. Na realidade, ele tende a flutuar, principalmente quando o mundo é duro conosco".

Mas você pode *gerar* poder pessoal realizando um rápido experimento mental. Você pode se preparar para o poder pensando em ocasiões anteriores em que se sentiu bem. Uso esse truque o tempo todo, e é meio mágico: faz com que eu me sinta imediatamente mais livre, mais expansiva e mais confiante de que posso estar emocionalmente disponível, e sem penalidades.

Lembre-se de um momento em que você sentiu poder pessoal, um momento em que foi valorizada, celebrada ou vista. Talvez tenha sido uma época em que tinha autonomia e coragem e se pegou agindo como a maior e melhor versão de você. Talvez estivesse em casa, ou com amigos, durante um importante evento de trabalho, ou até mesmo em uma reunião rotineira em que se destacou de repente. Escreva sobre algumas dessas ocasiões, e se permita lembrar delas com todo o corpo.

De acordo com psicólogos sociais, apenas refletindo sobre um momento de poder pessoal já é possível mudar todo o seu estado psicológico. Traga à mente uma boa lembrança de poder e estará preparada para a próxima. Isso é importante porque diversas pesquisas demonstram que, quando nos sentimos impotentes, nossos pensamentos são prejudicados de várias maneiras, nossa capacidade de realizar até mesmo tarefas simples diminui consideravelmente, e ficamos absortos em nós mesmos e propensos à ruminação posterior. Mas, quando nos sentimos poderosos, o oposto acontece. Podemos nos levar na direção certa com apenas uma pequena lembrança.

Como em todas as situações, o contexto é importante. E quem somos e o que queremos de uma oportunidade importam também. Não existe uma abordagem única para trazer mais emoção à sua vida profissional. Algumas pessoas não querem seu eu autêntico, e isso pode colocar você em uma situação difícil, assim como aconteceu com Petra. Petra acabou se demitindo. Depois de fazer um mergulho em si mesma (um processo que incluiu obter a certificação como coach de vida e fazer pelo menos uma viagem ao Burning Man), ela abandonou completamente o mundo das finanças e fundou seu próprio negócio — e agora, anos depois, ela combinou sua paixão por economia que vinha da carreira anterior com seu interesse por viver uma vida correta e treina clientes em investimentos éticos. Ela não estava mais disposta a esconder que se importava e parou de tentar viver de acordo com as regras da chefia. Agora, Petra ganha a vida se importando.

Como afirmou Hitendra Wadhwa, líder empresarial visionário e professor da Columbia Business School: "Hoje, o mundo dos negócios está pegando fogo. Os líderes corporativos estão testemunhando um anseio crescente, dentro e fora de suas organizações, de que o ambiente de trabalho reflita os valores corretos — valores como inclusão, empatia, autonomia e serviço à humanidade". Você não está sozinha. E, não importa onde esteja, sempre pode interrogar, sentir, encontrar e redesenhar a linha que separa, para você mes-

124

ma, o que é ser responsável e o que é ser radical. Você sempre pode se perguntar: "Quantas partes da armadura posso tirar?". Quão emocionalmente sincera posso ser sem me colocar em uma posição que pareça insegura? Talvez você possa revelar que sua frustração se transformou em raiva, ou que sua decepção é de fato tristeza. Talvez você possa se revelar, ou pelo menos começar.

Como Ilyse Hogue reiterou no meu podcast, os poderosos que estão lutando pelo status quo e resistindo à mudança reforçam um estilo de oratória e apresentação pública em que as necessidades emocionais são reprimidas. Penso no ex-vice-presidente Mike Pence durante o debate de candidatos a vice-presidente de 2020 com Kamala Harris — no qual a mosca roubou a cena simplesmente por ser mais real do que a cabeça onde pousou. Os poderes vigentes codificaram a expressão "trabalhador ideal" e definiram a palavra "profissional", garantindo que ambos descrevam alguém que é mais máquina do que humano. Como bell hooks escreveu: "O primeiro ato de violência que o patriarcado exige dos homens não é a violência contra as mulheres. O patriarcado exige de todos os homens que se envolvam em atos de automutilação psíquica, que matem as partes emocionais de si mesmos. Se um indivíduo não é bem-sucedido em se mutilar emocionalmente, ele pode contar com homens patriarcais para decretar rituais de poder que atacarão sua autoestima". Penso nas primeiras mulheres que entraram em indústrias dominadas por homens, desesperadas para serem levadas a sério, olhando em volta para aprender as regras do jogo em vez de receber a orientação adequada — e se podando para poder se encaixar. Eu as imagino como mentoras da próxima geração de mulheres, reforçando o que funcionava para elas, consagrando sua deformidade.

Após o debate, Megyn Kelly, ex-comentarista política da Fox News, zombou no Twitter da liberdade com que Kamala Harris demonstrou reação emocional às interrupções e mentiras de Mike Pence. Kelly a repreendeu: "Aguente como uma mulher. Não faça caretas". Madeleine Albright, a primeira secretária de Estado dos Estados Unidos, escreveu em sua autobiografia sobre sua própria experiência ao aprender a se comportar como uma mulher, por assim dizer. "Muitos dos meus colegas me fizeram sentir que eu era excessivamente emotiva", escreveu ela, "e me esforcei para superar isso. Com o tempo, aprendi a manter minha voz neutra e sem emoção quando falava sobre assuntos que considerava importantes." A citação de Albright soa como êxito. Captura um saber convencional predominante: neutro é melhor do que uma variedade de tons. Sem emoção é melhor do que emocional. Uma voz firme consegue cumprir o trabalho.

Mas Ilyse continuou: "Nossa capacidade de explorar profundamente nossas emoções para abrir caminho para um futuro diferente — esse é nosso superpoder. Devemos usá-lo sempre". A partir dessa perspectiva, podemos reconsiderar a citação de Albright. Por um lado, ela estava descrevendo uma transformação que adotou trinta anos atrás. Por outro, os colegas dela eram, por padrão, homens, e seu trabalho era a diplomacia internacional, para os quais uma cara de paisagem e uma voz de paisagem (por assim dizer) poderiam ser um benefício. Ao ouvir a citação dela fora do contexto, é muito fácil entender a lição errado, mas a sabedoria dela pode não servir para você.

Como escreveu David Roberts, jornalista ambiental e agitador no Twitter, em resposta ao tuíte de Megyn Kelly: "Se valer de toda a sua humanidade em público exige muito mais gônadas do que ser mais uma imitação de terceira categoria de John Wayne, incapaz de identificar, processar ou articular suas emoções. É um tipo de força e coragem que emerge, em vez de ser negada, da capacidade de ser uma pessoa completa". De fato. Fico feliz que Albright tenha encontrado uma abordagem que funcionou para ela. Mas não quero viver em um mundo onde essa é nossa melhor aposta.

Felizmente, acho que não é. Mas cabe a nós reivindicar nossas emoções e permitir que nossas vozes sejam expressas de diversas formas. Porque — e talvez no fundo você já soubesse disso o tempo todo — quando o momento é importante, quando você está apresentando um trabalho ou está falando de algo em que acredita, você deve usar seu coração.

E, quando você tem algum poder social, deve ter a diligência de se recusar a reforçar a história antiquada do estoicismo, para que outros possam usar o coração também. Em toda oportunidade que tiver de fazer escolhas sobre com quem trabalhar e de que maneira, cultive intencionalmente espaços onde o entusiasmo possa florescer e onde as pessoas sejam livres para falar com emoção sem ser penalizadas. É sua chance de respeitar suas emoções e as de todos que conhece, e *depois* redefinir como a noção de "legitimidade profissional" parece e soa. Redefina a ideia de quem pode ser totalmente humano e quem pode soar como tal. Toni Morrison disse uma vez: "Ao entrar em posições de confiança e poder, sonhe um pouco antes de pensar". Baixe o escudo, tire a armadura e comece a sonhar.

4. Altura

e havia uma nova voz
que você lentamente reconheceu como sua,
a lhe fazer companhia

Mary Oliver, "The Journey"

Talvez sua voz fique monótona nos momentos em que você se sente desconfortável. Talvez surja um alerta na sua cabeça dizendo "Fique firme" e você pressione as cordas vocais para garantir que não vai falar demais. Eu me ouvi fazer isso quando comecei a gravar meu podcast. Estava sentada em uma cadeira giratória enorme, a uma mesa de conferências, falando em um microfone muito caro nos estúdios da iHeartRadio, de frente para um convidado que me intimidava muito. Engoli em seco e tentei ignorar meus batimentos cardíacos descontrolados. Quando falei, minha voz saiu firme — e completamente insólita.

Em teoria, eu sabia que não deveria tentar me esconder atrás de uma "voz de podcast". Mas, na minha estreia no microfone, foi como se um monstrinho genérico aparecesse na minha cabeça para tentar me salvar de mim mesma. *Oi, Samara. Vim informar que uma voz sem personalidade se encaixa melhor aqui. Ninguém quer a versão verdadeira de você.* Imediatamente, meus mecanismos de defesa entraram em ação para me proteger, comprimindo minhas cordas vocais, restringindo minhas possibilidades de expressão e tornando-as muito mais genéricas. Os produtores não notaram, mas eu com certeza notei.

Podemos ocultar a voz ou soltá-la, e isso depende de quão seguras nos sentimos, o que em geral tem a ver com o fato de sentirmos ou não que temos algo a provar. Esse sentimento — de que os demais estão nos julgando, duvidando de nós — pode sugar a alegria das nossas atividades e a essência da nossa voz. Obviamente, senti que tinha algo a provar e não havia me preparado de maneira adequada para receber aquele pensamento e depois deixar que ele fosse embora — levando junto o monstrinho genérico. Foi minha primeira vez "em público", e isso era perceptível na minha voz.

Pense em uma situação em que você falou para um público e teve a impressão de que estava sendo avaliada, ou até mesmo falou já sabendo disso — em uma entrevista de emprego, na apresentação de um projeto, em qualquer tipo de competição. Nesses momentos, devemos ser mais impetuosos ao nos permitir; caso contrário, os olhares desconfiados imaginários (ou reais) e os ouvidos indagadores que nos avaliam vão nos impedir de nos expressar com toda a dinâmica vocal de que dispomos. O que é uma pena, porque uma comunicação que se baseia no medo quase nunca obtém os resultados desejados. Esse impulso é compreensível; esconder-se é mais seguro. Mas não é divertido, não é duradouro e provavelmente não vai nos render o trabalho ou o público que queremos — um público que se apaixona por nós porque mostramos quem somos e como soamos de verdade. Devemos nos livrar desse impulso de nos salvar de nós mesmas.

Você pode perguntar como fazer isso. A resposta está na altura da sua voz. A altura é a trajetória da fala. As inflexões ascendentes e descendentes que nosso incrível aparelho vocal desenvolveu ao longo de milhares de anos deixam perceptível quando cedemos ou não às nossas dúvidas. Para resumir: quando falamos com animação, ampliamos nosso tom; quando ficamos com medo, nós o neutralizamos. A fala se torna monótona. A voz se esconde na garganta, e, sem as ferramentas e a coragem para soltá-la, renunciamos às notas agudas e graves que naturalmente usaríamos se estivéssemos com nossas pessoas favoritas no mundo, aquelas em relação às quais sentimos que não temos nada a provar.

Os resultados são, de forma perturbadora, muitas vezes baseados em gênero; são estereótipos repugnantes, e, se eles não representam você, *ótimo*. Se você desafia ativamente o binarismo de gênero ou está descobrindo como amar sua voz durante sua transição, tenho alguns recursos na seção de notas deste capítulo. Mas aqui vai a versão simplificada, que é muito comum: muitas mulheres, quando se sentem desconfortáveis, têm a tendência a falar com um tom mais "gentil". Em relação à nossa voz, isso significa que falamos em um tom mais agudo e costumamos limitar a amplitude da voz quando ela já está elevada, como se disséssemos: *Não sou nem um pouco intimidante. Não se preocupe comigo.* Se você já trabalhou como garçonete ou contava com gorjetas para pagar o aluguel, provavelmente está bastante familiarizada com essa maneira de falar. Chamo isso de "voz de Starbucks", porque é como se tivéssemos internalizado o som que os funcionários do setor de serviços adotam para sinalizar que não têm necessidades próprias e existem apenas para atender às suas. ("Oi, o que posso fazer por você?" se torna "Oi, acho que talvez tenha uma ideia para uma estratégia, se vocês quiserem..."). Nós somos *muito* gentis.

Os homens, por outro lado, tendem a agir de forma "descolada". Eles usam a voz mais grave quando se sentem desconfortáveis e limitam seu alcance, como se dissessem: *Ei, não se preocupe, está tudo bem, cara. Eu estou tranquilo.* Chamo isso de "voz de super-herói", porque é como se todos os homens tivessem recebido o recado de que, como o Batman, é importante não se incomodar com (voz de super-herói) *nada.* É muito deprimente pensar que, em situações de estresse, as mulheres parecem estar presas na gentileza do atendimento ao cliente e os homens se voltam para os super-heróis, mas essa é a realidade.

Lamento esse hábito, mas também o aprecio, porque, para conseguirmos o que queremos em determinadas situações, "a gentileza" funciona como o lubrificante perfeito. Na realidade, é uma estratégia de adaptação encontrada em todo o reino animal. A linguagem corporal e a altura da voz desempenham um papel crítico na performance de animais grandes e assustadores, ou pequenos e ternos, embora eles não o façam de maneira consciente (talvez muitas de vocês tampouco o fizessem até agora). Os animais que tentam agressivamente repelir um predador ou competir por atenção ficam de pé, eriçam os pelos do corpo para parecerem maiores e rosnam no tom mais grave. É uma ilusão de grandeza — não importa o tamanho real deles, agora parecem maiores. Da mesma forma, se esses animais estiverem cortejando um parceiro ou se comunicando com um filhote, mantêm o pelo baixo (ou as orelhas ou o corpo todo), em uma postura de submissão, e produzem um gemido ou arrulho agudo para parecerem menores e menos intimidadores. Os animais também sabem ser gentis.

Mas acontece que os seres humanos podem ser a *única* espécie com capacidade de controlar voluntariamente as variações da altura da voz. Temos um magnífico córtex pré-frontal, que é maior e mais complexo do que os dos outros primatas, e que evoluiu para nos ajudar com funções executivas, como planejar o comportamento cognitivo e social e expressar nossa personalidade. Como diz o dr. Marc Dingman, autor de *Your Brain, Explained* [Explicando seu cérebro], "o córtex pré-frontal contribui enormemente para nos tornar quem somos como indivíduos". Pacientes com danos cerebrais nessa região, diz ele, mostram que, "se retirássemos o córtex pré-frontal, seríamos governados por nossos desejos e impulsos, sem capacidade de planejar o futuro ou pensar nas consequências de nossas ações". Essa região do cérebro também é responsável pela linguagem e pela paralinguagem, um termo que abarca toda a comunicação não verbal, como o tom. E dentro dessa região existe uma área menor responsável por manipular especificamente a laringe, com o nome extravagante "córtex motor laríngeo dorsal bilateral". É onde a altura da voz está.

De acordo com o dr. Edward Chang, neurocirurgião da Universidade da Califórnia-San Francisco cuja equipe realizou experimentos pioneiros sobre essa magnífica engenharia cerebral, nós nos distinguimos de outros primatas por nossa capacidade de manipular a altura da nossa voz para cantar, sugerir intenção e alterar a "percepção" — em outras palavras, para moldar o modo como os outros nos percebem.

Então, sim, nós podemos parecer gentis e, às vezes, nossa melhor aposta é amenizar uma situação hostil ou desconfortável. Mas esse lubrificante é um blefe de grandeza, é se fazer menor do que somos. E estou aqui para ajudar a encontrar alternativas a isso. Quando temos a chance de apresentar nossa grande ideia, falar do nosso trabalho mais estimado ou propor um novo plano, podemos e devemos deixar *a gentileza* se transformar em algo que expresse que não existimos apenas para os outros. Essa é a voz, como diz Mary Oliver, que lentamente reconheceremos como nossa. E essa voz terá uma fantástica variedade de altura.

Sabe qual é o momento em que nós naturalmente exibimos variedade de altura na voz? Quando conversamos com crianças. A entonação exagerada, tanto aguda quanto grave, que usamos ao falar com um bebê ou animal de estimação é universal, abrangendo todas as culturas e linguagens, de acordo com a dra. Anne Fernald, linguista de Stanford. Na verdade, crianças de quatro anos fazem isso quando falam com crianças de dois anos! E é provável que também falemos assim quando nos comunicamos com pessoas que ainda estão aprendendo nosso idioma, não importa a idade delas, e com pessoas mais velhas que achamos que podem ter problemas de audição. A questão é que essa fala mais lenta e com mais variedade de frequência na voz é um instinto profundo que temos quando sentimos uma barreira linguística; é um modo de ensinamento. Mas acho que há algo mais provocativo aqui: usamos essa ampla gama de sons agudos quando estamos confortáveis em uma posição de poder — quando não temos nada a provar.

É um exercício revelador proferir suas afirmativas em diferentes variações do agudo para o grave, para explorar seu próprio alcance. Experimente fazer isso, com um senso de humor sadio. Enquanto você diz "Oi, meu nome é _____", deixe-se levar e se entregue totalmente, incorporando os sons agudos e graves mais extravagantes.

Mas não confunda o que quero dizer: o antídoto para uma fala monótona não é se forçar a falar com variação de altura na voz, como se estivesse conversando com um bebê, independente do contexto. Como exercício, isso pode ser libertador, mas, no mundo real, é muito ruim. É trocar um extremo por outro. É apenas outra forma de ocultação vocal. Se você tentar variar a altura na voz na mesma fala sem motivo aparente, vai soar como se dissesse "Voltaremos... após os comerciais", a frase de efeito cafona que ouvíamos na TVs nos anos 1980 e 1990, geralmente com tom ascendente em "voltaremos", seguido por uma pausa longa e um som nasalizado decrescente em "após". Esse uso da altura da voz na mídia, para mim, é como o equivalente vocal de um meme: pode ser reproduzido, é cômico e está em absolutamente todos os lugares. Podemos ouvir seu legado em "Este... é o *American Idol*", de Ryan Seacrest. É voz de comercial, de vendas, de encantamento. São os locutores lendo teleprompters sem ter noção do que estão dizendo, apenas jogando uma melodia ensaiada para lembrar a fala humana. Mas não é natural.

Esse era o padrão da indústria que âncoras de TV eram obrigados a atingir. Mas, na realidade, a indústria está mudando; vários noticiários que se conectam com o público mais jovem agora apresentam especialistas que rejeitam esse estilo de oratória a fim de apresentar algo mais autêntico. Estou falando de Rachel Maddow, Nicole Wallace e Joy Reid articulando as palavras como seres humanos ao cobrir a eleição de 2020, ou Trevor Noah, ou os jornalistas da Vice News.

O restante de nós, que podemos cair nesse padrão de extremos acidentalmente, reencenando o meme depois que a tendência já passou, devemos nos perguntar o porquê. Embora o impulso original dos apresentadores possa ter tido uma motivação plausível — empregar várias mudanças de altura para manter o público envolvido —, isso me parece um caso de má-fé. Falando assim, você desrespeita o ouvinte ou a si mesmo. Presume, de maneira condescendente, que o ouvinte é incapaz de seguir a fala natural, ou que você, a pessoa que está falando, não basta e precisa fazer algo mais para soar interessante, o que seria uma lástima.

Interessante é quando usamos essa estratégia para dizer a verdade. Se estamos avisando que voltaremos após os comerciais, podemos apenas... dizer isso. Nada mais, nada menos. No podcast *How to Own the Room* [Como prender a atenção de todos], Sarah Hurwitz, redatora dos discursos dos Obama, colocou um ponto-final em jargões como "alavancagem financeira" ou "americanos da classe média trabalhadora", indicando que, "se você não diria isso para uma pessoa, não diga isso para muitas pessoas". Acho que essa voz cantante de apresentador é a frequência da voz equivalente a esse sentimento. Se você não fala dessa maneira com um adulto de verdade que está bem na sua frente e a quem você respeita, não adiantará falar desse modo em um ambiente de escala maior.

A alternativa a dizer a verdade não é simplesente mentir. É a ocultação vocal — que na realidade é outra função do nosso cérebro altamente evoluído. Podemos controlar as nossas vocalizações para esconder o que quisermos, mas saiba que isso nem sempre funciona. Existe uma explicação fascinante para tal: o biólogo Richard Dawkins e o zoólogo John Krebs descobriram que, ao longo de várias gerações, as habilidades dos predadores melhoram (ou seja, os espécimes habilidosos se reproduzem e passam adiante seu talento para matar), mas as habilidades das *presas* também melhoram (aqueles que conseguem escapar... escapam e se reproduzem), no que chamaram de corrida armamentista evolutiva. Mas, se essa corrida armamentista está realmente se acelerando, esses animais rivais ficam cada vez melhores na mesma proporção, de modo que os resultados se anulam. Aqui está nossa versão: nós, seres humanos, temos uma capacidade incrível de praticar engano vocal. Fala monótona, fala cantante, esconder, esconder, esconder. Mas você sabe quem evoluiu para ter uma capacidade igualmente incrível de perceber as menores alterações na voz? Nós também. Em apenas algumas palavras, conseguimos detectar angústia em uma amiga tentando fingir que está bem, uma companhia pouco à vontade, uma chefe que está nos bajulando, ou até em nossa própria voz quando tentamos parecer poderosas sem acreditar de fato nisso. Nós nos adaptamos de maneira singular para mentir, mas também para reconhecer uma mentira.

Então, como usar a variação de frequência na voz na medida "certa" — ou seja, a medida que não vai nos esconder, e sim nos revelar —, mesmo quando saímos de nossa zona de conforto e nosso corpo fervilha de emoções? A resposta é que podemos criar ativamente as condições dentro de nós mesmas para manipular a altura da nossa voz. Assim, acabamos aprendendo a nos sentir confortáveis mesmo fora de nossa zona de conforto, acreditando que, quando estivermos em uma posição à qual não estamos acostumadas, nossa voz será muito mais expressiva. Isso é absolutamente possível, e não apenas de acordo com minha opinião. A dra. Christine Runyan é psicóloga clínica e professora da Universidade de Massachusetts especializada na resposta mente-corpo a cargas pesadas no sistema nervoso, do transtorno de estresse pós-traumático à pandemia. Falando com Krista Tippett em seu podcast *On Being*, ela recomendou exercícios simples de autocuidado para liberar hormônios e neurotransmissores como ocitocina e dopamina no corpo para funcionarem como antiestressores e promotores de sentimentos da felicidade, restaurando o corpo ao seu estado otimizado. Se escondemos a voz ou a mostramos à medida que nos sentimos ou não seguras, então a segurança é fundamental. Sentir-se fisicamente confortável é fundamental. É fácil pensar na permissão como o estado da mente, mas neste caso — e talvez em todos os casos — também se trata do estado do corpo. Devemos conduzir nosso corpo a uma sensação de permissão.

Eu ouvi a dra. Runyan falar de exercícios básicos como acender uma vela ou escutar música, que podem acalmar o sistema nervoso para que o corpo possa trabalhar a seu favor, e não contra você. E isso me lembrou de algo que minha mãe costumava dizer quando eu era criança e estava para baixo: "Você não sai de uma crise pensando; você sai de uma crise *agindo*". Então, coletei algumas sugestões para adicionar às da dra. Runyan, maneiras simples de alavancar o corpo para alcançarmos a voz que queremos. Para sairmos dessa situação ruim *agindo*.

Nenhuma dessas estratégias requer um empenho muito grande, mas todas terão um efeito descomunal. (Lembro-me de uma mulher em uma oficina que apresentei que era residente de pediatria lutando contra o esgotamento profissional constante por causa da pandemia; ela estava esgotada também, admitiu, porque lutava para se convencer de que tinha "o direito a passar dois minutos sozinha". Você tem direito a passar dois minutos sozinha.) Experimente fazer isso agora, mas tente fazê-lo principalmente antes de um discurso ou de uma reunião importante, quando você talvez se sinta ansiosa.

Sim, você pode ouvir música. Mas, ainda melhor, se tiver um lugar reservado onde ficar, dance ao som da música e mova os quadris — os quadris não mentem, como já ouvimos dizer. Mas, falando sério, os quadris são os receptáculos do corpo para sentimentos negativos, portanto movimentá-los pode levar a uma verdadeira sensação de libertação. Você também pode acender uma vela ou passar um pouco de óleo essencial; sinta os aromas por um momento; pode parecer trivial, mas, se sentimos os cheiros, estamos presentes no momento. E respire, é claro, respire. Para alternar, você pode ficar sem fôlego — correndo, fazendo polichinelos ou uma sessão rápida de ioga —, assim seu corpo liberará endorfinas valiosas. Caminhe na natureza, ou, se isso não for uma possibilidade, contemple fotos da vida selvagem. Dê um abraço em si mesma ou receba um bom abraço de um amigo. Sinta os pés no chão, coloque o peso nos calcanhares. Como diz a dra. Runyan, "para lutar ou fugir, precisamos ficar na ponta dos pés", então descubra como assumir uma postura diferente.

Você também pode meditar, mas, em vez de tentar limpar a mente, concentre-se em alguém que ama e no modo como olha para essa pessoa — ou como ela te olha. Lembre-se da última vez que você deu uma boa gargalhada. Pense em gratidão, em compaixão, em desejo sexual ou em benevolência. Deixe alguém fazer algo gentil por você ou faça você uma gentileza; até mesmo abrir uma porta para um desconhecido ou fazer contato visual pode liberar substâncias químicas valiosas que dão ao seu corpo um empurrãozinho na direção certa. Coma algo que tenha um sabor incrível, que cause uma sensação reconfortante. Passe hidratante na pele de forma a sentir que seu próprio toque pode curá-la. Ou ponha a mão no coração, acaricie-o um pouco e, como minha amiga Liz Kimball me lembrou recentemente, feche os olhos e diga a si mesma: "Eu confio em mim". Ou: "Eu sou o suficiente". Ou: "Estou me apresentando como eu mesma para ajudar outras pessoas a fazerem isso também". Ou simplesmente: "Consigo fazer isso". Até a palavra "sim" pode alterar nossa composição química. Diga "não" quando fizer uma ressonância magnética funcional e você verá uma liberação repentina de dezenas de hormônios produtores de estresse e neuroquímicos destrutivos que interrompem instantaneamente o funcionamento normal do cérebro e prejudicam seu senso de lógica e de processamento de linguagem, de acordo com Andrew Newberg e Mark Waldman, que escreveram *Words Can Change Your Brain* [As palavras podem mudar seu cérebro]. Por outro lado, a repetição do "sim" — ou pensar em palavras como "amor" ou "paz" — desencadeia uma "resposta de relaxamento" que reduz o sofrimento psicológico.

Finalmente, e sobretudo se você estiver prestes a falar e sentir seu sistema nervoso descontrolado, tenha curiosidade. Como diz a dra. Runyan, a curiosidade percorre nosso corpo em uma onda de dopamina, e, já que a dopamina é o prazer da antecipação, o que é a curiosidade senão a expectativa de aprender algo novo? É um golpe duplo: o ato de ter curiosidade libera hormônios do bem-estar, e a mente curiosa observa um corpo ansioso e ganha alguma perspectiva ou distância do sentimento. Sempre consigo sentir uma prazerosa rebeldia no meio de um ataque de nervos quando penso: *Nossa, isso é fascinante! Qual será a história por trás disso e a quem ela serve?*.

É fácil se sabotar e negligenciar esses exercícios, principalmente se você tem o hábito de gritar consigo mesma por ficar nervosa. Talvez você possa se lembrar de um momento em que estava se desesperando ao pensar no que podia dar errado antes de um evento apenas para descobrir que seu corpo estava no modo de luta ou fuga, então você parou de se preocupar com um eventual deslize e passou a repreender a si mesma para parar de surtar. Você pode imaginar como isso apareceria em uma varredura de ressonância magnética. É um aborrecimento enorme e um desperdício daqueles momentos preciosos antes de um evento. Não é apenas cruel ser tão severa consigo mesma, mas também põe um fardo indevido no seu estado mental quando o corpo está ali, disposto a ajudar. Tente alguns dos exercícios mencionados e sinta essa resposta de relaxamento fluir. Veja quais funcionam para você; eles são seus. Cada um deles tem o potencial de mudar seu corpo para um modo em que você possa se sentir segura. Segura, você vai se sentir mais solta e livre em seu corpo e em sua mente. E estará apta a fazer escolhas maiores e mais ousadas, inclusive com a altura da sua voz. Aposto que, se você começar a prestar atenção, vai perceber que, em sua vida privada, em casa, no bar com os amigos, perto de qualquer pessoa que goste de você e faça com que pareça seguro ser você mesma, é perceptível que a altura da sua voz varia. Agora vamos levar essa voz para mais espaços.

Quando trabalho treinando mulheres, elas geralmente estão se destacando de novas maneiras na profissão e lidando com uma voz que não está evoluindo no mesmo ritmo. Para que sua voz corresponda ao tamanho da sua ambição, as medidas de segurança que citei vão ajudar você, mas quero sugerir algo a mais aqui, já que a altura da sua voz é de fato a trajetória: uma chance de conhecer a história da sua voz, de identificar quem aconselhou você (com palavras ou ações) a ser mais quieta, ou a falar mais alto, ou a ser mais gentil, ou mais assertiva, e a considerar o desfecho dos acontecimentos como resultado da sua fala. O que a sua voz fez? Não precisa se delongar ou ruminar, mas tenha um pouco de curiosidade também: por exemplo, por que você tem o costume de falar em um tom mais agudo (ou soar mais monótona, ou mais delicada, ou menos intimidadora, ou mais forçada) do que você faria se, digamos, tivesse crescido em uma ilha deserta?

Depois que iniciei meu podcast, comecei a receber inúmeras mensagens de ouvintes compartilhando a história de sua voz. Recebi o relato de uma mulher chamada Jasmine que lembra que no sétimo ano ouviu uma garota dizer que ela tinha uma voz irritante, e nunca superou isso. Jasmine parou de falar na aula e de conversar ao telefone, o que afetou de forma definitiva seu relacionamento com os amigos. "É claro que quando eu amadureci percebi o quanto era ridículo internalizar esse comentário aleatório", ela me disse. Mas o estrago estava feito.

Recebi a história de uma ouvinte chamada Natalie, cuja professora de inglês do ensino médio disse: "Às vezes acho que você se *esforça* para parecer idiota". Anos depois, Natalie ainda se pergunta se é assim que ela soa toda vez que abre a boca. E ouvi mais variações dessa história do que posso contar. De uma amiga que ouviu no segundo ano que ela deveria estar falando com aquela voz alta "para impressionar os meninos". De uma ouvinte que tentou seguir o conselho do chefe de "pegar leve" no trabalho porque ela aparentemente era exagerada — e a mulher ainda se lembrava da sugestão dele de que ela fosse mais como uma colega de trabalho que, segundo ela, "era basicamente um ratinho. Uma mulher que nunca falava". Da minha cliente Sashka, que estava bem ciente de que sua mãe era evitada na associação de pais e mestres sob sussurros de que era "exagerada", "muito estranha", "teimosa demais" — e o que Sashka aprendeu com isso, de como devia ser uma mulher mais aceitável.

Esses comentários sobre nossa voz, ora furtivos ora explícitos, que podem parecer acusações contra o nosso sotaque, nossa raça, nosso gênero, nossa orientação sexual, ou agressividade percebida ou excesso de confiança, tornam-se pontos de vista que integramos ao nosso senso de identidade. No meu primeiro ano de faculdade, fui escalada para o papel de uma velha raivosa em uma peça satírica. Embora eu tenha tentado abordar o papel com emoção e sinceridade, o crítico enviado pelo jornal local, um sujeito branco de meia-idade, escreveu que minha "atuação estridente cruzou a linha entre o farsesco e o irritante". Eu tinha dezoito anos e estava descobrindo como "raivosa", "velha" e "mulher" soavam a alguns ouvidos. Não tive que procurar por esse comentário; ele vive em mim.

E houve uma atriz que me deixou uma mensagem com a voz esganiçada, contando que tinha sido uma estrela infantil e com a idade passara a fazer testes para interpretar mulheres adultas. Na mensagem, ela explicava que seu agente havia lhe dito: "Você precisa encontrar sua voz de protagonista", uma voz que combinasse com a nova era da vida dela. Mas a atriz não sabia como fazer isso. Lembro-me do constrangimento que ouvi por telefone no pedido que a mulher fez com sua voz de menina. Mas, de certa forma, ela é como todas nós, existindo ou não uma enorme lacuna entre nossos sonhos e nossa realidade. Cada uma de nós construiu uma voz baseada em todos esses comentários, nós nos ajustamos de acordo com eles, e fomos recompensadas por isso — talvez até tenhamos pagado um bom dinheiro por eles, como no caso dela. Mas, quando crescemos para além da voz que construímos, quando ela parou de funcionar a nosso favor, não tínhamos ideia do que fazer. Talvez a história da sua voz precise de um novo capítulo.

Você, eu e essa atriz de voz esganiçada temos uma questão fundamental a considerar quando mudamos a direção da história da nossa voz. Uma voz mais grave é o objetivo? O oposto é sempre uma voz infantil, feminina, "gentil" ou (que agonia!) estridente? Afinal, todas ouvimos falar ao longo da vida de mulheres candidatas a cargos políticos chamadas de "estridentes". O que essa palavra evoca senão um som agudo? O que o oposto sugere, a não ser um som calmo, sereno, confiável? Faça uma pesquisa no Google sobre "como soar com autoridade" e você verá vários coaches de negócios aconselhando: "Fale com uma voz grave". Evidentemente, o melhor conselho para soar como se você estivesse no comando é falar como um homem.

Bem-vinda ao outro lado da conversa sobre a frequência da voz: devemos usar a *variação* de frequência se quisermos nos revelar e expressar nossas melhores ideias como se elas merecessem ser expressas. O alcance é um indicador da nossa liberdade. Mas devemos eliminar a confusão de suposições culturais em torno do *parâmetro* de frequência da voz se quisermos alcançar a verdadeira liberdade.

Para ressaltar o óbvio, a voz das mulheres tende a vibrar em uma frequência mais aguda, por causa da nossa anatomia (nossas cordas vocais são menores). Em geral, falamos cerca de uma oitava acima dos homens. Os dados variam entre as culturas, mas a faixa de frequência para vozes masculinas é de cerca de 60 a 180 Hz, e para femininas, entre 160 e 300 Hz. De acordo com alguns estudos, não existe uma sobreposição. E isso é realmente importante: na natureza, a variedade de frequência do som de um animal tem relação com o tamanho de seu corpo e ponto-final. Pequenos Chihuahuas têm latido agudo; grandes Golden Retrievers têm latido grave. Cada um deles tem algum alcance entre o grave e o agudo, mas o parâmetro da altura do som — o meio do alcance, o ponto ideal — é determinado pelo tamanho deles. Sabemos instintivamente quão grande é um pássaro ou se um leão já é adulto pela frequência de seu som quando atinge nossos ouvidos. E os machos e as fêmeas dessas espécies soam da mesma forma. Eles podem aprender diferentes chamados ou vocalizar rituais de acasalamento de maneira diferente por instinto, mas seu tom de voz não está relacionado ao sexo, apenas ao tamanho.

Não é o que acontece com os seres humanos. Além de termos mais controle sobre a variação dos nossos sons do que os outros animais, graças ao nosso belo e avantajado córtex pré-frontal, também somos únicos por reivindicar uma pequena anomalia do reino animal chamada dimorfismo sexual: embora todos soemos da mesma forma quando bebês, o corpo de homens e mulheres adultos produz parâmetros de altura de voz visivelmente diferentes.

Na verdade, essa distinção de voz é tão perceptível que, muito antes da puberdade, as crianças pequenas passam a "performar o gênero" com a altura de suas vozes. Como afirmam as linguistas dra. Penelope Eckert e dra. Sally McConnell-Ginet em *Language and Gender* [Linguagem e gênero]: "Na idade de quatro a cinco anos, apesar de terem os aparelhos vocais idênticos, as meninas e os meninos começam a diferenciar a frequência fundamental de sua voz falada. Os meninos tendem a arredondar e estender os lábios, alongando o trato vocal, enquanto as meninas costumam abrir os lábios (com sorrisos, por exemplo), encurtando o trato vocal. As meninas elevam a altura da voz, e os meninos a reduzem".

Aprendi essa curiosidade em particular anos atrás e fiquei devidamente consternada. Mas o fato de as vozes de outros animais não se diferenciarem de acordo com o sexo era novidade para mim. Quando li pela primeira vez sobre isso, em *This Is the Voice* [Isso é a voz], de John Colapinto, fiquei impressionada. Me colocando no lugar de toda mulher que já ouviu "Você fala alto demais" ou "Você nunca será levada a sério com essa voz", ou, na verdade, de toda mulher que resistiu a um feedback negativo porque a voz masculina é o padrão e a feminina voz é o desvio, eu tive que me perguntar: que baboseira evolutiva é essa?

A melhor resposta é a seleção sexual. Se considerarmos que o grande declive na voz dos homens acontece com o aumento da testosterona durante a puberdade, podemos concluir que tem a ver com a intenção de atrair uma parceira. Assim como qualquer instrumento de cordas, um conjunto mais grosso e mais longo de cordas vocais produz um som mais profundo, então a hipótese é de que as mulheres preferem esse som ou que ele esteja associado à habilidade de procriação. E, de fato, vários estudos confirmaram isso. Um deles, conduzido por pesquisadores da Universidade McMaster, em Ontário, no Canadá, começava assim: "Os seres humanos parecem ser singulares entre os primatas, pois o dimorfismo sexual da altura de voz de um adulto está muito além do que pode ser explicado apenas pela frequência". O estudo descobriu que estudantes universitários heterossexuais de sexos opostos consistentemente consideravam vozes agudas em mulheres e vozes graves em homens mais "atraentes".

Outros pesquisadores, na Universidade College London, pediram a voluntários do sexo masculino que ouvissem uma amostra da voz de uma mulher cuja altura foi sistematicamente alterada e pediram às mulheres que fizessem o mesmo com a amostra vocal de um homem. De acordo com o relatório, os resultados mostraram claramente que os ouvintes do sexo masculino preferiram vozes femininas que eram mais agudas, correlacionando-se com um tamanho corporal menor (e jovem, com potencial para engravidar), enquanto as mulheres preferiram ouvir vozes masculinas que eram mais graves, sugerindo um tamanho corporal maior (e esperma saudável). Para uma sociedade que idealiza homens grandes e mulheres pequenas, tudo parece muito clichê. Aparentemente, assim como percebemos o fato de que nos convém ocupar o mínimo de espaço possível, contrair, fazer dieta e encolher, também costumamos aumentar a altura da voz para dar a impressão de uma menor estatura. O relatório McMaster sugere que "as vozes femininas agudas são percebidas como femininas, jovens e charmosas [...] Além disso, as mulheres tendem a usar uma voz mais aguda quando são apresentadas a homem de rosto atraente e solicitadas a deixar uma mensagem telefônica para ele". Olá, voz de Starbucks.

Mas, se as mulheres com a voz mais aguda são atraentes, então por que a lista das dez vozes femininas mais sensuais sempre pende para Scarlett Johansson e Kathleen Turner (famosa por sua Jessica Rabbit), mulheres com voz gutural, rouca e grave? Se toda essa história da altura da voz tem a ver com rituais de acasalamento antigos, precisamos ver como a voz codifica a sexualidade e considerar como isso configura as categorias de poder. Afinal, provavelmente não estamos apenas tentando parecer atraentes; estamos tentando comandar nossa vida.

Em seu livro, *Wordslut*, Amanda Montell reflete sobre como conciliar essas listas de vozes sensuais com a ciência, e pondera que as vozes graves das mulheres listadas soam como "a voz com a qual você acorda depois de dormir ao lado de alguém (e talvez depois de ter feito outras coisas). É um sinal de intimidade. As pessoas ouvem essa voz e imaginam você na cama". Curiosamente, devo acrescentar, não imaginam você chamando a atenção de uma multidão ou liderando uma rebelião. Glorificar a voz sexy do quarto me parece uma maneira conveniente de voltar a domesticar as mulheres, de nos empurrar para fora da esfera pública mesmo quando produzimos um som mais grave tradicionalmente associado ao poder.

No entanto, falar com a voz grave tem sido um refúgio para muitas de nós. Na introdução deste livro, descrevi meu contato com nódulos vocais aos 24. Foi o ano em que aprendi que, em algum momento do meu caminho de menina para mulher, comecei a manipular a altura da minha voz além do que minha anatomia podia suportar. Não era para parecer mais atraente para os homens, mas talvez para sinalizar o contrário: *sou independente, me leve a sério, não mexa comigo*. Eu não tinha noção de que estava fazendo isso e foi um pouco autodestrutivo, mas funcionou.

Durante toda a minha adolescência, as pessoas pensavam que eu era mais velha, embora minha aparência não sugerisse nada particularmente adulto. Eu soava segura, competente, a par dos assuntos e madura. Como resultado, *fui* levada a sério e *ninguém* mexeu comigo. É claro que o luxo de os adultos me tratarem com respeito pode ser em parte atribuído a privilégios que eu não reconhecia que tinha na época, sendo branca, de classe média e criada em uma família surpreendentemente funcional e amorosa. Mas atribuo pelo menos parte de como os adultos me trataram ao fato de eu falar abaixo da "altura ideal" para o meu corpo — o termo oficial para o ponto certo da voz.

Margaret Thatcher, ex-primeira-ministra do Reino Unido e a primeira mulher a ocupar o cargo, fez o mesmo quando contratou um preparador vocal do National Theatre em Londres para ajudá-la a deixar a voz mais grave e soar com mais autoridade. E funcionou. O pensamento convencional é que, quanto mais grave a voz, melhor, e, principalmente para as mulheres, emular indicadores de liderança masculina é uma solução rápida para ser levada mais a sério. Isso deve ter passado pela cabeça de Elizabeth Holmes — a CEO da Theranos que caiu em desgraça — quando ela aperfeiçoou seu som de garota-prodígio. Está bem registrado que sua voz surpreendentemente profunda foi uma construção deliberada, e seu caso é a mais recente evidência de que, embora às vezes nossa voz aconteça conosco, às vezes nós acontecemos com ela.

Então, vamos fazer acontecer com nossa voz. Eu certamente gosto da ideia de assumir o controle dos nossos sons e de nos conscientizarmos a respeito de nossos hábitos e nossas opções — mas a ferramenta a seguir serve para garantir que você evite o mal que causei a mim mesma ou a piada que a voz da sra. Holmes se tornou. No melhor dos casos, encontramos a voz certa para nós, não apenas mais um artifício para substituir o anterior.

Aqui está uma maneira simples de encontrar a altura ideal da sua voz — o alcance geral de vibrações que suas próprias pregas vocais querem fazer independente de estímulos externos: observe a próxima vez que você disser "uhum" afirmativamente, ou você pode gravar a si mesma respondendo a perguntas cujas respostas sejam "sim" ou "não", caso queira pedir a ajuda de um amigo, ou pode responder tanto com palavras quanto com o seu "uhum". O suave som desse "uhum" contra os lábios fechados é a altura ideal. Se você confia em si mesma dizendo "uhum" sem manipular o som, então siga em frente. Abra a boca para pronunciar um simples "meu", na mesma respiração. "Uhum... meu." Equalize a altura da voz. Parece um pouco cantarolado no começo, mas tudo bem. Em seguida, tente uma frase mais complicada. "Uhum, meu nome é _____. É um prazer conhecer você." Parece mais grave do que você está acostumada a falar ou mais agudo?

Para mim, pareceu muito mais agudo. Quando tentei igualar meu tom de "uhum", parecia que uma voz que eu não reconhecia tinha saído da minha boca e que meu cérebro estava delirando. Barbara McAfee, uma preparadora vocal, escreve em seu livro *Plena voz*: "Quando você ultrapassa essa identidade de estimação, neste caso, usando sua voz de uma maneira nova, provavelmente vai sentir um reflexo do seu ego, dizendo 'essa não'", cujo trabalho, diz ela, é defender o status quo. Foi isso que eu senti.

Da mesma forma, quando falei com Barbara Buchanan, a fonoaudióloga com quem trabalhei aos 24 anos, ela me disse que o verdadeiro desafio de encontrar a altura ideal não é encontrá-la, mas reconhecê-la como sua. De acordo com a experiência dela, hoje as mulheres jovens geralmente a procuram porque estão falando abaixo da frequência ideal, falando daquele jeito monótono que associam à masculinidade e, portanto, ao poder. A exigência mais comum delas é "não quero falar como uma garotinha", ela me disse pelo Zoom, jogando as mãos para o alto. "Então, as opções são homem entediante ou garotinha esquisita? Onde está *você*? Você tem uma voz, você tem alcance, existe *vida* em você."

E ela me garante que todos respondem como eu quando tentei falar na minha altura ideal pela primeira vez e estranhei o som. Eu estava experimentando minha voz de modo cinestésico de uma maneira diferente, diz ela. "Se você está acostumada a falar pela garganta, parece uma pressão, e essa pressão é satisfatória — parece normal. Se você aumenta a frequência apenas meio tom, um tom, para falar na sua altura ideal, e de repente você passa a vibrar sua máscara [que é como nós, pessoas que trabalham com a voz, chamamos seu rosto], parece diferente. Temos a percepção de que é *muito* diferente, e que todo mundo vai saber e vamos parecer falsos."

Enquanto ela me conta isso, sou levada de volta àquela sala anos atrás, com as luzes fluorescentes, a mesa de metal e provavelmente o último gravador vendido antes de esses aparelhos se tornarem obsoletos. Lembro-me da sensação física de terror de ser percebida como uma farsa, o que era ainda pior do que o medo de parecer uma idiota. Lembro-me de ouvir a gravação do meu "uhum" e minha tentativa de igualar a frequência da minha voz. Lembro que, por dentro, a diferença parecia enorme — com meu próprio ouvido interno, mais minhas suposições, minhas histórias, meus medos, ouvi um grande abismo entre o grave e o agudo. Mas, do lado de fora, tentando ouvir de maneira objetiva, notei que a diferença entre o modo como eu estava falando e como Barbara estava me pedindo para falar parecia quase imperceptível. O mundo literalmente não saberia. Mas, se eu fosse capaz de fazer aquilo, minha vida inteira voltaria para mim.

Fazia um mês que eu estava em "descanso vocal" quando comecei as sessões com Barbara. Tinha desistido do primeiro bom papel de atuação que conseguira no teatro, tinha parado de socializar e assistia às aulas em silêncio e na maioria das vezes era ignorada. Tinha sido assaltada naquele mês por garotos de ensino médio que pegaram a bolsa que continha todos os meus pertences e nem pudera gritar com eles. Abri a boca para... não sei exatamente o quê. Amaldiçoá-los de forma tão impressionante que eles ficariam intimidados o suficiente para largar a bolsa? O que quer que fosse, eu tentei, mas nada saiu, e eu fiquei na rua me sentindo impotente. Então, com a ajuda de Barbara, vi que, se pudesse superar meu ego, teria voz de novo. Uma voz nova e melhorada — estranha ao meu ouvido, mas como um lar para meu corpo.

Pode ser proveitoso considerar os prós e os contras de falar na sua altura ideal. Uma voz em uma situação confortável em sua condição natural ajuda você a conseguir o que quer ou prejudica sua causa? Afinal, Elizabeth Holmes convenceu muitas pessoas a lhe dar poder e dinheiro até certo ponto. Funcionou por algum tempo.

Então eu digo, com toda a certeza, faça experimentos. Use uma voz mais grave para falar com aquele cara que fica interrompendo você e veja se isso o faz calar a boca. Use a voz de Starbucks com aquele rabugento na reunião de trabalho, porque ele pode fazer uma grande doação para sua organização se você for doce. Jogar o jogo nesse contexto não é um sacrifício muito grande. Mas, quando você tiver a oportunidade de falar como si mesma, espero que decida que a análise de custo-benefício é contestável. Se falar com a voz aguda invalida seu senso de poder, de modo que você constantemente performa seu gênero como uma criança de cinco anos, e se falar com a voz mais grave prejudica suas cordas vocais, nenhuma das duas vale a pena.

Porque a questão é a seguinte. Quando você recebe uma boa massagem, termina uma corrida ou sai da postura do cadáver na ioga, sua voz fica mais grave. O mesmo acontece se você fizer exercícios básicos de fonoaudiologia para relaxar a laringe, como o que compartilhei no capítulo anterior. Existe uma correlação entre tensão e uma voz mais aguda — tanto para homens quanto para mulheres. A adrenalina, que muitas vezes passa por nós quando vamos falar publicamente, aperta nossas cordas vocais, a menos que possamos nos sentir seguras. A mentira também, aliás. Eu estava curiosa para saber se elevamos a altura quando mentimos — uma intuição que tive ao brincar com meu filho e perceber que, se ele disser "Não, finja que não sabe onde estou", eu instintivamente elevo meu tom para expressar falsa preocupação. "Ah! Eu não sei onde você está!" Acontece que há estudos que fornecem evidências de uma associação entre a altura elevada e as declarações falsas em conversas adultas mais sofisticadas. A raiva e responder a alguém em desacordo também deixam a voz mais aguda. Assim como sentir que estamos em uma posição de poder relativamente baixa; estudos como o da Universidade de Stirling, na Escócia, mostram que "independente do status social autopercebido, as pessoas tendem a falar com indivíduos de um status mais alto usando uma voz mais aguda".

O denominador comum em todos esses exemplos é que não estamos em um estado de descontração. Aliás, a animação também deixa a voz mais aguda. E você sabe que vou dizer que não há nada de errado aí — mas não fique presa nisso. Deixe que cada um desses impulsos afete sua voz, claro, porque não se trata de tentar inibir nosso belo e versátil aparato de expressar toda a dinâmica disponível. Mas então — então! — volte para seu parâmetro inicial. Invista mais uma vez em seu ponto ideal. Confie que você tem poder, não soando como uma garotinha ou um homem entediante, mas como você mesma, intencionalmente. Se você sentir que está se esforçando para chegar ao topo ou ao fundo do poço, é possível se recuperar no momento, mesmo no palco, mesmo no microfone. Respire. Tome um pouco de água. Você pode até soltar um "uhum" — é sutil e ninguém além de nós vai saber o que você está fazendo.

Recentemente, recebi um recado diferente, uma mensagem de uma mulher que havia participado de uma oficina minha. Ela me disse que, pela primeira vez em quinze anos conduzindo entrevistas ao vivo na TV entre as Costas Leste e Oeste, decidiu propositalmente não usar a voz grave. Ela escreveu: "Eu me senti aliviada. Fiz apenas exercícios de aquecimento vocal, me hidratei e decidi deixar pra lá. Foi catártico".

Sonho com um dia em que esse seja o novo som do poder. Chega de blefar à la Margaret Thatcher, chega de reforçar velhos estereótipos ao performar nosso gênero. Talvez as pessoas trans também não se sintam mais obrigadas a se conformar com uma performance vocal — ou melhor, talvez as pessoas cis não sintam a necessidade de impor os padrões vocais de gênero em pessoas trans para aceitá-las ou protegê-las como seres humanos. Talvez os homens se sintam seguros o suficiente para encontrar sua altura ideal também, e todos seremos livres. Na verdade, à medida que envelhecemos, a altura de nossas vozes começa a convergir: os homens na longeva idade produzem menos testosterona e suas cordas vocais ficam mais finas e o som, mais estridente, enquanto as mulheres, graças à corrida de estrogênio durante a menopausa, acabam com cordas mais longas e grossas e uma voz mais grave. Esse dimorfismo sexual se dobra sobre si mesmo, empacota e se esvai.

Enquanto isso, o truque é praticar como encontrar nossa própria altura ideal e abraçar nosso ego caso ele se revolte. Outra dica é questionar suposições sobre a altura de voz e poder à medida que elas surgem em nós ou na sociedade em geral — e ouvir atentamente os modelos que representam um novo som de poder. Quando a então atendente de bar e candidata ao Congresso dos Estados Unidos Alexandria Ocasio-Cortez passou por Los Angeles no verão de 2018, após uma importante vitória nas primárias antes da eleição geral, consegui um ingresso para ouvi-la falar em uma igreja abafada em Koreatown, sentindo que ela era alguém que eu deveria observar ou parar para ouvir. Enquanto eu caminhava pelas ruas da cidade, com o ar-condicionado do carro ligado, telefonei para minha mãe e lhe disse aonde estava indo. Minha mãe exclamou: "Que bom, ela precisa de você!".

Meu Deus, eu pensei. Minha mãe é minha maior fã, ela teve boa intenção. "Mãe, acho que ela está bem sem mim."

"Não, não", ela rebateu. "Aquela voz. Não consigo levar a mulher a sério com aquela voz." Minha mãe é uma feminista da segunda onda, do tipo que conseguiu uma bolsa Fulbright, fez faculdade de direito e manteve o sobrenome de solteira quando se casou. Mas ela não conseguia levar Alexandria Ocasio-Cortez a sério com *aquela voz*. Eu sabia o que ela queria dizer, é claro. A voz da congressista é um pouco nasal. Um pouco mais aguda do que estamos acostumados a ouvir de políticas eleitas. Ela soa nitidamente millennial, feminina e como se tivesse descoberto como ganhar bastante gorjeta trabalhando no bar (eu não digo isso para ser irreverente; inevitavelmente adquirimos habilidades vocais valiosas nos locais que dominamos). Ela soa como se fosse de onde é e como é. Soa como se não tivesse interesse nenhum em se salvar de si mesma.

"Talvez," eu respondi, sentindo a fagulha que ia desencadear meu podcast e este livro, "ela esteja nos ensinando outra possibilidade de ser levada a sério."

Afinal, cabe a nós, como ouvintes e oradoras, escolher o que levamos a sério. Cabe a nós escolher a quem dar autoridade, e isso deve ser baseado no mérito mais do que nas características da nossa voz. Isso é óbvio, claro, mas no mundo real a equação é complicada por preconceitos implícitos oriundos de tradições, indústrias e políticas destinadas a manter os poderosos no poder. Minha mãe não é a vilã nesta história; a maioria de nós tem preconceitos a dissipar. Esta é sua chance de começar.

Durante o verão de 2018, conheci também o homem que tinha preparado Hillary Clinton para seus debates na televisão dois anos antes, alguém que é contratado para treinar candidatas selecionadas pelas principais organizações dos Estados Unidos dedicadas a preparar mulheres para concorrer a cargos. Fiquei emocionada em conseguir um encontro com esse importante preparador de comunicação política e fiz uma pergunta a ele enquanto caminhávamos por uma rua enlameada perto da Portrait Gallery em Washington, D.C., onde eu tinha acabado de ver os retratos oficiais dos Obama. "Acha que o paradigma está mudando", perguntei a ele, tentando parecer descontraída, "quanto ao modo como as mulheres na política podem falar? Não é mais uma certeza de que a mulher que soa mais como um homem vence?"

Ele respirou fundo e estreitou os olhos.

"Ah", finalmente soltou. Como se fosse um pensamento inteiramente novo. Como se fosse algo que ele simplesmente nunca tivesse levado em conta ou nunca tivesse precisado levar. E era isso mesmo. Eu percebi, de repente, que estava me posicionando do lado de fora, olhando para dentro. Afinal, eu era mais nova no trabalho de coaching de comunicação do que ele. Percebi, de repente, que estava fazendo a pergunta errada — que eu não precisava fazer nenhuma pergunta. Alexandria Ocasio-Cortez, Joy Reid, Chanel Miller, Liz Plank, Greta Thunberg e Meghan Markle todas falam com a própria voz, e nós — nós somos a resposta.

A solução para soarmos poderosas simplesmente não pode ser diminuir de maneira artificial nosso parâmetro de altura, agir como se fôssemos uma extensão do sistema hierárquico que diz que vozes agudas pertencem a coisas pequenas e fofas, e vozes graves pertencem ao poder. A solução é rejeitar isso. Nosso destino é encontrar nossa melhor voz para nosso próprio corpo e então ensinar ao mundo *como* é a voz do poder.

5. Tom

Reúna todas as partes de você.
Não deixe nada para trás.

Jennifer Armbrust,
Proposals for the Feminine Economy

No início da quarentena, nossa cachorrinha Moxie se tornou de repente a única companhia do meu filho. Aquela criança muito agitada de quatro anos estava sempre tentando pegar a cachorra, fazê-la se mover e fazê-la se sentar, choramingando "Vaaaaaaaamos" ou empurrando-a. Foi complicado. Um dia, quando Moxie estava começando a ficar particularmente descontente com as investidas dele, eu disse, começando a me preocupar, porque até os cachorros pequenos mordem quando se sentem ameaçados: "Meu amor, você não pode controlar os outros. Você só pode convencê--los". Ele olhou para mim com os olhos brilhantes e, usando sua voz mais determinada, disse, com otimismo: "Moxie... senta!". *E ela se sentou.* Lembrei-me de todas as vezes que eu disse ao meu filho para usar sua "voz firme" quando ele ficava choramingando comigo. Mas a cachorra ensinou a ele a lição melhor do que eu: o tom de voz é importante.

Não podemos controlar os outros, mas podemos controlar nosso tom de voz para convencê-los. Isso não significa que manipular nosso tom seja uma forma de *manipulação*. Significa que tomar consciência do nosso tom e das nossas opções tonais tem um enorme valor prático para nós e para nossos ouvintes. O tom é a maneira como soamos quando dizemos algo — convidativo, firme, divertido, insatisfeito, animado, desdenhoso. Nietzsche disse: "Muitas vezes, nós nos recusamos a aceitar uma ideia simplesmente porque o tom de voz em que ela foi expressa não nos é agradável", e Moxie provou o ponto dele.

Percebi com agrado, enquanto observava essa transformação entre criança e cachorro, que a dica de profissional improvisada que dei a ele é, na verdade, a base da sociedade civil. Você não pode controlar as pessoas, mas pode convencê-las. É assim que a democracia funciona. É assim que relacionamentos saudáveis funcionam. E é assim que a boa oratória funciona. Então, *como* usamos o tom para convencer os outros? Bem, acontece que os cães respondem a instruções diretas e amor simples. Desafio você a considerar que os seres humanos não são muito diferentes.

É claro que somos mais complexos, e existem campos inteiros da linguística e da psicologia dedicados a mapear as nuances das interações sociais e um bilhão de livros que ensinam como persuadir, influenciar e bajular as pessoas para o bem ou para o mal. Além disso, os cães adoram se sentar; e se quiser fazer um pedido mais difícil ao seu público? Mas quando você estiver se preparando para falar ou apresentar sua ideia e começar a se sentir consternada pela audácia do pedido, lembre-se do tom e lembre-se de Moxie. Se nesses momentos você se comunicar com firmeza (esta é minha grande ideia, isto é o que eu gostaria que você fizesse) e afabilidade (e eu falo com muito amor), será bastante convincente.

Nell me procurou porque estava negociando um aplicativo para mulheres com investidores de risco que eram em sua maioria homens. Ela está na casa dos quarenta e é uma idealista com experiência no terceiro setor. É alegre e motivada, mas tinha uma sensação incômoda de que estava parecendo muito "branda" nas reuniões — que os investidores em potencial estavam interessados no produto, mas não tinham certeza sobre ela. Era uma crise existencial, ela me disse. Nell deveria se esforçar para parecer com mais autoridade, dura e profissional, mesmo que não fosse autêntica? Alguém a aconselhara a agir daquela forma, mas a perspectiva parecia desagradável a ela. E se Nell fosse longe demais e demonstrasse alguma frieza? Ela estava bem ciente do que dizem sobre mulheres que recebem nota baixa no quesito simpatia.

Minhas clientes me disseram que já foram chamadas de Buldogues, raivosas, megeras, insistentes, agressivas, defensivas e *difíceis* (*difícil*, especialmente, faz meu coração palpitar porque é tão insidioso: por toda Hollywood ouvem-se sussurros sugerindo que tal diretora ou atriz está se comportando de uma maneira pela qual um homem nunca seria penalizado). Esses insultos são disparados quando uma mulher em qualquer setor tenta defender a si mesma ou suas ideias, quando ela se atreve a dizer algo inconveniente ou abalar o status quo, quando abre suas asas de líder ou tenta encontrar sua voz firme.

É o famoso *double bind*, o duplo vínculo, a tensão de duas demandas aparentemente irreconciliáveis: ter autoridade o suficiente para ser levada a sério e ser simpática o bastante para ser mantida por perto. É um fenômeno real e a fonte de tormentas sem fim. "Como eu faço esse *mansplainer* calar a a boca?" "Como faço para não ser mais interrompida?" "Como recebo o aumento que mereço?" "Como recebo os créditos que mereço?" A parte não dita de cada uma dessas perguntas é *sem soar como uma...*

Mas a situação de Nell me fez pensar. Não importa quem somos ou que estruturas de poder obsoletas enfrentamos, sempre há duas partes na comunicação: o que nós temos a dizer e o modo como temos que falar para que as pessoas possam nos ouvir. Aquelas de nós que não parecem ou soam como o poder tradicional podem precisar trabalhar mais nessa segunda parte do que outras pessoas, e isso é injusto. Encontre amigos e aliados e solte um grito primal quando tiver necessidade — é o que eu faço.

Mas o fato de que moldamos o que pensamos para falar com cada ouvinte específico é universal. É o que acontece quando pedimos um favor ao parceiro. Ou quando conversamos com um amigo sobre um assunto difícil ou quando repreendemos alguém por causa de seus preconceitos. É o que acontece no escritório e fora dele. É o que acontece entre culturas e dentro de casa. É certamente o que acontece em salas importantes e em grandes palcos. Não podemos disparar nossos pensamentos, pois devemos filtrá-los para as pessoas ao nosso redor; esse é o custo da verdadeira conexão. É o custo de viver em uma sociedade civil. É o custo de conseguir o que queremos. A questão não é: por que temos que fazer esse esforço? Isso faz parte de ser humano e conviver com outros humanos. A questão é: como fazer bem e com alegria?

A resposta tem a ver com o tom. O duplo vínculo tem a ver com o tom. E a melhor maneira de resolver isso, de incendiar o patriarcado e tirar o mundo de suas cinzas também é o tom. Sim, parece dramático, mas eu falo sério. Quero que você sinta o poder que vem de encontrar sua voz de autoridade e de ser autenticamente você *ao mesmo tempo*.

De acordo com o dicionário Merriam-Webster, tom é o "estilo ou a maneira de expressão ao falar ou escrever". Ou seja, são muitas coisas. O "tom" captura a sensação geral de um discurso, uma reunião ou um evento. No que diz respeito a livros ou filmes, é o que faz o público rir, chorar, suar ou relaxar. Essas reações são determinadas tanto pelo tom quanto pelo conteúdo. E o tom também é a palavra que às vezes usamos para descrever a qualidade inefável da voz de alguém. É o timbre, que se deve principalmente ao tamanho das cordas vocais, à idade e à saúde do falante, ou à maneira como ele vive. O filósofo francês Roland Barthes escreveu sobre o "grão" da voz, o que significa a singularidade do nosso som, que escapa à descrição. Esse "grão" é a razão pela qual podemos reconhecer alguém pela voz, assim como reconhecemos seu rosto.

E "tom" é a palavra que usamos para descrever as pequenas mudanças de tonalidade e sentimento que damos às palavras ou às frases toda vez que falamos. Pense em tocar o instrumento que é sua voz: o tom não é a altura (notas para cima e para baixo na escala), mas a sensação das próprias notas (ricas, finas, ofegantes, cansadas, energizadas, divertidas, diretas). Não é o volume ou o ritmo, mas a essência do que você está dizendo, o que pode fazer você falar mais alto e mais rápido, ou sussurrar e ir mais devagar para criar um suspense. Nossos pais diziam para nós, quando éramos pequenas: "Não fale comigo nesse tom", e provavelmente todas nós já ficamos obcecadas por um comentário nocivo de um colega de trabalho ou um encontro com alguém que parecia ter um tom incongruente com as próprias palavras.

Hoje, até percebemos sarcasmo e sinceridade em forma de texto — fora aquelas ocasiões embaraçosas em que interpretamos mal o tom. Os emojis adicionam nuances gestuais e emocionais ao texto escrito, e, à medida que as mensagens de texto e as redes sociais se tornaram ferramentas centrais de comunicação, a pontuação age nesse sentido também. "Por que você usou esse ponto-final?" é o novo "Por que você usou esse tom comigo?". (Quem diria que um pequeno ponto preto poderia ser passivo-agressivo?) As mensagens de texto e os tuítes são informais e típicos de conversa, mais parecidos com a linguagem falada do que com a escrita tradicional, e os vários métodos que encontramos para deixar nosso tom evidente são o que a linguista Gretchen McCulloch chama, em seu livro *Because Internet*, de "apenas a mais recente de uma longa lista de estratégias criativas para dizer sem dizer". O tom é uma forma de dizer sem dizer. Ou, na verdade, de dizer *além* de dizer. É a informação crucial que estamos compartilhando além das próprias palavras sobre nossa atitude em relação ao que estamos dizendo.

Tem um ótimo vídeo no YouTube de uma compilação com o momento em vários filmes em que um ator diz: "Vamos sair daqui". Quando ouvimos todos eles de maneira consecutiva, é impossível não perceber o quanto cada um soa de uma forma diferente. Isso faz sentido. Afinal, convencer uma pessoa a fugir de um monstro tende a exigir um tom diferente do que, digamos, convidá-la a sair de uma festa barulhenta para um passeio ao luar. Nós operamos esse maquinário vocal todos os dias — mas nem sempre estamos conscientes de que fazemos isso até que seja necessário. Até que o tom que estamos usando não funcione. Até que continuem nos interrompendo. Até perdermos a plateia ou a discussão. Até que a cachorra não se sente e precisemos calcular o que será necessário para fazê-la se sentar.

Isso me traz de volta a Nell. De que maneira ela poderia descobrir como aumentar seu senso de autoridade e ainda se sentir ela mesma? Você pode estar na mesma situação, passando pelo mesmo desafio, ou pode estar no campo oposto, como a Juliana do capítulo 3, que era muito profissional, mas continuava recebendo feedback de que parecia fechada e inacessível, o que prejudicava sua carreira. A resposta é mais simples do que parece, apesar dos milhares de cenários possíveis — desde o monstro até o passeio ao luar — e dos milhares de tons de voz que poderíamos assumir para sair de cada um deles.

O segredo é pensar no seu tom de voz em relação à firmeza e à cordialidade. Imagine dois indicadores separados. O indicador de firmeza mede o quanto podemos mostrar competência, de alguém que detém poder para alguém que não tem nenhum, ou de alguém altamente habilidoso a alguém do tipo não-tenho-ideia-do-que-cstou-fazendo. O indicador de cordialidade mede o quanto somos atenciosos, da gentileza à frieza. Pense na Oprah — se os indicadores fossem de um a dez, onde você a situaria? Pense na última pessoa com quem você falou — como seriam esses indicadores?

Analisamos as pessoas e somos analisados por elas o tempo todo, todos os dias, com base nessas métricas, embora isso não aconteça necessariamente de modo consciente. Na verdade, fazer isso remete aos nossos antepassados: nosso cérebro reptiliano, a parte de nós que abriga nossos antigos instintos de sobrevivência e faz julgamentos rápidos em nome da eficiência, decide sem muito esforço se alguém que entra em nossa esfera é um oponente à nossa altura (indicador do forte ao fraco), assim como se eles vão se opor a nós ou não (indicador do gentil ao frio). Por um lado, é um concorrente direto por recursos? Por outro lado, vai querer competir — ou cooperar? Quando estamos tentando pedir uma bebida em um bar lotado, disputamos a atenção do atendente com outros clientes. No trabalho, ponderamos se o novo contratado vai tornar nossa vida um inferno. E existe a possibilidade de precisarmos sobreviver aos cenários mais desafiadores para os quais nossos instintos foram projetados, como deduzir quem tem mais probabilidade de nos salvar em um tiroteio ou compartilhar a água em uma caminhada que não deu certo.

Para convencer os outros, ajuda saber como cada um de nós se sai. A má notícia (mas também óbvia, porque vivemos neste mundo) é que nossa aparência referente a gênero, raça, idade, orientação sexual, altura, sotaque, capacidade física ou cognitiva e status socioeconômico são fatores que influenciam a forma como somos percebidos. *Compelling People* [Pessoas arrebatadoras], livro de 2014 de John Neffinger e Matthew Kohut sobre a interação firmeza-cordialidade, compartilha uma miríade de estudos sobre os preconceitos que nos atraem ou nos repelem. São coisas inquietantes, como o fato de que um número desproporcional de homens negros que dirigem as 500 empresas da *Fortune* tem rosto redondo e feições suaves, o que transmite cordialidade, já que presumivelmente um rosto de bebê "suaviza a aparência e evita que sejam percebidos como ameaçadores". Ou indícios de discriminação na contratação de pessoas que não são magras, porque elas são percebidas como preguiçosas ou sem força de vontade, o que transmite a ideia de fraqueza e incompetência.

Não podemos mudar facilmente nossos traços de identificação (e não queremos) e não podemos confiar que outras pessoas abandonem seus preconceitos arraigados (embora a esperança seja eterna). Mas o que podemos mudar é o nosso tom. E não apenas em um âmbito menor — o desdém que damos às palavras que saem da nossa boca quando interrompemos quem nos interrompeu —, mas em um âmbito maior: a energia com que entramos em um espaço ou cumprimentamos uma multidão, o dinamismo de uma apresentação ou um discurso, a essência que levamos para fazer o que temos que fazer e para as pessoas com quem vamos falar. Podemos ter um controle incrível sobre o modo como somos percebidos e desfazer o caos de preconceitos ao aumentar nossa firmeza, nossa cordialidade ou ambas.

Este é o maior presente que podemos dar a nós mesmas se ter poder e uma voz pública for nosso objetivo.

Você deu dez para Oprah nos dois indicadores? Ela é firme, é uma magnata, é responsável pela tomada de decisões, sua confiança foi conquistada com muito esforço, mas parece absolutamente genuína. E ela é cordial: é famosa por fazer seus convidados se abrirem e por ter construído um império falando com o coração e com a alma. Ela é tão potente quanto cordial, e é tão cordial quanto potente. A maioria de nós é um pouco mais desequilibrada; e a própria Oprah poderia dizer que começou assim. Mas a conclusão da pesquisa encontrada em *Compelling People* é que, para as mulheres especificamente, potência sem cordialidade é uma combinação perigosa. Isso não é uma surpresa — era com o que Nell estava preocupada, e o que tende a trazer à tona aqueles insultos reservados especialmente para as mulheres fortes. Mas o oposto também está fadado ao fracasso. Se parecemos cordiais, mas não potentes, somos vistas como adoráveis, doces, gentis. O que pode ser mais eficaz do que parecer desagradável, mas não ajuda em nada se o que realmente queremos é ser respeitadas como uma voz de autoridade.

165

A solução é aquela que Oprah encontrou e está disponível para todas nós: equilibrar os indicadores. Quanto mais potentes queremos parecer ou quanto mais potentes naturalmente transparecemos ser, mais calorosas devemos ser para corresponder à nossa potência. E vice-versa.

Isso significa que devemos aumentar a cota de carisma e sorrisos? Que para calar aquele homem que quer nos explicar tudo o segredo é ser doce e querida? Bem, não. Por um lado, ninguém quer ouvir "sorria mais" (estou falando com vocês, coaches de liderança das antigas). Isso nunca produz um sorriso genuíno e só gera ressentimento. Além disso, igualar cordialidade com sorrisos anula o sentido de tudo. Cordialidade não é sorrir por fora; é a alegria interior.

Nada ilustra isso como um estudo histórico realizado em 2004, no qual cerca de 250 graduandos homens e mulheres receberam arquivos idênticos que descreviam o desempenho no trabalho de um vice-presidente de vendas fictício em uma empresa de aeronaves. Os arquivos eram exatamente idênticos, exceto os nomes: alguns deles estavam nomeados como "Andrea" e outros como "James". Depois de examinar esses arquivos idênticos, 86% dos alunos decidiram que Andrea era menos competente do que James no trabalho.

Quando foram apresentadas evidências explícitas de que, na verdade, os dois funcionários inventados eram fantásticos em seu trabalho, de repente 83% dos participantes julgaram Andrea menos agradável. A autora de *Down Girl*, a dra. Kate Manne, filósofa e estudiosa da misoginia da Universidade Cornell, explorou essas descobertas em um artigo do *New York Times* de 2020, no qual apontou para um pequeno ajuste que os pesquisadores empregaram em seguida e que causou um enorme impacto nas avaliações dos participantes: "Quando foram incluídas informações que mostravam Andrea como altamente competente e *sociável* — gentil, acolhedora, atenciosa com seus funcionários e assim por diante —, esses preconceitos desapareceram (e até se reverteram, em alguns casos). De repente, ela foi considerada ainda mais simpática do que James, e tão desejável quanto ele como chefe". Por outro lado, os dados adicionais sobre a cordialidade de James, ou mesmo a informação de que ele era pai, não tiveram impacto nas atitudes dos participantes em relação a ele — embora, não posso deixar de notar, ele já fosse visto como tão simpático e competente que não tenho certeza de quanto suas notas ainda poderiam melhorar.

O que podemos fazer com esses resultados tão drásticos? Manne conclui que "a combinação de ser mulher e ser poderosa pode se tornar palatável — mas, para isso, a mulher deve ser percebida como uma pessoa sociável, como parte de uma equipe e focada em apoiar outras pessoas". O tom dela está claro; o estudo é difícil de engolir. Mas espere um pouco... um integrante de uma equipe que apoia os outros e incentiva a comunidade? Quero trabalhar com pessoas que energizam o coletivo em vez de atropelá-lo, que escolhem a colaboração à competição e o amor ao medo. Andrea me parece uma chefe incrível.

O objetivo de ser mais cordial, seja em uma única troca ou como uma abordagem completa do trabalho e da vida, não é jogar de má vontade o jogo da sociedade patriarcal (embora esse seja um benefício colateral). O objetivo é viver mais de acordo com nossos valores. O objetivo é usar *bem* qualquer poder que possamos ter. Essa Andrea fictícia faz um trabalho sólido e ainda procura se alegrar e tratar as pessoas como pessoas, para que elas também possam sentir alegria. Ela é potente e cordial. Competente e atenciosa. Respeitada e amada. É provável que seja como todas nós descreveríamos pessoas que nos cativam. É provável que ela seja como gostaríamos de ser descritas pelas outras pessoas.

Para aumentar nossa potência, precisamos ter confiança, e eu tenho ferramentas para dominar a potência, se você acha que é disso que precisa. Mas ser mais cordial não é apenas tornar nossa potência mais palatável; a cordialidade é uma questão de amor. Usar nosso tom — quando falamos, assim como com o tom de nossa apresentação geral, nossa marca ou nossa reputação — é uma questão de como nos orientamos em relação ao mundo. É a ideia de atitude, que são nossas crenças ou posições *em relação* a algo ou alguém. Somos calorosos quando estamos de frente para as pessoas e frios quando damos as costas para elas. Sim, algumas circunstâncias são tão tóxicas e algumas pessoas tão nocivas que devemos criar limites e abandonar o relacionamento, o trabalho ou a conversa; devemos usar nosso tom para estabelecer distância. Mas, quando não estamos no modo de autopreservação, ser mais cordial é uma tentativa corajosa de nos aproximar.

Veja um exemplo em *See No Stranger* [Não veja nenhum estranho], de Valarie Kaur, sobre o amor que podemos estender até mesmo a pessoas que não conhecemos ou não suportamos, ou *The Body Is Not an Apology* [O corpo não é uma desculpa], de Sonya Renee Taylor, sobre amor-próprio radical. Observe o que acontece e onde você sente resistência em escolher o amor, porque não é assim que costumamos falar sobre trabalho ou falar em público. Se você quiser garantir que seu tom seja o mais caloroso possível, considere o quanto tende a pensar em suas atividades profissionais em termos amorosos. (E, se não faz isso, o que a está impedindo)? Pondere se você tende a entrar em um espaço de pessoas que têm mais poder do que você e pensar: "Um dos meus maiores atributos é que posso cuidar dessas pessoas". (E se você fizesse isso?)

Esse trabalho vale a pena. Porque a melhor maneira de mudar seu tom geral, se você deseja parecer menos áspera ou menos frágil, não é falar na frente de um espelho, no estilo De Niro. Quero dizer, sinta-se à vontade se quiser, mas provavelmente vai soar falso e você pode achar difícil aplicar longe do espelho qualquer coisa que tenha aprendido. A melhor maneira é fazer esse trabalho interior, deixando-se descobrir as próprias noções preconcebidas de potência e cordialidade.

Eis uma aplicação prática: para ser radicalmente mais cordial no palco ou na reunião do Zoom, lembre-se das coisas com as quais você realmente se importa — o que deixa você animada e faz seus olhos brilharem — e conecte o que você está falando a isso todas as vezes. Minha amiga Alexis odiava jogar papo fora porque as pessoas sempre perguntavam sobre sua profissão, e ela tem um trabalho difícil de explicar e fácil de ser mal interpretado. Eu presenciei isso: aquela mulher talentosa e hilária de repente começava a balbuciar, toda desajeitada, rodeada de desconhecidos, evitando contato visual. Quando Alexis veio até mim para superar esse bloqueio, sugeri que ela parasse de se preocupar com o quê e chegasse o mais rápido possível ao porquê. Em outras palavras, se alguém perguntar, não fale sobre o que você faz, fale sobre o que você ama no que faz.

Uma atriz que orientei me escreveu com ansiedade semelhante quando estava prestes a embarcar em sua primeira grande coletiva de imprensa: "Eles vão me perguntar sobre mim", ela escreveu na mensagem. "Não sei quem eu sou!" E eu respondi: "Eles querem saber o que você ama.

Fale sobre o que você ama". E ela arrasou. Ambas as mulheres encontraram mais permissão para se mostrar quando perceberam que, com uma pequena mudança de perspectiva, elas poderiam se libertar para falar sobre o que as deixava animadas.

E não quero que você fique boa nisso apenas para seu próprio bem. Você está cultivando sua cordialidade por mim e por todas nós. Acredito que cada chance que temos de falar em público — em uma sala de duas ou 2 mil pessoas — é um ato de liderança. Mesmo quando se está respondendo à pergunta "O que você faz?" em uma festa. Ou fazendo uma pergunta em uma conferência. Ou pedindo aumento. Esses atos servem a outras pessoas: a todas que vão se beneficiar diretamente se você receber um "sim" e a todas que vierem depois de você. Eles servem às pessoas que precisam ouvir novas vozes para usar a delas próprias na próxima vez. Enquanto eu escrevia este livro, alguém que conheço disse que eu deveria pensar nele como um convite para o futuro, para o modo como eu vejo o futuro. Convido você a pensar em falar e compartilhar suas ideias como um convite para o futuro também, e a considerar o tipo de líder de que esse futuro precisa.

Convido você a pensar em repreender um homem que insiste em dar palpite em tudo também como um ato de liderança. E se apressar a mudar o curso de uma reunião se perceber que a dinâmica de poder está desequilibrada. Ainda esta semana, interrompi com um caloroso e firme "Só um segundo. [Nome da pessoa], você tinha algo a dizer?" quando alguém em uma reunião do Zoom não conseguiu falar nada e ninguém mais pareceu notar. Sempre procuro oportunidades de fazer isso. Esta é uma variação da Teoria do Brilho — o termo de Ann Friedman e Aminatou Sow para levantar a voz e assim evidenciar as contribuições de outras mulheres e pessoas não brancas nos espaços, em vez de deixá-las serem esmagadas ou até mesmo competir com elas. É uma ótima maneira de interromper a "cultura do encontro", em que as vozes mais altas e tradicionalmente poderosas roubam a cena repetidamente. Levante a voz e equilibre essa dinâmica de poder instável. Se você fizer isso com firmeza e cordialidade, *funciona*. Nem sempre, claro — não existe explicação para as preferências —, mas é de extrema eficácia.

Não importa sua posição, mesmo que você seja a pessoa mais jovem e menos experiente do local, quando estiver falando, o momento é *seu*, e o poder que exerce no momento é algo que você decide como usar. Ser mais cordial — falar com amor e cuidado mesmo quando é difícil — é algo muito maior do que apenas manipular seu tom de voz para conseguir o que deseja. É a busca por justiça social, é um ato político, um ato de transformar o mundo ao redefinir o que é poder. Porque existe a possibilidade distinta de que você (a maioria de nós) esteja a um "visualize uma pessoa em posição de liderança" de vislumbrar uma caricatura grotesca *daquele sujeito*, o chefe que menospreza seus funcionários e não aceita comentários. Mesmo que esse cara não esteja na sua vida real ou no comando de sua nação, ele ainda pode espreitar sua psique. É a definição de liderança que você pode estar cultivando, no subconsciente.

Em *Purposeful* [Com propósito], de 2018, espécie de convocação de Jennifer Dulski para quem quer iniciar no movimento, ela diz: "Muitas vezes, definimos a resistência como uma das características mais necessárias para fortalecer um movimento. Mas, na verdade, podem ser momentos de vulnerabilidade e transparência que desencadeiam a maior mudança". Dulski compartilha que essa foi uma das coisas mais surpreendentes que ela aprendeu como presidente e diretora de operações da Change.org. Mas é surpreendente apenas porque os traços tradicionalmente masculinos são valorizados, e os traços tradicionalmente femininos são rebaixados, vistos como "habilidades interpessoais". Sabemos valorizar a firmeza, mas nem sempre nos lembramos de valorizar a cordialidade.

No entanto, se parar para pensar em alguém que você realmente admira no quesito capacidade de liderança, o equilíbrio aparece. Barack e Michelle Obama vêm à mente, ou Jacinda Ardern garantindo às crianças que, embora o coelhinho da Páscoa possa estar tirando um período sabático na pandemia (em uma extensão de suas políticas rígidas e rápidas para proteger a Nova Zelândia), ainda há motivo para celebrar o feriado. Penso em Mary Portas, a líder empresarial inglesa que escreveu *Work Like a Woman* [Trabalhe como uma mulher], um manifesto feminista focado em derrubar a cultura corporativa enraizada em quem se deu bem e subiu na hierarquia. Penso em Alicia Garza, uma das fundadoras do movimento Black Lives Matter, cuja experiência como organizadora comunitária é evidente pela forma como fala para uma multidão: firme, mas amorosa; amorosa, mas firme. Esses são todos exemplos de potência com a mesma dose de cordialidade.

Uma empresa de consultoria de liderança chamada Zenger/Folkman analisou mais de 70 mil líderes empresariais internacionalmente para verificar se poderiam determinar se é mais eficaz liderar com características associadas à potência ou características associadas à cordialidade. Eles descobriram que líderes de sucesso tendem a exibir medidas iguais de potência e cordialidade, independente do gênero. Mas, surpreendentemente, a empresa também descobriu que as pessoas nos cargos mais elevados — tanto homens quanto mulheres — lideram com mais cordialidade, por uma ampla margem. Talvez isso signifique que você precisa demonstrar competência enquanto progride, mas que, em última instância, acessa o poder real quando trata bem as pessoas, quando as inspira, cultiva confiança, se comunica, recebe feedback com elegância, cresce e muda com coragem, e ajuda os outros a se desenvolverem também. Na verdade, esse tipo de cordialidade me parece uma potência.

As categorias separadas de potência e cordialidade poderiam ter se intrincado há muito tempo, se não fossem as noções de poder que herdamos. Como Elizabeth Lesser diz em *Cassandra Speaks*: "A única história de poder — o excesso de um sistema de valores e a exclusão de outros — deixou a humanidade em um beco sem saída". Ela afirma que "ninguém, homem ou mulher, está imune ao fascínio da velha história do poder", e tem certeza de que dentro de cada um de nós sussurra um míni Sun Tzu ("Para manter a ordem, um líder deve esperar travar guerra") e um míni Maquiavel (parafraseando aqui, é melhor ser temido do que amado). Mesmo que não acreditemos nesses sujeitos antiquados e em suas visões de mundo, as palavras deles reverberam dentro de nós. Mesmo que não ditem nosso comportamento, seus preceitos afetam nossa percepção de pessoas que consideramos poderosas e cujas vozes ouvimos como repletas de autoridade — assim como a maneira como categorizamos nossa própria voz.

Essa ênfase descomunal na potência até se disfarça de feminismo, ou "feminismo branco", uma celebração instintiva da chefe que é apenas uma desculpa para glamorizar traços masculinos nas mulheres. É um modo de fetichizar a potência sem cordialidade. Existem blogs, podcasts e memes de mulheres poderosas confirmando isso. E eu entendo: encorajar as mulheres a assumir comportamentos normalmente associados a homens poderosos é uma maneira de colocar algumas delas em posições de mais poder, se aguentarem no longo prazo. Mas para que fim? Se você adquirir mais poder desse tipo, isso não ajuda mais ninguém e não ajuda a corrigir um sistema injusto. A garota-propaganda do *Faça acontecer*, Sheryl Sandberg, não introduziu políticas adequadas de licença familiar remunerada no Facebook até que seu marido morreu inesperadamente. Não foi o acesso ao poder que a levou a tratar as pessoas como seres humanos; foi o luto.

De acordo com a ciência, ser uma mulher poderosa pode não ajudar você a adquirir mais poder no longo prazo. O dr. Dacher Keltner, psicólogo da Universidade da California em Berkeley que dirige o Greater Good Science Center [Centro de Ciências para o Bem Maior], diz que as figuras históricas que fizeram proselitismo de que o poder significa assustar as pessoas "estão totalmente erradas. Em vez disso, uma nova ciência do poder revelou que o poder é exercido de forma mais eficaz quando usado com responsabilidade por pessoas que estão em sintonia e engajadas com as necessidades e os interesses dos outros". Conduzindo e coletando dados ao longo de duas décadas em contextos tão variados como fraternidades, prisões e a Pixar, ele e sua equipe concluíram que a empatia e a inteligência social são "muito mais importantes para adquirir e exercer o poder do que a força, o engano ou o terror". De fato, em sua pesquisa sobre hierarquias sociais humanas, o dr. Keltner escreve que, consistentemente, "são os membros mais dinâmicos, divertidos e cativantes do grupo que logo conquistam e mantêm o respeito de seus pares", avançando na hierarquia.

É tentador acreditar que ficar sentada à mesa o dia todo, superando metas, agitando uma caneca com o mote "Morte ao patriarcado" e criar casca grossa em uma tentativa de auto-otimização vai culminar na revolução que todas nós merecemos. Mas, se realmente queremos derrubar o patriarcado, uma medida de nosso sucesso será permanecermos sensíveis até o fim. Continuarmos nos importando até o fim. Irradiarmos cordialidade, espalharmos amor e levantarmos o ânimo dos outros porque esse é o futuro que queremos. Toda vez que nos levantamos para falar, podemos fazer essa escolha.

Recentemente, recebi um recado de uma mulher que escreveu: "Eu gostaria de aprender a usar mais minha voz e usá-la com mais confiança". Acontece que ela é uma dublê; ela literalmente voa, dirige carros velozes e bate nas pessoas para ganhar a vida. Mas é claro que nosso interior nem sempre corresponde ao exterior. Por dentro, ela se sentia insatisfeita, com uma vida inteira de "fala mansa" e "calma" que a envolviam como uma focinheira. A cordialidade não era o indicador com o qual estava preocupada; era a potência. Ela vinha tendo mais oportunidades de falar em público e estava dolorosamente ciente de que seus hábitos a seguravam.

Se você se sente assim, vamos falar de potência. A solução tende a ser: primeiro, tomar algumas decisões importantes e corajosas em relação à confiança; segundo, fazer uma reflexão sobre como você define a potência. Para a primeira parte, adoro o conselho de Maya Angelou: "Peça o que você quer e esteja preparada para conseguir". Uau! Nem sempre vai ser assim, claro, mas não se trata de pensamento positivo, e sim de pura estratégia. Na prática, quando você fala sobre o que quer com a confiança de quem espera um sim, seu tom muda. E isso incita seu ouvinte a dizer sim. Características como presença, carisma e charme têm a confiança em comum, no sentido de que pessoas que as têm estão preparadas para conseguir o que querem. Existe a versão desagradável, é claro — arrogância, privilégio, machismo —, mas isso é apenas potência sem cordialidade. O componente do amor sempre vai impedi-la de aparentar arrogância. É por isso que o equilíbrio é tão poderoso.

Falamos muito de confiança, mas como seria confiar em si mesma completamente? Uma maneira de praticar isso é fazer o exercício do capítulo 3 para gerar mais "poder pessoal", como a dra. Amy Cuddy chama: preparar a si mesma para se sentir mais poderosa, para confiar que você sabe o que está fazendo, lembrando-se de quando se sentiu importante no passado. Quando você teve confiança em si mesma? Respire enquanto pensa no passado e se atreva a reviver a sensação em seu corpo. Esse tipo de preparação vai afetar o tom da sua voz, sua postura e a liberdade com que você se expressa.

Para um exemplo desse trabalho na prática, ouça o início do último episódio do podcast *Dolly Parton's America*. Minha amiga Shima Oliaee produziu a série premiada e foi incumbida de pedir dinheiro ali mesmo, perto do episódio final. Ela estava apavorada. Pedir dinheiro pode desencadear gatilhos, e tentar levantar capital força qualquer um de nós a enfrentar velhas histórias sobre o quanto achamos que valemos. Mas, nesse ponto da série, já haviam recebido recados efusivos dos fãs, então Shima estava preparada para o poder. Ela pensou em todo o apoio que havia recebido e em como estava orgulhosa do trabalho realizado. Enquanto pegava o microfone para gravar o pedido de dinheiro, ela confiava que havia feito algo extraordinário e poderia aproveitar a volta da vitória. E dá para ouvir isso na voz dela.

Potência não é gritar com as pessoas ou intimidá-las (obrigada novamente, Maquiavel, por seu legado de maus conselhos); é conhecimento interior. Não é desrespeitar as pessoas; é respeitar a si mesmo. Teoricamente, você pode aumentar a potência garantindo uma posição de destaque, construindo uma reputação de excelência ou tendo sorte na forma como as pessoas a veem (são os três Ps das ciências sociais — posição, performance e presença). Mas, na realidade, o que você mais pode controlar é o modo como percebe a si mesma. Firmeza é dizer a si mesma: *Eu pertenço a este espaço e minha voz é urgentemente necessária*. E acreditar nisso.

Minha amiga e colega Malika Amandi, que dirige o Center for Women's Voice [Centro para a Voz das Mulheres], sempre inventa expressões brilhantes. Eu amo esta: "Traga seu pertencimento com você". Não espere que outra pessoa faça você se sentir bem-vinda nos espaços; dê as boas-vindas a si mesma. Decida que você pertence a qualquer espaço, onde quer que esteja. É um voto de confiança e meu tipo favorito de rebeldia; é uma questão de se dar permissão o tempo todo, e tem um poder alquímico que pode ser evocado simplesmente com a decisão de fazê-lo.

Mas quero dar um passo adiante: quando você tiver a chance de falar, não apenas leve seu pertencimento com você; dialogue com o desejo de pertencer que todas as pessoas nutrem secretamente. Quando tiver a palavra, convoque o senso de pertencimento *dos outros*. Para equilibrar sua firmeza e cordialidade, da próxima vez que for dar uma palestra, permita-se sonhar acordada nos dias que a antecedem e imagine que você é a anfitriã de uma festa — recebendo as pessoas na porta com um abraço, mostrando onde estão as bebidas, andando de um lado para o outro para garantir que todos estejam confortáveis e se divertindo. Que tom de voz você usaria com seus amigos? E se tivesse a tarefa de dar as boas-vindas a todos em um evento de gala de arrecadação de fundos para uma causa incrível ou um show para revelar um artista que você está animada para apoiar? Não me refiro a um apresentador cafona e performático, como se você estivesse fazendo um péssimo *stand-up* amador, falando somente de você. Eu me refiro a assumir a responsabilidade por seus convidados.

Uma boa anfitriã faz com que as pessoas se sintam bem-vindas, para que saibam que estão no lugar certo. Nossa potência em um cenário como esse vem do fato de que estamos em nosso território, seguimos nossos planos. Nossa cordialidade vem de querer genuinamente que nossos hóspedes se divirtam. Para falar bem em público, o mecanismo é o mesmo, ainda que tecnicamente não estejamos em nosso território. Se você está tentando vender alguma coisa, fazendo uma apresentação, dando feedback ou pedindo ajuda, ouse pensar: Seja bem-vindo ao meu show, ele é só para você. Seja bem-vindo à minha festa, eu a organizei para você.

Para que sua próxima apresentação pareça estar em seu próprio terreno, reflita um pouco sobre como você pode conquistar o espaço — como Priya Parker diz em *The Art of Gathering* [A arte de reunir], pergunte a si mesma o objetivo de sua reunião e faça planos tendo isso em mente. Qual é o seu objetivo? Talvez você queira persuadir os presentes. Ou chegar a um consenso. Aterrorize-os para que vejam a verdade. Talvez você queira acalmar os medos deles e deixá-los à vontade. O que você pode fazer para atingir esse objetivo em termos de espaço? Talvez possa reorganizar as cadeiras ou colocar uma música de fundo. Talvez você decida começar com uma história pessoal, mesmo que ninguém mais na conferência tenha feito isso. Talvez você peça a todos que se virem para a pessoa ao lado e discutam uma pergunta que será relevante para a palestra que você está prestes a dar. Você pode começar com perguntas e respostas em vez de terminar com elas. Talvez você se afaste da tribuna ou desça do palco. Talvez você decida se levantar mesmo que a reunião seja pelo Zoom, ou decida fechar a apresentação de slides e pedir a todos que fechem os olhos por um momento e visualizem algo. Crie o que Priya chama de "regras pop-up", que se aplicam apenas durante sua palestra. Surpreenda-se com a sua coragem, inventando as regras como se você fosse a dona do lugar.

Priya chama o trabalho de uma boa anfitriã de autoridade generosa — não tão relaxada que você acabe dialogando com os céticos e deixando o restante à deriva, não tão rígida que acabe ignorando os sinais de que seus convidados estão ficando cansados ou querem dançar. Para mim, autoridade generosa parece outro nome para o equilíbrio cordialidade/potência. Outro nome para o que Viv Groskop, autora de *How to Own the Room*, chama de "status feliz" — termo que ela usa para o nível de confiança de um George Clooney misturado com o impulso de também elevar os outros. Potência e cordialidade. Brené Brown, por exemplo, é ao mesmo tempo potente e delicada. Os professores do ensino fundamental usam amplamente o termo "exigência calorosa" — um estilo pedagógico que usa amor com firmeza e expectativas elevadas para ajudar os alunos a alcançar seu potencial. Potência e cordialidade. Está em toda parte.

Na verdade, sem saber, você provavelmente tem equilibrado potência e cordialidade há anos. Toda vez que envia um e-mail e fica obcecada pela relação entre pontos-finais e de exclamação, está atrás de equilíbrio. Quando você choraminga (ou quando seu filho o faz), isso é raiva, uma raiva que não acredita inteiramente que merece ser ouvida, então é espremida — sem potência ou cordialidade suficiente. Uma energia bruta, que passa por cima dos outros, costuma ser o resultado de vencer o nervosismo, de trabalhar o músculo de potência, mas sem ouvir, ou seja, sem trabalhar o músculo da cordialidade também. Quem agrada a todos menos a si mesma exibe cordialidade sem potência. (Tenho uma camiseta que é o antídoto perfeito para isso: ela diz NÃO FAÇA O MAL na frente e MAS NÃO TOLERE MERDA DE NINGUÉM nas costas. Preste atenção quando houver um desequilíbrio e comece a diagnosticar qual dos dois indicadores precisa de um empurrão na direção certa.

Observe também quando o equilíbrio parecer estável. Preste atenção em quando se sentir potente e cordial. Esta é outra lição que nunca esperei da maternidade, mas quando se está criando um pequeno ser humano fica bem claro quais são seus valores, porque você é confrontada todos os dias com o que importa e com o que não importa o suficiente para conter seu comportamento. Para mim, sinceramente, não tem importância meu filho se levantar da mesa durante o jantar, mesmo que fosse mais fácil se ele ficasse ali paradinho. Mas é muito importante que ele não jogue areia nos olhos do amigo. A verdade é que estou criando um menino branco nos Estados Unidos e aproveito todas as oportunidades que tenho para incutir nele a importância de respeitar o corpo das outras pessoas. Mas mesmo nesse sentido não posso controlá-lo, apenas convencê-lo. Como? Sendo potente e cordial. Assegurando a ele que falo sério; que isso é inegociável. E garantindo que ele consegue dar conta do recado e que eu o amo mesmo quando ele comete erros. Enquanto falo com meu filho, eu me pego pensando, surpresa: *essa* é minha voz de autoridade. Isso é liderança. E, se eu sou uma líder aqui, será que posso ser uma líder ali?

Ouça sua voz de autoridade. Ouça quando se sentir segura e passar confiança. Sentir-se segura é a potência; significa *consigo fazer isso*. Passar segurança é uma questão de cordialidade; significa *eu ajudo você*. Mesmo que você se considere a pessoa mais rígida que conhece, mesmo que se preocupe secretamente com sua timidez, aposto que você passou segurança para as pessoas em sua vida que precisaram de você. *Consigo fazer isso, eu ajudo você*. Aposto que você já foi esse ponto de equilíbrio para aqueles que ama — quando sua mãe ou outra pessoa estava tendo um dia difícil. Quando uma colega se sentiu vulnerável. Quando sua melhor amiga teve o coração partido. Ouça sua voz de autoridade em lugares surpreendentes, depois leve-a com você quando for falar em público.

Era isso que Nell precisava ouvir. Ela acidentalmente colocou "pessoas que soam com muita autoridade" e "a maneira como eu falo" em extremos opostos. Mas, na verdade, sabia como soar segura e confiante; só precisava reconhecer isso e se dar permissão para aplicar em outro lugar. Estou sempre coletando vozes, modelos que incorporam o novo som do poder, e encorajando você a ouvir também — temos que aprender com essas pessoas, celebrá-las e recordá-las. Mas não confunda isso com encontrar sua voz de autoridade externamente. Ela vive em você.

6. Sons

A linguagem, de maneira incontestável,
expõe o falante.

James Baldwin

Eis um fenômeno comum: uma cliente me procura para trabalhar o "dialeto" [*dialect*], o modo como fala a língua, animada para finalmente entender a diferença entre sons que produziu a vida toda e sons que nunca fez antes. Ela começa a integrar os novos sons a sua fala, desfrutando de uma sensação de orgulho quando começam a soar naturais. Pode até notar uma mudança em quão bem os outros a entendem ou respondem a ela — exatamente como esperava. O novo som se torna parte dela, parte de como se expressa.

E então ela vai para casa no fim de ano e sua família se irrita. Ela está fingindo ser alguém que não é? Tem vergonha de sua origem? Às vezes a reação não é tão evidente, mas mesmo assim há ressentimento ou insegurança por parte das pessoas que o novo som parece deixar para trás. *O que há de errado com o modo como você soava antes?*, a família se pergunta.

Refletir sobre os sons que saem de nossa boca se torna uma questão existencial muito rápido e inevitavelmente traz à tona questões de pertencimento. Nós falamos como quem? Por quê? E *queremos* falar como quem? Que voz é essa — não apenas o sotaque, mas a cadência, o ritmo, a escolha das palavras (palavras polissilábicas pomposas ou coloquiais, com palavrões ou sem), a extravagância ou a contenção —, resultado de cada versão de nós mesmas que desejamos ser e todas as versões que fomos antes?

"Sotaque" diz respeito aos sons de vogais e consoantes da fala de alguém, mas "dialeto" é o termo para questões mais relevantes sobre tendências culturais e escolhas pessoais. Quando falamos, o resultado é um reflexo das escolhas que fazemos (mudar de casa, namorar tal pessoa, passar por tal situação) combinadas com o que não nos foi permitido escolher por nós mesmos (o lugar onde crescemos, a forma como todos ao nosso redor falavam quando éramos pequenos). Seus pais tinham sotaques incomuns em comparação com todos os outros ao seu redor? Eles tinham vergonha ou orgulho da forma como falavam? Reflita sobre a formalidade com que os adultos falavam — uns com os outros, com você — quando você era criança. Se diziam muitos palavrões, faziam "psiu" para silenciá-la, se riam. E se isso pode ter afetado a maneira como você fala ou avalia a fala dos outros hoje. Reflita se interromper a fala de outras pessoas era em sua família um sinal de desrespeito ou de intimidade, e se isso acontece nas suas conversas hoje. Se gritar em um momento de raiva era um direito apenas dos membros de status mais alto da família ou se era considerado um alívio saudável para qualquer pessoa. E quais eram as consequências de levantar a voz — ser ouvida ou levar um tapa? De certa forma, quando você fala agora, conseguimos ouvir o modo como *falaram com você* quando era criança.

Aos vinte e poucos anos, minha amiga Amy lutou contra nódulos vocais, assim como eu, irritações dolorosas nas cordas vocais que ameaçavam a carreira dela como narradora de audiolivros. Em sua preparação de voz e discurso, ela descobriu que os nódulos eram provenientes do fato de ser a filha do meio de cinco irmãos. Quando era pequena, Amy costumava falar sem respirar antes, ávida por dar sua opinião, e manteve esse hábito, forçando as cordas vocais para atrair atenção até mesmo quando as pessoas estavam dispostas a ouvi-la. Após receber esse diagnóstico, Amy se esforçou para aprender a respirar bem antes de abrir a boca para falar e se certificar de que ainda haveria espaço na conversa para ela quando estivesse pronta. Amy se lembra de vagar pela cidade de Nova York por semanas, chorando. O processo de reescrever uma história tão antiga abriu algo profundo dentro dela.

Não são apenas a origem de nossa família e o local do nosso nascimento que formam os primeiros hábitos vocais. Todas as impressões iniciais, tendências e paixões moldaram a forma como falamos — o estilo de fala do seu personagem de tv favorito e as piadas internas que você e seus amigos tinham. Quem quer que fosse o rosto no pôster na parede do quarto e o que quer que fosse legal falar na época em que você fez seu teste de direção e experimentou mais independência. O modo como você aprendeu a paquerar, a pedir ajuda e a discutir — e se você foi recompensada por vencer ou por chegar a um acordo.

"As atividades de fala podem ser bastante específicas no nível mais local", a dra. Penelope Eckert e a dra. Sally McConnell-Ginet escrevem em *Language and Gender*. "Alguns casais, por exemplo, valorizam a discussão, enquanto outros a evitam. Alguns grupos de amigos se envolvem regularmente em discussões acaloradas, enquanto outros são mais ponderados em suas conversas. Comunidades particulares de prática podem se envolver regularmente em — ou até mesmo ser construídas em torno de — fofocas, trocas de histórias obscenas, insultos mútuos, debates sobre problemas, reclamações, leitura em voz alta, orações." Eu me lembro dos meus amigos do ensino médio, um grupo de estudantes de teatro extrovertidos na Califórnia ensolarada durante a era de *As Patricinhas de Beverly Hills*, mas qual era a maior influência externa em nossos padrões de fala? Os esquetes de Tim Meadows baseadas em "The Ladies Man" no *Saturday Night Live*. Eu tenho vergonha alheia agora por causa da apropriação cultural. Mas, assim como os hits de verão, as tendências vocais são contagiantes. Quero dizer, eu adorava *Minha bela dama* quando era criança, mas na verdade você não precisa de um treinamento intensivo vocal de Henry Higgins para mudar a forma como você fala; você faz isso todos os dias.

E só para ficar claro, não são apenas suas vogais e consoantes que provavelmente fazem você soar um pouco diferente de mim — cada um de nós absorve e apura a própria musicalidade também, o ritmo e o volume e o modo como formulamos e contamos uma piada. Você pode invejar alguém que tem a habilidade de contar histórias, mas garanto que você tem seu próprio estilo de contar histórias, um ritmo e uma melodia que você usa quando está empolgada de verdade para falar. Se você é de uma família de jamaicanos do noroeste de Londres ou de porto-riquenhos criados no Harlem ou imigrantes judeus sul-africanos que vivem em San Francisco, provavelmente tem um senso inato de como contar uma história como as que você ouviu na mesa de jantar quando era criança, assim como um senso de se você faz parte dessa tradição ou é um excluído — a ovelha desgarrada, aquela que de alguma forma nunca consegue se encaixar.

Nosso estilo de fala é afetado por todo tipo de fator. Você vivia em um clima frio ou quente quando estava aprendendo a falar? Foi criada em uma metrópole de ritmo acelerado ou uma cidade letárgica à beira-mar ou nas montanhas? Alguns historiadores da língua inglesa sugerem que o *r-color*, o grau em que alguém pronuncia o "r" no final de, digamos, "*dollar*", está relacionado a quão rural e montanhosa é sua região — pelo menos nos Estados Unidos, porque foi nas cidades portuárias, distantes das montanhas, que a tendência britânica realmente decolou (pense em Nova York, Boston e no Delta do Mississippi). Dolly Parton é um belo exemplo desse *r-color* da montanha ("He's the only one *furr* me, Jolene"). Em climas mais quentes, as pessoas tendem a soltar mais a boca e alongar as vogais, enquanto em climas mais frios as pessoas mantêm a boca mais apertada — para conservar o calor do corpo. Pense na diferença entre os sotaques do norte e do sul, não apenas nos Estados Unidos, mas em todos os países acima da linha do equador, e o inverso abaixo dela. Os alemães de Berlim, no norte, têm fortes sentimentos sobre o sotaque descontraído e cantante dos bávaros do sul. Deparei com um artigo antigo sobre candidatos que disputaram o cargo de chanceler que mencionava que o candidato do sul de 2002, Edmund Stoiber, e seu "sotaque bávaro cantante têm recebido cada vez mais uma recepção fria [...] Muito na cadência sulista na língua dos bávaros irrita os ouvidos e os nervos de outros alemães, e esse choque cultural pode ajudar a explicar por que Edmund Stoiber está afastando os eleitores". De fato, ele perdeu a disputa.

Então, o que está acontecendo com a sua fala? Você pronunciaria, em inglês, "*hand*" com o mesmo *a* que "*apple*"? Ou a primeira palavra é mais colapsada e nasal que a segunda, como se pronunciasse o *n* depois dele? Muitos americanos pronunciam estes dois sons de *a* diferentes, sem perceber que anasalaram na palavra "hand". E se você tentasse combiná-lo com o *a* de "*apple*" — como soa para você? Muito sofisticado ou perfeitamente natural? Que tal um som de "choo" na frase "*Let me get you something*"? Qual é a sensação de deixar isso de fora, pronunciando um "get" e "you" limpos? Parece mais formal? De repente você está prendendo a respiração, se perguntando se está fazendo certo?

E se você dissesse a frase clássica de Robert de Niro em *Taxi Driver*, "*You talkin' to me?*", mas colocasse o "g" de volta em "*talkin'*"? Isso faz você querer colocar o "*are*" no início da frase [*Are you talking to me?*]? Que tal perguntar a alguém "*What's the time?*". Diga em voz alta, como se estivesse realmente perguntando, e observe: você pronunciou o "th" na palavra "the" ou transformou em um "z"? O dr. John McWhorter, linguista da Universidade de Columbia e apresentador do podcast *Slate Lexicon Valley*, diz: "A organização da escrita cria a ilusão de que falar é um posicionamento deliberado de palavras em sequência, como colocar uma mesa. Na verdade, é uma transformação subconsciente e na velocidade da luz de palavras em sanduíches de palavras como 'Joo...' para 'Did you?' e expressões idiomáticas furtivas como 'O que você está fazendo em um tutu?' quando você está apenas perguntando por que a pessoa está usando o tutu em vez de que ação essa pessoa está realizando nele".

Além disso, muitas vezes somos inconsistentes ao longo do dia, pois alteramos nosso discurso para adequá-lo à ocasião. Falamos de maneira diferente com nossa mãe, com uma advogada, com uma criança, com um ou outro amigo. E falamos de maneira diferente com cada uma dessas pessoas à medida que nossos interesses mudam. Em inglês, podemos dizer "*I'm going to go*" [eu vou] se estivermos lutando para gerenciar algumas emoções difíceis de controlar, ou só "*I'm gonna go*" ("*Imna go*" pode parecer uma opção natural também, ou algo que você nunca diria). Em inglês, podemos pronunciar "*internet*" mais como "*innernet*" se estivermos falando sobre o cara da TV a cabo que vem verificar nossa conexão, mas pronunciar o "t" do meio quando estivermos fazendo um grande pronunciamento sobre a globalização. Podemos alternar entre idiomas ou dialetos para nos encaixarmos, conseguirmos o que queremos ou nos mantermos seguros; linguistas e sociólogos chamam isso de alternância de código linguístico, e é algo que quase todos nós fazemos na vida.

De fato, esse mergulho profundo no "dialeto" não envolve apenas sons engraçados que fazemos com a boca. Pequenos movimentos de língua e pequenas distinções na inflexão são negociações que fazemos o tempo todo, em alta velocidade e muitas vezes sem pensamento consciente, enquanto lidamos com a forma como somos percebidas. O contexto contribui para esse cálculo, assim como o quanto nos sentimos à vontade com nossos ouvintes e quão negativa ou positivamente sentimos que estamos sendo avaliadas. Quando um novo cliente liga para discutir a possibilidade de trabalharmos juntos, de repente começo a falar como uma advogada. Mas, se percebo que o discurso dele é mais relaxado, minha formalidade some. Mesmo que eu esteja apenas vagamente consciente disso no momento, faço o necessário para conseguir o que quero com base na pessoa com quem estou falando e no motivo pelo qual estamos falando.

A aqueles que enfrentaram dificuldades por soarem como estrangeiros em uma terra estrangeira, ou que sempre foram rotulados por causa de um sotaque regional ou relacionado à classe social ou a raça: sei que vocês estão aí. E compreendo que é difícil equilibrar os indicadores. Se você nunca esteve totalmente consciente da sua fala, este é um convite para passar a percebê-la. Se tem essa consciência, esta é uma chance de reconhecer que você não está sozinho. Em Hollywood, mudamos nosso modo de falar para contar histórias; no mundo real, fazemos isso para ter mais poder.

Afinal, por que *iríamos* querer soar diferente do nosso local de origem? Talvez para ganhar uma eleição ou conseguir um emprego, mas talvez por uma razão mais abstrata: um sentimento generalizado de que produzir um som mais "neutro" ou "padrão" fará com que sejamos ouvidas, ou levadas a sério, de que vão prestar atenção em nós, em vez de zombar de nós, algo que nos garanta amor, respeito, acesso. E podemos até ter razão. Como diz o famoso instrutor de canto Roger Love: "Os sons que saem da sua boca criam uma ampla gama de expectativas sobre o modo como você vai se comportar, quão acessível você é, como é seu senso de humor e quão alto é seu nível de energia". Se nossa voz revela tanto sobre nós, é claro que gostaríamos de ter algum controle sobre o que exatamente revelamos. A dra. Katherine Kinzler, psicóloga da Universidade de Chicago, escreveu o livro *How You Say It* [Como você pronuncia], que trata dos custos desconhecidos de parecer "fora do padrão", onde diz: "Décadas de pesquisas em psicologia social sobre relações intergrupais e interpessoais sugerem que simplesmente não conseguimos desligar nossos 'detectores de categoria', que dividem o mundo entre 'nós e eles'". Então, o que fazer se quisermos entrar no grupo *deles*?

Se você vem de uma família de imigrantes e seus amigos na escola não, deve ter experimentado esse sentimento. Talvez você tenha rejeitado a assimilação e se aproximado ativamente do que lhe é familiar; talvez tenha aceitado o convite para fugir e ainda tenha orgulho ou vergonha disso. Muitos dados sugerem que os modos de falar dos filhos de imigrantes se assemelham mais aos dos colegas do que aos dos pais, embora, obviamente, inúmeros fatores possam fazer com que se sintam estrangeiros e decidam fazer algo a respeito.

Se você é um membro da comunidade LGBTQIA+ e pegavam no seu pé por aparentemente cecear enquanto falava quando era jovem, ou porque sua voz tinha certa musicalidade mais extravagante, ou um estilo de comunicação mais "masculinizado" do que o de suas colegas cis-normativas, você pode ter elaborado uma estratégia para ativar e desativar esses aspectos da fala. Se você é um profissional negro, tem plena consciência das diferentes dinâmicas que fundamentam os espaços predominantemente brancos e predominantemente negros, e adquiriu bastante prática tentando se adequar aos dois — alternando o código entre eles. Na comunidade linguística, o inglês afro-americano é com frequência considerado uma língua em vez de um dialeto, porque é regido por regras completamente formadas e consistentes, que diferem de maneira significativa do "inglês americano padrão"; se você é um falante do inglês afro-americano que transita entre vários espaços sociais, provavelmente é bilíngue. Talvez você evite um tempo verbal considerado "fora do padrão" no trabalho ou pronuncie com firmeza o fim de certas palavras para contrariar as possíveis suposições dos colegas brancos, ao mesmo tempo que não pronuncia em casa, para evitar a acusação de que se acha melhor que os outros. No texto "What the Fuck Is My Black Voice?" [O que diabos é minha voz negra], publicado no Medium, a artista Margot Macy escreve sobre crescer como uma pessoa negra em Oakland, Califórnia, com um sotaque que era demasiado "californianas brancas da classe média" para alguns e "negra sulista" demais para outros. "Muitas vezes eu soava ridícula na aula, tentando pronunciar tudo direitinho para que os guardiões da fala brancos não percebessem os hábitos adquiridos da minha família." Mas, então, com a família, "quando seus primos perguntarem por que você fala assim, diga: 'Porque sou um unicórnio, tolinho, e você também'".

Bem, é isso. Na verdade, somos todos unicórnios, e existe um termo oficial para isso: idioleto. É o modo como você soa diferente de todos os outros seres humanos no planeta, porque sua voz reflete sua experiência de vida singular. Faça uma busca no YouTube por qualquer entrevista com uma celebridade que se pareça com você e tente repetir o que ela diz; você vai sentir como uma experiência de vida diferente soa na sua boca. Sua voz pode incluir os marcadores vocais de millennials que andavam de patins, ou de quem cresceu com pais surdos ou de quem viveu na fronteira entre dois países, ou qualquer um de 1 bilhão de identidades que se cruzam e que são intrinsecamente você ou que você experimenta: por exemplo, adicionando "tipo" sem necessidade, na escolha de palavras, em abreviações, vulgaridades, referências geracionais, suas próprias misturas de erudição e popularização, inclusão de palavras de outras línguas ou dialetos que reflitam ou não sua própria origem, inflexões da moda, crepitação vocal ou gírias da internet.

Seu estilo de comunicação é o modo como você negocia o que deseja no momento, mas também sinaliza sua identidade e sua tribo, o que os linguistas sugerem que pode ser o motivo pelo qual os dialetos ao redor do mundo surgiram.

Como diz Kinzler: "Separe dois grupos por uma cordilheira e eles desenvolverão rapidamente diferentes maneiras de falar". Trata-se de como escolhemos — quer saibamos ou não — exercer nossa identidade para sinalizar quem somos e como somos. Qual lado da montanha chamamos de lar. E isso acontece de todas as formas: nossas escolhas de roupa, nosso cabelo, nossos gestos, nosso trabalho, nossos amigos e, claro, nossa voz. James Baldwin disse: "Uma linguagem surge por meio de uma necessidade brutal, e as regras da linguagem são ditadas pelo que a linguagem deve transmitir". Pode nem sempre parecer tão violento, mas cada movimento da língua é uma homenagem a algo que existe *por uma razão*, e provavelmente existe em *nós* por uma razão também.

Mas diga isso aos membros da cultura dominante, que desfrutam dos benefícios de falarem de forma "padrão" tão completamente que passaram a vê-la como superior. Quando as mulheres brancas de certa geração me perguntaram sobre este livro enquanto eu o escrevia, comecei a esperar determinada reação: "Nossa, graças a Deus. As meninas de hoje estão arruinando suas chances de serem levadas a sério. Não suporto a voz delas". Os idioletos deixam as pessoas confusas, mesmo que essas mesmas pessoas também tenham o seu próprio — que talvez se aproxime mais do som que tem sido historicamente associado ao poder. Assuma o sotaque e as influências do homem mais hétero, mais branco e mais rico dos espaços, meu bem. Lamente-se por todas as coitadas que não fizerem isso.

Na verdade, vários dados sugerem que o preconceito com sotaques é tão difundido quanto o próprio sotaque. Isto é, está presente em todos nós. Em um famoso estudo conduzido pelo dr. Donald Rubin e seus colegas, os alunos de graduação da Universidade Stony Brook ouviram uma gravação de um falante nativo de inglês, um homem de Ohio, mas fotos de outras pessoas foram mostradas ao grupo. Quando a imagem ao lado era de um homem asiático, os alunos achavam que o falante tinha sotaque, mas não quando a foto era de um homem branco. Pense nas consequências disso!

Embora empresas no mundo inteiro tenham instituído políticas antidiscriminação que previnem (ou pelo menos pretendem prevenir) preconceitos contra possíveis funcionários em relação a cor de pele, etnia ou gênero, simplesmente não existem políticas que impeçam o preconceito linguístico. (Muito menos na cabine de votação; pergunte a Edmund Stoiber, da Baviera.) No entanto, de acordo com o dr. Michael Kraus, professor de comportamento organizacional da Yale School of Management, mesmo durante breves interações, os padrões de fala moldam nossas percepções a respeito da competência geral de quem fala. O estudo sugere que somos capazes de julgar a "classe social" com precisão confiável apenas ouvindo *sete palavras aleatórias*. "Raramente falamos de maneira explícita sobre classe social; no entanto, pessoas com experiência em contratação inferem competência e aptidão com base na posição socioeconômica estimada a partir de alguns segundos do discurso de um candidato", disse Kraus. Ele aponta o que deveria se destacar: "Apesar do que essas tendências de contratação possam sugerir, o talento não é encontrado apenas entre aqueles nascidos em famílias ricas ou bem-educadas". Como a jornalista Viv Groskop comentou ao escrever sobre o trabalho de Kraus no *Financial Times*: "Ninguém tem a intenção de levar os pais para uma entrevista de emprego, mas parece que eles se infiltram mesmo assim".

A maneira como você move a língua uma fração de milímetro em uma direção ou outra pode afetar seu salário, se sua proposta de aluguel será aceita ou se você será recomendada para um empréstimo ou terá um lugar na lista de escolhidos. E a maneira como os outros movem a língua *deles* uma fração de milímetro pode afetar a forma como você os trata. Que preconceitos você pode estar perpetuando? Em uma palestra no TED sobre crescer falando como "o outro", o animador Safwat Saleem desafia o monstro da discriminação sugerindo que pode ser útil pensar em preconceito como favoritismo. Se você trabalha contratando pessoas, é mais provável que queira ajudar os candidatos com quem se identifica do que tenha a intenção de prejudicar aqueles com os quais não se identifica.

E se você estiver lendo isto e pensar: "Bem, eu não trabalho contratando pessoas"... Bem, e se isso se estender a todas as interações sociais? Por que você não começa a perceber as pessoas com quem se relaciona e por que razão? Em quem confia completamente, com quem forma um clube do livro, com quem troca números de telefone. Podemos agir como "guardiões da fala" mais do que percebemos e inibir pessoas que desejam se conectar e o tipo de diversidade que dizemos querer em nossa vida.

Quando Ilyse Hogue foi ao meu podcast, perguntei o que ela diria a alguém que desejava concorrer a um cargo pela primeira vez, mas que não se parecia com os modelos clássicos de poder e autoridade nem falava como eles. Ela é uma mulher poderosa de Washington que provavelmente tem contato direto com todos os congressistas que você admira e ajudou na campanha de muitos deles. Eu sabia que teria conselhos valiosos. Mas Ilyse Hogue não me contou o segredo para arrecadar dinheiro, assumir uma postura política arriscada ou ignorar comentários machistas. Ela disse apenas: Tenha orgulho da sua vida. Aquela que você viveu de fato, incluindo os contratempos e erros, aquilo de que você talvez se envergonhe ou que ainda não tenha finalizado, ou o que aconteceu com você quando não se pronunciou sobre o assunto. Dedique-se a assumir todas as partes de si mesma. Se vai falar de algum modo, assuma todos os aspectos da sua fala. Não precisa mencionar tudo, mas apresente-se como alguém que não precisa se esconder.

O mesmo vale para sua voz: tenha orgulho dela. À medida que você passa a conhecer o som que produz um pouco melhor e reconhece a história de como ele se desenvolveu, considere isso um convite para assumir todos os seus aspectos, os pedacinhos intencionais e os acidentais. Ninguém mais no planeta soa exatamente igual. Você é um experimento humano exatamente onde está, e sua voz é sua hipótese e conclusão. É claro que você pode odiar o som da sua voz mesmo depois desse discurso motivacional (um sentimento surpreendentemente comum). Você pode ter um sotaque que considera irritante. Pode sentir que não está usando sua voz da maneira correta. Esses sentimentos são válidos. Mas desafio você a tentar desenvolver um relacionamento afável, curioso e espirituoso com sua voz à medida que você se envolve com ela e passa a explorá-la — e isso implica ter um relacionamento afável, curioso e espirituoso com a vida que tem levado.

Mas não pare por aí. Não se trata de nos reconciliarmos com o modo como soamos, mesmo que seja do nosso jeito. Não se trata de superação ou de se deleitar na autoaceitação. Isso não é justo e não é realista. Em vez disso, quero que você preste atenção na vida que *deseja* também. Se quer mudar alguns hábitos de fala que talvez não combinam mais com você, se estiver interessada em descobrir uma voz mais verdadeira e mais poderosa, isso também é válido. Espero que sua família aceite bem. Trata-se de afirmar a forma como você soa com firmeza e com muito amor enquanto considera todas as suas opções. Trata-se de se permitir fazer isso.

Talvez, para você, esse processo seja uma chance de explorar um antigo desconforto na sua fala, mesmo em situações relativamente confortáveis. É uma chance de olhar de perto o que está impedindo você de juntar pensamentos em voz alta com uma voz forte e clara. Nenhuma de nós vai falar livremente enquanto estivermos constantemente preocupadas se temos algo a provar ou a esconder. Um impulso nos volta para fora (olhe para mim!), outro nos volta para dentro (por favor, não!); nenhum dos dois nos deixa ser livres. Talvez seja uma história antiga que, como minha amiga Amy descobriu, precisa ser divulgada.

Para algumas de vocês, esta será uma chance de celebrar a versão de si da qual *gosta* em particular — quando você se vê perto de pessoas que fazem com que se sinta segura, quando tem algo que *precisa* compartilhar, quando está um pouco alegre ou simplesmente radiante, quando confia que sabe como contar uma história que vai ser bem aceita e então você a conta e é aclamada. Para você, o desafio será levar essa criatura mágica para mais esferas públicas sem perder seu brilho.

Mas, para todas nós, esse esforço para se orgulhar de como falamos é uma forma de ativismo. É maior do que qualquer uma de nós. Porque as forças que nos fazem questionar nossa voz são maiores do que qualquer uma de nós. Existe uma razão pela qual o sotaque da correspondente da NPR na Casa Branca, Ayesha Rascoe, se destaca, ou por que

Ann Friedman, apresentadora de *Call Your Girlfriend*, recebe cartas de ódio por falar com autoridade com a voz crepitante, ou por que a carreira política da congressista Ilhan Omar tem sido tão impressionante, apesar de ela ser uma refugiada somali que soa como tal. Existe um culto ao "inglês padrão" que todos nós crescemos associando ao profissionalismo e ao poder. Essas raras e absolutamente instrutivas exceções apontam para uma revolução no que significa profissionalismo e em quem chega ao poder.

Trabalhei com uma cliente que conseguiu a chance de apresentar e produzir um novo podcast em uma empresa de mídia consolidada e se empenhou na gravação dos episódios. Mas ela estava se sentindo insegura — não tinha certeza de qual versão de seu estilo de fala deveria usar para suas longas narrações, quão distante e desapegada ou pessoal e dinâmica deveria parecer, ou se deveria falar como uma apresentadora comum ou como uma amiga, já que ela se achava capaz de qualquer uma dessas coisas. Ela questionou a existência de um som "neutro" ou padrão para podcasters, e se precisaria atender aos requisitos para ser levada a sério. Também estranhou seus superiores não terem oferecido nenhum conselho sobre o assunto, considerando que a voz dela integraria a marca do programa — algo que não me surpreendeu, uma vez que poucas pessoas se preocupam com opções vocais, e certamente não era o caso dos bem-sucedidos responsáveis por aquela produtora de podcasts. Ela e eu tivemos um único encontro, e tudo o que fizemos foi conversar. Mas eu disse o que estou dizendo a você — que nossas vozes refletem nossa experiência de vida. Que nossa experiência de vida é legítima. Que ela tinha permissão para honrar seu próprio estilo de comunicação, o qual ela me disse que sabia que era excêntrico, peculiar e brincalhão em seus momentos mais descontraídos. Se você tem uma dança especial dentro de você, sempre vou encorajá-la a externá-la. Faça isso por você. Mas também pelo resto de nós. É uma revolução simplesmente abrir a boca e falar com confiança em uma voz que você reconhece como sua.

Quando eu tinha 23 anos, passava todas as manhãs de verão no chão de uma icônica sala de performance no The Public Theatre em Manhattan, praticando a respiração com um grupo de treze outros atores. Era parte de um treinamento de três meses que incluía oficinas com algumas das maiores estrelas do Shakespeare in the Park, seguidas de apresentações de Shakespeare para crianças nos cinco distritos de Nova York. Kate Wilson, entusiasmada instrutora de técnica vocal e fala formada na Juilliard, conduzia as sessões matinais. Depois que respirávamos, nós nos movimentávamos, usando o corpo para representar os sons das vogais em inglês. Voltados uns para os outros em círculo, esfregávamos a barriga e entoávamos "*ooooo*". Kate, com a barriga proeminente no estágio final da gravidez, nos ensinou esse código secreto de sons como se fosse uma mãe-terra pré-histórica ao redor de uma lareira clandestina. Depois mergulhávamos com nossos corpos vibrando nas palavras de Shakespeare.

Deveria ser algo trivial. Mas era muito mais que isso, era as palavras reavivadas de um poeta morto mescladas com a vitalidade dos atores, da tradição e dos integrantes do teatro. Passei aquele verão embriagada de vinho tinto, mas também com o presente que Kate nos deu: ela estava nos ensinando o Alfabeto Fonético Internacional (o "AFI") ao redor daquela lareira, uma matriz de cerca de quarenta símbolos destinada a capturar os sons distintos da linguagem falada, código usado por linguistas, fonoaudiólogos e lexicógrafos de todo o mundo.

O AFI é um pouco difícil de aprender e beira a álgebra. Apresenta caracteres que se parecem com letras do inglês (ou do alfabeto latino, se quisermos falar como acadêmicos), mas que muitas vezes são enganosos, além de símbolos que parecem derivados da língua grega (porque são mesmo). E existem os sinais diacríticos — um monte de pontos e rabiscos denotando todos os aspectos adicionais de musicalidade, duração ou posicionamento do som em questão. Se você já notou o *e* minúsculo de cabeça para baixo em um guia de pronúncia no dicionário, esse é um exemplo de um símbolo AFI. E o mais legal: é o xevá. É um termo abrangente para o minúsculo som *uh* que se esconde em sílabas átonas do inglês. É o *a* em *amuse*, o *e* em *enough*, o segundo *o* em *apostrophe* (e definitivamente não é o primeiro), e é a primeira, terceira e possivelmente quinta sílaba de *responsibility*, dependendo do seu dialeto.

Kate fez o aprendizado do AFI parecer natural e intuitivo. Esses gestos físicos eram um elo útil entre som e símbolo — e ensinei minha própria versão deles a clientes, de aspirantes a estrelas de cinema a CEOS e dignitários estrangeiros. Na pós-graduação, no outono seguinte, comprei meu próprio exemplar de *Speak with Distinction* [Fale com distinção] um livro de 1942 de Edith Skinner que ainda hoje é considerado a bíblia do discurso. Skinner, que codificou o AFI para o palco, era supostamente uma figura importante, que deu aulas de teatro na Universidade Carnegie Mellon de 1937 a 1974 usando turbantes e peles de víson e distribuía mantimentos para atores sem dinheiro. Seu legado está consagrado nos currículos de quase todas as escolas de teatro dos Estados Unidos e na performance da maioria dos atores de primeira linha, já que quase todos foram treinados por profissionais que estão a um ou dois graus de separação da própria lenda.

Outra grande contribuição de Skinner para a forma como falamos aparece superficialmente como uma progressão natural do AFI: ela introduziu uma pronúncia padrão do inglês americano que chamou simplesmente de "boa dicção", uma maneira preferencial de formar cada vogal e consoante em voz alta para que os atores shakespearianos abandonassem os regionalismos e falassem "de maneira correta", como Skinner diz em seu livro.

A "boa dicção" visa a versão mais pura, aberta e energizada de cada som, para não ferir o aparelho vocal ou restringir a voz. Na "boa dicção" o *a* em "*hand*" e "*apple*" são equivalentes. Esse tipo de sotaque padronizado nos oferece o que os padrões sempre fazem: um guia para o que coletivamente é considerado a regra, de modo que possamos medir com precisão os desvios dela.

Sua ênfase no discurso "correto" sempre me fez sentir desafiada, mas eu não soube explicar exatamente o motivo até que comecei a preparar não apenas atores, mas outros profissionais. De repente, com base no boca a boca, eu estava recebendo pedidos todos os dias de pessoas muito ansiosas, certas de que falavam errado, de que a maneira como falavam *estava errada*. Pessoas desesperadas para "perder o sotaque" — não para serem compreendidas, apenas, mas para serem aceitas ou talvez até para "passarem" como americanas. Estrangeiros ansiando por falar como "nativos", nativos com um sotaque regional impopular (leia-se: marcado por classe ou raça) ansiando por passar pelos portões que os guardiões da fala mantinham fechados. Percebi que meu próprio idioleto me dava o privilégio de não pensar em sotaques como um caso de vida ou morte. Percebi que, como instrutora, em uma posição de autoridade, eu tinha que ser muito clara sobre o que estava oferecendo: opções. As opções nos dão poder. Eu não estava ensinando "o jeito certo de falar", como se falar "bem" fosse algo de cunho moral. Essa é uma narrativa que serve a outras pessoas e as mantém no poder. Porque eis o que o *Speak with Distinction* não diz, mas deveria: A "boa dicção" é o braço vocal da supremacia branca.

Afinal de contas, a quem esses padrões ajudam? Observe esta citação do livro de Skinner: "Cada som de vogal é chamado de SOM PURO, e o menor movimento ou mudança em qualquer um dos órgãos da fala durante a formação de uma vogal prejudicará sua pureza". O destaque é dela, não meu. Acontece que Skinner foi preparada por um homem chamado William Tilly, um foneticista australiano que literalmente inventou a "boa dicção" por volta de 1900, combinando suas partes favoritas de pronúncias americanas e britânicas — é por isso que às vezes é rotulado como inglês "transatlântico", como se o sonho elitista de seus clientes fosse falar como se tivessem sido criados em um barco flutuando em algum lugar entre a Costa Leste dos Estados Unidos e a Inglaterra.

Mas, na verdade, Tilly *fez* isso se tornar o sonho deles. Foi um brilhante marqueteiro da voz como símbolo de status, primeiro na Alemanha nos primeiros anos do século xx, onde fundou um instituto famoso por seus métodos rigorosos de ensino. Então, após a Primeira Guerra Mundial, mudou-se para os Estados Unidos, onde se instalou perto da Universidade Columbia e introduziu o sotaque que ele mesmo havia projetado para reformar o inglês. Esse dialeto híbrido inventado, que *ninguém de fato falava* exceto os próprios discípulos dele, tornou-se a nova moda na cidade de Nova York por volta de 1918, em parte devido ao fascínio da mobilidade social que o som parecia oferecer e em parte pelos métodos de ensino extremamente exigentes de Tilly, que os alunos consideravam um gênio. Na Alemanha, esses alunos eram professores de inglês como segunda língua, diplomatas britânicos e acadêmicos; nos Estados Unidos, sua clientela era formada em grande parte por professoras animadas para aplicar essas regras rígidas de elocução nas salas de aula. Uma dessas discípulas, Marguerite De-Witt, inventou habilmente uma categoria para descrever a pronúncia superior que Tilly divulgava: eufonética. (A Sociedade Americana de Eugenia foi oficialmente formada em 1921, embora seus membros estivessem se organizando desde antes disso, vendendo sua pseudociência sobre genes brancos superiores na mesma época em que os ávidos professores se reuniam na escola de Tilly. Uma coincidência, tenho certeza. Caso você ache que estou sendo muito dramática, DeWitt escreveu em seu livro sobre fonética acerca de seu medo de imigrantes, do "influxo ilimitado daqueles estrangeiros que são em grande parte racialmente opostos a nós, ou que são apenas a escória depreciada da Europa [...] para infundir no corpo o sangue político que destrói o sangue racial de uma nação".)

Então Tilly, um fanático nascido do outro lado do mundo antes do fim da Guerra Civil Americana, se tornou uma influência descomunal sobre o que o inglês bem falado significou na América por cem anos. É racismo estrutural — nós o herdamos e, em muitos casos, ainda o perpetuamos. Certamente está presente nos "guardiões brancos do discurso" de Margot Macy. E isso começa quando somos jovens. A dra. Anne Charity-Hudley, linguista de Stanford e uma das minhas heroínas, escreveu na revista *Slate* que as crianças que falam inglês não padrão captam o sinal de que algo nelas não está certo desde muito cedo da vida. "Quando concluem o jardim de infância, muitos alunos já absorveram mensagens de que sua linguagem está errada ou incorreta, é burra ou estigmatizada". Ela acrescenta: "Quando estudei os padrões de linguagem de crianças negras de quatro e cinco anos em várias cidades dos Estados Unidos, muitas delas estavam preocupadas com a possibilidade de reprovarem de ano caso não se saíssem bem na conversa comigo".

Essa insegurança linguística, como foi chamada, é bem fundamentada: as crianças sentem quando estão sendo categorizadas e rotuladas como inferiores. E se não aprenderam as regras de "boa dicção" ou "eufonética" até o fim do ensino médio, fica quase impossível esquecer esse rótulo. Meu amigo Dwayne ainda se lembra do nome do professor que lhe disse, aos nove anos, que ele provavelmente não terminaria o ensino médio e certamente não faria faculdade, porque simplesmente não falava direito. Dwayne agora tem seu próprio escritório de advocacia em Hollywood. Mas muitas crianças internalizam essas mensagens porque, como a dra. Charity-Hudley me disse, "não têm confiança no verdadeiro som de sua voz". Ela chama isso de esmagamento sistemático da "imaginação linguística negra".

O modismo esotérico do culto a William Tilly poderia ter desaparecido com os espartilhos e outras tendências opressivas do início do século xx. Mas, em vez disso, se espalhou por Hollywood — em grande parte graças a Edith Skinner — assim que os filmes falados se tornaram a última moda no final da década de 1920, e Katharine Hepburn e Jimmy Stewart sinalizaram para absolutamente todos como deveria ser o som da cultura e da sofisticação. O equivalente britânico, "pronúncia recebida" ou "inglês da rainha" foi adotado pela BBC em 1922. Agora os americanos podiam ter seu próprio status abreviado, o som do sonho americano para todos ouvirem. Essa ambição se apegou à psique coletiva de nossos avós e pais. E não importa sua raça ou seu relacionamento pessoal com o inglês padrão conforme ele se transformou no século seguinte (perdendo parte de sua excentricidade, mantendo associações com o certo e o apropriado em oposição ao errado e não profissional), o sotaque inventado de Tilly teve um pérfido efeito em todos nós.

Você provavelmente desvia do padrão de alguma forma quando fala. E pode ter sido penalizada por isso, por alguém mais velho e em uma posição de poder, que impõe ritualisticamente as regras de Tilly sem noção de suas origens. Alguém que considera ter boas intenções. A gerência, um amigo mais velho da família, uma mentora ou um professor que chama você para o canto e sugere, em uma voz marcada por uma piedade gentil: "Ninguém vai levar você a sério se...".

Mas, como preparadora profissional de dialetos, posso dizer que é isso totalmente arbitrário. Quando menciono esse aspecto do que faço, todos querem discutir mais. O *New York Times* publicou um questionário on-line em 2013 chamado "How Y'all, Youse, and You Guys Talk", cujo autor, Josh Katz, confirmou ser a página mais visitada que o *Times* já publicou, ainda recebendo uma boa quantidade de acessos hoje. Temos fascinação por sotaques. Adoramos comediantes que fazem imitações precisas e celebramos atores que desaparecem ao interpretar personagens que não falam como eles.

Por outro lado, nosso próprio sotaque, se tivermos ciência dele, parece um problema. Trabalhei com pessoas do sul dos Estados Unidos que queriam perder o sotaque porque têm a impressão de que seus colegas associam sua fala a burrice. Trabalhei com pessoas do norte dos Estados Unidos que queriam perder o sotaque porque, ao lidar com sulistas, achavam que soavam frios ou fechados. Trabalhei com pessoas que falavam inglês como segunda língua e eram obcecadas por seu sotaque carregado, não importava quão inteligíveis fossem, porque ouviram comentários — cruéis ou gentis — que as paralisaram. E tive longas conversas com amigos da indústria do entretenimento sobre a obsessão de Hollywood em escalar atores negros não americanos para papéis de americanos porque as pessoas que tomam as grandes decisões escolhem apostar no exotismo em vez de enfrentar seu desconforto em relação à própria história de escravidão e preferem contratar um preparador de dialetos a ter que examinar seus preconceitos.

Em *The Mother Tongue: English and How It Got That Way* [A língua materna: Como o inglês se tornou como é], Bill Bryson confirma o que deveria ser óbvio: nenhum sotaque tem um valor inerente a mais que qualquer outro. De fato, "as considerações sobre o que torna um inglês bom ou um ruim são, na maioria das vezes, questões de preconceito e condicionamento". As primeiras impressões não são impressões sem precedentes; são preconceitos herdados. Podemos aprender, como ouvintes, a investigá-los, e devemos fazer isso. Podemos nos comprometer a ouvir o diferente com gentileza e curiosidade. Podemos trabalhar, em nossa esfera de influência, para desvincular o som do acesso ao poder. Mas podemos aprender, como falantes, a assumir o controle da narrativa também.

Concentre-se por um momento em aspectos que você ama na sua voz. Aposto que esses sons que saem da sua boca, do seu jeito com as palavras, *que são seus*, foram úteis para você em algum lugar, de alguma forma. Onde? Como? E como estão servindo a você agora? Como quem você fala e por que isso é maravilhoso? Com quem você pode se conectar por causa do modo como fala? Como você soa quando sua vontade de falar é maior do que suas hesitações? Quero ouvir dela. Preciso dela. Todos precisamos.

7. Palavras

É treino, ensaio, mas também garantir
que isso vive dentro de mim.

Amanda Gorman

Você deve ter notado que este livro praticamente ignorou as palavras que saem de fato da nossa boca quando falamos. A voz é muito mais do que as palavras em si, o que é um lembrete útil se você perceber que está obcecada por soar (afe!) "articulada". Como Maya Angelou observou: "As pessoas vão esquecer o que você disse, vão esquecer o que você fez, mas nunca vão esquecer como você as fez sentir". Nossos egos tentam nos fazer acreditar no contrário, que a frase perfeita vai destravar o poder que buscamos. Mas este livro, e, na verdade, a maior parte do trabalho que faço para ajudar os clientes a se permitirem, envolve usar sua voz para se conectar com seu público. Para fazer com que o público sinta. Para que se sinta conectado com você, que ouça suas ideias, que faça o que você quer, o que pode até ser o que o público quer também. E conseguir isso muitas vezes não tem a ver com as palavras.

No entanto, você não pode fazer isso sem usar as palavras.

Quer se trate de palavras escolhidas de antemão ou daquelas que surgem no momento, pronunciá-las em voz alta é uma espécie de nascimento. Com sorte, é menos doloroso e exige um período mais curto de gestação do que o parto real, mas, ainda assim, é um nascimento. E, no que me diz respeito, entregar qualquer coisa significativa de dentro do nosso corpo é milagroso.

Então aqui está minha opinião radical discreta sobre o conteúdo: tudo bem se o processo de encontrar as palavras envolver um pouco de trabalho. Não há problema, em outras palavras, em rejeitar o objetivo de soar articulado, com seus sussurros de *fácil*, *fluido*, *certo*, *perfeito*. O nascimento é confuso, e as tentativas de planejamento são sempre absurdas. As palavras que você falar serão as palavras certas se conseguirem transmitir o que você pensa.

Mas confiar que encontraremos as palavras para moldar nossos pensamentos com a linguagem em geral é melhor quando estamos conversando com nossos amigos do que quando argumentamos com colegas céticos. Não me lembro de uma única vez em que tenha congelado ao falar com um ente querido e não conseguido encontrar a palavra que estava procurando, ou em que eu tenha dito a palavra errada por engano. Porque, se acontecesse, não teria importância. Eu me perdoaria imediatamente, acharia engraçado ou pediria ajuda. Provavelmente nem pareceria um erro; eu estaria compartilhando um momento, o que é um dos grandes prazeres da vida. A conversa natural tende a atenuar toda a quimera da "articulação". (*Quimera*: 1. Um monstro feminino cuspidor de fogo na mitologia grega. 2. Uma coisa que é ilusória ou impossível de alcançar e que é esperada ou desejada.)

Mas existe a esfera pública, quando há muito em jogo, quando o perdão imediato, a alegria, o pedido de ajuda e a possibilidade de deixar pra lá podem parecer muito menos acessíveis. Talvez você tenha medo do julgamento, tenha medo de ser vista (ou de não ser vista), tenha medo de errar irrevogavelmente e nunca superar a vergonha. Talvez você esteja na posição nada invejável de ter que representar todas as pessoas do seu sexo, da sua raça, da sua classe socioeconômica, ou falar por aqueles que foram silenciados, e essa responsabilidade é aterrorizante.

Conheço esse medo. E sei o seguinte: ele pode distorcer sua conexão com a linguagem, alienando você de suas próprias palavras. Pode fazer com que o som de sua voz pareça estranho e suas palavras pareçam flutuar soltas. O que está ocorrendo (seu surto) e o que você está dizendo (a ideia que acabou de nascer) não têm nada a ver um com o outro, e o resultado dessa divergência é que você não soa mais como você mesma e não se comunica efetivamente.

Certa vez, estive em uma conferência de mulheres em que as participantes podiam subir no palco caso estivessem contratando para fazer uma apresentação de trinta segundos sobre a empresa e qualquer cargo disponível. Uma longa fila de mulheres se formou e elas subiram ao palco uma a uma. Foi um desfile de desconforto vocal. Vi várias mulheres tropeçando nas palavras e emitindo fortes vibrações do tipo "me tire daqui", enquanto falavam, mas de alguma forma... também não estavam dizendo coisa alguma.

Veja bem, em um mundo que manda péssimas mensagens sobre o jeito certo de falar e histórias antiquadas e obsoletas sobre como é a autoridade, temos que nos *empenhar* para construir um relacionamento saudável com nossa própria fala. Isso não acontece de maneira espontânea.

Temos que atentar para a preocupação que temos de "dizer algo errado" e questionar quem definiu o certo e o errado. Temos que nos interessar pelas palavras que saem da nossa boca e cuidar delas com amor, não porque são perfeitas, mas porque são nossas. Todo mundo fala sobre "assumir sua voz", mas não é possível assumi-la sem assumir o processo real de se expressar. Como as ideias, os impulsos e as sensações da parte de dentro se tornam palavras do lado de fora? O processo é fascinante, não linear e imprevisível, assim como o parto.

Para início de conversa, cada um de nós conhece dezenas de milhares de palavras. Às vezes, inventamos novas palavras se sentirmos necessidade ou se isso nos fizer rir, e às vezes experimentamos outras palavras desconhecidas que acabamos de ouvir ou que trazemos de outras línguas. Mas, na maioria das vezes, temos um acervo finito. As frases, por outro lado, são infinitas. De acordo com o dr. David Adger, professor de linguística da Universidade Queen Mary, em Londres: "Se você inventa uma frase de qualquer nível de complexidade e faz uma busca na internet por essa frase exata, quase nunca vai encontrá-la. Praticamente tudo o que dizemos é novidade". Dar à luz um pensamento de dentro de nós tem o poder de criar significado onde não havia antes. Isso acontece quase sempre.

Quando observo as pessoas que se permitem de fato enquanto falam, às vezes sinto o processo de nascimento. Tanto o trabalho de parto quanto o parto em si. É de tirar o fôlego esse ato de gerar um novo pensamento e esperar que tenha valor para os outros. Mas é claro que, como tememos, às vezes as palavras fracassam. Talvez você finalmente comece a falar em uma reunião de brainstorming: "Que tal...?". Então todos os olhos se voltam para você, que fica encabulada, sente a boca seca e não consegue continuar. Talvez você diga uma palavra que não quer dizer e receba olhares vazios em resposta. Há uma desconexão onde poderia haver, em vez disso, uma conexão.

Nesses momentos, pode parecer que todo o seu valor como contribuinte da sociedade está na balança; eu mesma já passei por isso. Mas sejamos sinceros: nosso valor nunca depende de encontrar a palavra perfeita no momento perfeito. Esse pânico não é racional. E as ocasiões em que você se perde nas palavras podem não só passar uma sensação debilitante como sufocar seu senso de permissão nas próximas vezes. Principalmente se você tem sua identidade atrelada a ser percebida como alguém que fala bem, é inteligente, calma, eloquente, perspicaz, confiável, equilibrada e aquela que sempre tem todas as respostas. (E aqui eu levanto a mão.)

Mas essa é a questão sobre a comunicação que ninguém menciona: o que você vivenciou, a maneira como se sente e o que sonha *não vêm empacotados em palavras*. As experiências, os sentimentos, os sonhos são literalmente seu passado, seu presente e seu futuro. O passado vive na sua mente em formato de imagens. Os sentimentos vivem em seu corpo como arrepios ou sensações. Nossos sonhos e planos se formam como feixes de meias esperanças que não tivemos a coragem de alcançar, ou visões que vislumbramos em um devaneio fugaz. Obviamente, não sabemos como articulá-los usando meras palavras. Esse não é o objetivo efetivo das palavras.

As palavras não são o objetivo final. Elas existem para *chegarmos* ao objetivo final. Nossa função, quando falamos em público, é ficar diante dos outros e ter coragem suficiente para encontrar palavras para que nossas imagens, nossos sentimentos e planos sejam reconstituídos um dentro do outro. Nossa função é escolher algumas palavras, estendê-las e questionar: *Isso funciona? Isso confere sentido ao que não tinha sentido antes?* É *esse* o objetivo das palavras. A imperfeição é a ação; é o que torna a comunicação surpreendente, viva e um esforço coletivo.

Martin Buber, teólogo e filósofo judeu do século xx, disse: "Nossos relacionamentos se mantêm no espaço entre nós, que é sagrado". Acredito que as palavras também residam nesse lugar, no espaço entre nós. Afinal de contas, a linguagem não é minha e não é sua. É nossa. É compartilhada. Selecionamos palavras do nosso espaço comum e as juntamos e apuramos: essa seleção de palavras está funcionando? Hum, bem, e esta?

E vale lembrar que às vezes, em vez de fracassarem, nossas palavras perduram.

Talvez ouvir pela primeira vez o conceito de "gaslighting" ou a definição de "duende" em espanhol tenha sido uma revelação para você. Ao incorporar uma palavra em uma coisa sem forma, ela toma forma. Ela se assemelha a outras formas que já existem, e podemos incluí-la no panteão de *coisas que já existiram*. Esses momentos eram abundantes no meu primeiro ano de faculdade, quando fiz minha primeira aula de psicologia. De um momento para outro, *tudo* era um exemplo de "ignorância pluralista" ou "dissonância cognitiva". De repente, virei uma fanática por psicologia básica. Eu não conseguia superar quão satisfatório era o fato de essas palavras transformarem palpites confusos em padrões comprovados de comportamento humano.

Nomear uma experiência singular faz com que ela se torne coletiva, e existe poder no coletivo, claro. Dar nome a uma experiência solitária nos deixa menos sozinhos: veja o movimento #MeToo. Ou o blackface digital. Ou a diferença salarial entre homens e mulheres. Ou expressões específicas do seu setor que detêm poder popular porque sua comunidade assim permitiu (o jargão, quando usado para incluir em vez de excluir, tem suas vantagens). Os linguistas sabem o poder que as palavras têm, como Amanda Montell escreve em *Wordslut*, para "legitimar as experiências, como se uma ideia só se tornasse válida depois de batizada com um título". Coloque um nome numa ideia e ela se torna real. Use uma palavra nova que você ouve e da qual gosta e estará colaborando no processo de batismo. Os ranzinzas podem lamentar que novas palavras sejam adicionadas na linguagem comum, mas acho que assumir um termo recém-criado e seguir em frente é um ato generoso da vida cívica: as palavras que você usa podem validar a experiência dos outros. E o espaço sagrado entre nós pode se tornar um reflexo mais verdadeiro dos presentes.

Se você tem receio de se perder nas palavras em um momento importante, reserve um segundo antes de abrir a boca para anotar no papel palavras ou frases que causem impacto e que ajudarão a transmitir sua ideia. Pode não ser o conselho mais original, mas nunca ouvi ninguém acrescentar a parte mais importante: confie que as palavras intermediárias não são importantes. Esqueça isso. O que sair vai ser bom o suficiente. É um parto, e as pessoas adoram bebês.

Você sempre pode inventar novas palavras ou expressões. (Como diz meu filho, na grande tradição neologística de William Shakespeare, "quando você inventa uma palavra... ela vira uma palavra!"). Como o "mansplaining" de Rebecca Solnit, que certamente se espalhou em razão de quão satisfatório foi finalmente ter um termo para algo real, mas ainda não nomeado. Ou as "regras pop-up" de Priya Parker, um conceito útil do qual eu não sabia que precisava até ou-vi-lo e que se tornou imediatamente indispensável. Ou o termo "girlboss" se transformando de uma forma de elogio em uma forma de crítica. Minha amiga Liz Kimball diz que nomear e reivindicar é um ato revolucionário se historica-mente não fomos nós que conquistamos terras e fincamos nossa bandeira. Obviamente, não estou interessada em con-quistar com todas as conotações coloniais tóxicas, mas te-nho interesse em perceber as maneiras pelas quais podemos nos esquivar de reivindicar até mesmo nossas próprias ideias. Eu escrevi em um bilhete "NOMEAR E REIVINDICAR" depois que ouvi isso de Liz e o pendurei na minha parede enquanto escrevia este livro para me lembrar de declarar a propriedade de algo quando tivesse a oportunidade. É defi-nitivamente uma prática.

Mas há uma ironia: quando trabalho com atores, o tra-balho deles é transformar as palavras na página em enun-ciados aparentemente espontâneos, e uma boa maneira de conseguir isso é inserir uma espécie de obstáculo para en-contrar a próxima palavra. Para que eles falem, em outras palavras, como na vida real. Mas na vida real, sonhamos em esconder essa dificuldade — o que torna a comunicação de fato espontânea. O que a torna crível em vez de artificial.

Recebi inúmeros e-mails de possíveis clientes preocu-pados por talvez não serem articulados o suficiente e me pe-dindo para ensiná-los a sê-lo. Sua ansiedade resplandecia na tela. Eles certamente sabem em algum nível que esquecer uma palavra ou divagar não é questão de vida ou morte — embora pareça ser o caso. E a primeira impressão é a que conta. A maneira como somos percebidas quando abrimos a boca é de grande importância. Se dermos a impressão de que não somos articuladas, podemos ser descartadas como incompetentes, dispersas, tolas, pessoas que não merecem o tempo de ninguém. Para ser clara, quando digo "nós" aqui, estou me referindo àquelas de nós que sentem que temos algo a provar. Essa obsessão não é nossa culpa, tampouco é um defeito. Estamos respondendo à realidade de uma experiência que ainda não tem nome: falar sem o privilégio do benefício da dúvida.

Aqueles que valorizam uma fala articulada (você no seu estado mais crítico, o público no seu estado mais crítico) estão respondendo a um desequilíbrio de poder: quando você tem poder, não precisa falar de maneira articulada. Ninguém se importa se você não o fizer. Nomeie qualquer pessoa que você admira: aposto que ela já perdeu o fio da meada em público e que você relevou alegremente, sem pensar. No entanto, as pessoas vão julgar *você* por se atrapalhar? Sim, talvez. Principalmente se você tem pele com grande concentração de melanina em uma cultura dominada por brancos, se você fala inglês como segunda língua ou com um sotaque que soa do interior ou é considerado menos educado, se você não tiver conexões, dinheiro ou recursos. Os preconceitos são muitos. Mas a solução é temer o fracasso? Não, não é.

O perfeccionismo pode nos paralisar — e talvez seja isso que os poderosos queiram. Mas o oposto de ser perfeito não é ter defeitos — é estar vivo. Anna Deavere Smith passou a carreira transcrevendo discursos da vida real e transformando-os em arte. Ela escreveu em seu livro *Talk to Me* [Fale comigo] sobre política e teatro: "Acho que podemos aprender muito sobre uma pessoa no exato momento em que a linguagem falha. No exato momento em que ela precisa ser mais criativa do que teria imaginado para se comunicar. É o exato momento em que ela precisa cavar mais fundo para encontrar palavras e, ao mesmo tempo, é um momento em que quer muito se comunicar". Amo esses momentos. Comece a observar o que acontece quando alguém que você está ouvindo tem dificuldade de articular o próximo pensamento. Observe se você se inclina. Todos podemos ter preconceitos, mas acredito que a maioria de nós também tem ideias preconcebidas *em favor* de uma fala sincera. Apreciamos mais o que é verdadeiro do que o que soa bonito.

O verbo "articular" vem de *articulus*, a raiz latina para pequenas partes que se conectam. Podemos articular nosso corpo ou podemos articular nossas ideias; ambos envolvem componentes simples que, juntos, tornam algo complexo. No caso da fala, as palavras monossilábicas costumam ser menosprezadas, mas são tudo. "Sim, nós podemos" é e sempre será mais articulado do que, digamos, "Permaneçamos confiantes em nosso compromisso com a verdade inalienável de que, em termos absolutos, a probabilidade de fracasso é muito pequena!".

Talvez, para você, "articulada" traga à mente pessoas extremamente educadas cujas palavras fluem sem esforço; talvez você associe o termo a palavras o mais longas possível, e fique difícil acreditar que uma linguagem simples possa ser melhor. Acho que muitos clientes carregam um mito de que o discurso formal está em toda parte — que o trabalho é um espaço formal e parte de ser um profissional ou se dar bem em uma entrevista de emprego ou falar numa tribuna é se adequar à sua formalidade e usar palavras compridas para sinalizar isso. Esse mito pode estar impedindo você de se permitir aparecer autenticamente em contextos de trabalho em que a autenticidade, na verdade, fecharia o negócio. Diga o que importa, como importa, independente das palavras. *Sim, nós podemos.*

Realisticamente falando, a linguagem formal pode ser a diferença de dialeto ou troca de código entre *"walking"* e *"walkin'"*, ou *"I'm going to go"* e *"I'mna go"* ou evitar expressões idiomáticas e palavrões ou trazer a porra toda pra mesa. Mas sua maior distinção está nas decisões de estrutura de frase e escolha de palavras. "O inglês é único por possuir um sinônimo para cada nível de nossa cultura: popular, literário e acadêmico", diz Bill Bryson em *The Mother Tongue*, "para que possamos, de acordo com nossa formação e realizações cerebrais, subir, nos elevar ou galgar uma escada; encolher de medo, terror ou trepidação; pensar, refletir ou ponderar sobre um problema." Em outras palavras, temos diversas palavras em inglês que significam aproximadamente a mesma coisa e que parecem existir apenas para oferecer camadas extras de elegância (essa é minha maneira informal de reafirmar o que Bryson disse acima. Pode me chamar de populista).

Não tenho objeções a ostentar uma linguagem rebuscada quando nos é útil — para desfazer suposições, recuperar nosso poder ou dar algumas risadas. Mas não devemos perseguir uma formalidade abstrata de que muitas vezes nem precisamos. Não quando essa tentativa pode nos deixar com a sensação de que não encontramos as *palavras certas*. Se estivermos em uma situação de emergência, não vamos dizer a ninguém para se erguer ou se alçar, e sejamos sinceras, também não vamos dizer para se elevar — vamos dizer: "Levanta!". E isso não tem nada a ver com nossas realizações cerebrais ou com a nossa origem.

Não tenho conhecimento de nenhum estudo que investigue a proporção da linguagem falada que se enquadra em cada uma das três categorias de Bryson — popular, literária, acadêmica — durante, digamos, audiências no Congresso ou palestras do TED ou o discurso mais formal de um chefe em uma conferência. Mas meu palpite é que a) é uma mistura saudável dos três e b) os momentos que repercutiram melhor foram os que se encaixam na primeira categoria. Como a jovem poeta laureada Amanda Gorman disse à *Vogue*, ela olhou "para Abraham Lincoln ou Frederick Douglass [...] ou Martin Luther King, e as maneiras como eles usaram palavras para comunicar os ideais da nação em uma retórica elegante que [nunca] parecia estar trancada em uma torre de marfim".

Avalie algumas citações populares:

"Tudo deve ser apresentado da maneira mais simples possível, mas não mais simples que isso." (Albert Einstein, concordando comigo)

"Quem é feliz deixa os outros felizes também." (Anne Frank)

"Nesta vida, não podemos fazer coisas grandiosas. Só podemos fazer pequenas coisas com um grande amor." (Madre Teresa)

"Você erra 100% dos arremessos que não lança." (Wayne Gretzky)

E aquela que coloquei na minha assinatura de e-mail quando eu tinha vinte anos: "Você só vive uma vez, mas, se viver certo, é o suficiente". (Mae West)

É a linguagem informal, não a formal, que faz o mundo girar. Uma linguagem casual, coloquial e simples ajuda as pessoas a se conectarem. A menos que esteja envolvida em procedimentos legais (um dos contextos mais formais para a linguagem, quando a interpretação do discurso está no ápice da seriedade e cada enunciado é documentado e dissecado), você provavelmente tem mais liberdade para falar de maneira informal do que pensa. Informal, no entanto, não é o mesmo que descuidado. Suas palavras são importantes, não porque impressionam por si sós, mas porque são sua chance de ser o mais precisa possível para capturar o que você quer dizer para os ouvidos específicos que espera que ouçam.

A precisão nem sempre tem a ver com fatos exatos. Uma das distinções mais úteis que já ouvi sobre escolha de palavras vem de Michael Dowd, ativista progressista e ministro. Ele fala da linguagem do dia e da linguagem da noite, dois modos de fala que servem a propósitos diferentes. A linguagem do dia, Dowd explica, "descreve o que é mensurável, o que é fisicamente, consensualmente verdadeiro". A linguagem do dia é difícil, específica, tem a ver com fatos e dados. A linguagem da noite, por outro lado, "é o reino da poesia, do mito, do símbolo, da metáfora e da linguagem religiosa tradicional. É a linguagem que inspira, toca o coração, comove a alma, leva-nos às lágrimas e nos convoca à fascinação". A linguagem da noite pode ajudar a transmitir verdades com mais precisão do que os fatos. E, como você pode imaginar, esses dois modos de fala têm seus pontos fortes, mas se encaixam em diferentes cenários. Analise se seu público ou as pessoas da sua área têm algumas suposições arraigadas sobre esses diferentes estilos que você pode usar ou transgredir. Elas precisam de fatos ou verdades?

Uma última observação: falar de maneira casual não é o mesmo que murmurar. É preciso tanta energia para falar informalmente quanto para falar formalmente (embora a segunda opção possa ser mais divertida). Falar, na sua forma mais satisfatória, é um esporte que mobiliza o corpo inteiro, e o inglês, especialmente, pode ser bastante atlético. Para ser mais específica: alguns idiomas, como o francês, colocam a mesma intensidade em todas as sílabas. *En français*, a palavra para "alfabeto" é *l'alphabet*, pronuncia-se *lal-fah-beh* (esmurre o ar em cada sílaba para obter a sensação, direita esquerda direita), e o resultado é que pode parecer um termo bastante comedido. Mas, em inglês, a maior parte da tonicidade vai para a primeira sílaba da palavra (esmurre o ar em "*al*"). Nós, falantes de inglês, gostamos tanto de palavras com sílabas fortes e fracas que muitas vezes minimizamos uma vogal na sílaba fraca para dar à vogal forte um vigor adicional. Na verdade, o golpe em *al* é mais forte do que qualquer sílaba em francês. "*Whaddya think*" é um exemplo desse fenômeno em inglês ("*you*" se transforma em um minúsculo *yuh* para que mais energia possa ir para "*think*"), ou o fato de que a palavra "*our*" em uma frase geralmente é pronunciada como *are* em vez de como "*hour*". Essa permuta de sílaba forte/sílaba fraca é um movimento que fazemos o tempo todo quando não estamos prestando atenção no que falamos.

De fato, quanto mais deliberados somos com nossos pensamentos — quando realmente sabemos o que estamos dizendo e por que decidimos dizê-lo —, com mais naturalidade energizamos os músculos da boca nas sílabas importantes e economizamos energia nas outras. Argumentamos como se fôssemos boxeadores. E o público sente o impacto.

Gosto de explorar as palavras — sou formada em inglês, pelo amor de Deus — e certamente não tenho nada contra usar uma linguagem elaborada quando o clima pede. Mas as *palavras certas* são as que funcionam. As palavras certas são aquelas que dizem algo verdadeiro, que fazem você se sentir bem quando saem da sua boca e comovem seus ouvintes.

Então, como a linguagem pode fazer você se sentir bem? Sim, não é óbvio. Mas não é tão abstrato quanto parece, e você pode fazer isso com o que já tem. Você precisa convocar o corpo — a respiração, o coração, a barriga, a imaginação indomável *e* os músculos articuladores da boca. Trata-se de *usar* a linguagem para habitar o momento, mesmo quando estiver nervosa, para poder estar presente no nascimento de suas palavras. Veja como fazer isso.

Minha cliente Amina estava concorrendo à câmara municipal. Ela tem filhos pequenos, cabelos pretos ondulados e grossos e a confiança de uma professora. Mas, antes de anunciar a candidatura, ela nunca havia falado com uma sala cheia de pessoas. E, quando me procurou, tinha um discurso preparado escrito pelo comitê e menos de uma semana antes de ter que discursar para uma multidão enorme. Pedi a ela que ficasse na extremidade da longa mesa em que estávamos trabalhando e falasse em voz alta. Amina respirou fundo e começou a ler, já que o texto ainda era novo. Tomei notas, sinalizando partes que soavam mais como inglês escrito, a linguagem corporal que expressava o desconforto dela e as construções que ainda não estavam construindo nada. Ela me fez lembrar de tantas outras mulheres que tentavam demonstrar autoridade e acabavam parecendo... não exatamente humanas. Um pouco robóticas. Um pouco ausentes. Um pouco como um monstro genérico. Como se esconder-se fosse o único caminho para o poder.

Começamos reescrevendo partes do discurso para torná-lo mais coloquial; isso ajudou. Trocamos palavras que eram mais formais do que o necessário por outras que fomentassem uma conexão. (Até mesmo "oi" e "obrigada" em vez de "olá" e "sou grata" podem preparar o público para se relacionar melhor com você.) E reescrevemos frases com estrutura muito formal. O discurso escrito é organizado em torno da unidade da frase, mas o discurso falado é organizado em torno dos pensamentos, que podem ser uma única palavra ("Plásticos!"), várias frases encadeadas ou uma coleção de fragmentos de frases que faria um professor de inglês levantar uma sobrancelha, como a fala emocionante de Scarlett Johansson em *Finding Your Roots*, quando ela vê imagens de familiares que nunca conseguiram sair do gueto de Varsóvia:

Nossa! Que triste! [Começando a chorar] Desculpa. E eu prometi a mim mesma que não ia chorar. Mas é difícil não chorar. Isso é loucura. Tipo, não dá para imaginar o horror de verdade. É tão... louco. Agora eu sei por que você colocou os lenços ali. [Risos] É uma loucura imaginar que Saul estaria do outro lado, vendendo bananas. Na rua Ludlow. E como devia ser diferente estar nos Estados Unidos na época. O destino de um irmão e o do outro. Faz eu me sentir mais ligada a essa parte de mim mesma. A essa parte da minha família.

É assim que nós falamos, e é assim que deve ser. É o que nos ajuda a não precisar encontrar as palavras perfeitas: podemos confiar em grupos de palavras para fazer o trabalho real de comunicar nossos pensamentos. Os linguistas chamam isso de *"chunking"* [de *chunk*, naco, pedaço], que provavelmente é a palavra de que menos gosto na língua inglesa — mas é um conceito muito útil. (Por que não agrupamento ou ajuntamento? Posso chamar isso de agrupamento? Vou chamar.) Agrupar as palavras nos liberta dos grilhões da palavra de suprema importância, mas também do ponto-final. Os pontos-finais não são importantes no discurso falado até que estejamos realmente concluindo um pensamento, fazendo uma pausa ou passando a palavra a outra pessoa. Os agrupamentos são a unidade reinante de significado.

E os agrupamentos são organizados não com qualquer pontuação escrita específica, mas com a pontuação oral: a respiração. Eu transcrevi a fala de ScarJo acima usando frases nas partes em que pensei ter ouvido respirações. Mas observe os discursos no teatro (e quando a câmera não corta tanto) para ver a respiração que marca os agrupamentos de palavras que têm significado. Veja, por exemplo, o trecho do discurso de Michelle Obama na Convenção Nacional Democrata de 2008, cerca de dez minutos depois do início. Anotei as respirações primárias entre parênteses — e você pode ver que elas vêm exatamente quando cabe a Michelle fazer uma pequena pausa para organizar o próximo pensamento:

Todos nós movidos pela simples crença de que () o mundo como está simplesmente não funciona () de que temos a obrigação de lutar pelo mundo como deveria ser () e *esse* é o fio que conecta nossos corações () *esse* é o fio que percorre a *minha* jornada () e a jornada de *Barack* () e tantas *outras* jornadas improváveis que nos trouxeram aqui esta noite () onde a corrente da história encontra essa nova maré de esperança () e você pensa é por *isso* que eu *amo* este país.

Tente repetir isso em voz alta, respirando em cada um desses símbolos (); não prossiga até sentir o impulso de falar. A respiração não foi apenas a temática do capítulo 1. Também é pontuação; também é uma unidade de significado. Ela tem um significado: estou aqui. E quer dizer: *Estou me permitindo ser afetada pelo que acabei de dizer e vou me recompor para o que estou prestes a dizer.*

Mas, voltando a Amina, ela continuava caindo no mesmo padrão vocal, lendo frases em vez de comunicar seus pensamentos, e a consequência era que cada frase soava como a anterior, independente do conteúdo. Cada uma tinha uma espécie de "Duh-duh-DUH-duh-duh? Duh-duh-DUH-duh-duh?" (as interrogações denotam uma inflexão ascendente que soava como o "Entende o que quero dizer?" do capítulo 2). Preste atenção quando você ouvir as pessoas lendo em voz alta. Para a maioria de nós, quando não são nossas palavras (e muitas vezes até quando são), é necessário um trabalho real para habitar os pensamentos, apropriar-se de cada grupo em voz alta e respirar quando um termina para energizar o próximo.

Veremos adiante o que é esse uso. Mas já aviso: se você pular essa etapa, se não usar seus pensamentos, visualizar as imagens ou encontrar o porquê, é muito fácil desconectar os sons que saem da sua boca dos pensamentos que deveriam transmitir. E, sem essa conexão, os momentos dramáticos não parecerão dramáticos, as partes engraçadas não serão apreciadas e as histórias não comoverão o público. Como ouvintes, sabemos diferenciar uma palavra que soa abstrata e uma que está ligada ao significado. Isso acontece quando ouvimos alguém lendo em voz alta algo que não escreveu — a ata de uma reunião ou uma citação, por exemplo. Mas esperamos algo melhor quando ouvimos uma pessoa apresentar suas próprias ideias em uma tribuna. O contrato social é: quando você se coloca para falar na frente de outras pessoas, precisa se apropriar do que diz.

No caso de Amina, ela me procurou no ponto do processo em que o discurso ainda estava sendo escrito, portanto é claro que ele ainda não a habitava. Existem duas maneiras de partir desse ponto para um discurso belissimamente entregue e vívido. A primeira é com tempo. Se você tira uma pausa para refletir sobre as suas palavras por tempo suficiente, para pronunciar o discurso em voz alta enquanto anda pela sala de estar, para visualizar o público e respirar, provavelmente chegará a um bom resultado, em algum momento.

A segunda maneira é mais técnica, mas, se você nunca pensou em linguagem dessa maneira, vale a pena. Como Kristin Linklater escreveu a respeito dos primórdios da fala humana: "É inconcebível que, quando a boca começou a formar palavras, ela o fizesse de maneira dissociada dos exercícios familiares de mastigar, morder, beijar, chupar, lamber, rosnar, estalar e lamber. Todas essas eram atividades funcionais, com recompensas sensuais e eventos colaterais palpáveis de prazer para a maioria deles, e de raiva ou medo para uma ou duas delas. As palavras têm uma linha direta desde as terminações nervosas da boca até os depósitos sensoriais e emocionais do corpo". Não é como nós pensamos a linguagem hoje; talvez essa linha direta tenha sido cortada ou entrado em curto-circuito. Vamos refazer essa ligação.

Como Kristin lembra, as palavras são sensuais. Podem brincar com os sentidos se deixarmos. Experimente berrar. Sinta a língua entre os dentes, sinta o ar escapando acima e abaixo dela, como se estivesse soprando na brisa. Pense em ouvir o estrondo à distância na estação seca. Sinta o cheiro da chuva. Sinta o sutil cheiro de queimado depois de um raio. Sinta as paredes tremerem. Sinta as roupas molhadas no corpo. Berre.

Agora tente dizer "catastrófico". Ou "mel". Ou "pertencer". Onomatopeia é a palavra que capta o conceito de quando som e significado se fundem. Mas, na realidade, todas as palavras têm o potencial de serem onomatopeicas se você permitir. E quando permite que uma palavra como *"belong"* [pertencer] tenha algum significado para você — as sílabas que emergem de você entrelaçadas com o que a alma sente quando encontra seus companheiros, a última sílaba alongada pelo desejo —, você atinge seu ouvinte em outro lugar. E o mesmo ocorre com você também. Nosso corpo responde às nossas palavras quando usamos bem a linguagem. Incitamos nossas palavras, e nossas palavras nos incitam. Moldamos nossas palavras, e nossas palavras nos moldam.

Então, vamos exercitar esses articuladores, as partes da boca que se movem e moldam o som. Comece fazendo um passeio pela boca: toque os dentes superiores com a língua, deslizando a ponta contra a parte inferior deles. Em seguida, empurre a parte interna dos dentes superiores e depois, mais acima, sinta a crista onde eles se conectam à gengiva e onde começa o céu da boca. Continue subindo, sentindo o céu da boca — primeiro o palato duro, com seus pequenos sulcos, depois, mais para trás, o palato mole, a parte mais escorregadia, que sobe quando você boceja. Agora empurre os dentes de baixo com a língua e, em seguida, alivie fazendo o som de *y* de "*yes*". Sinta o meio da sua língua achatar e as costas se agruparem para criar o *y*. Agora diga "*yesterday*". Observe se seus lábios fazem menção de franzir no *ter* e voltam para uma espécie de sorriso no *day*. Delicadamente, coloque a mão na mandíbula e observe como ela muda do início da palavra para o final. É menos movimento do que para a palavra "*yawn*"?

As vogais são os sons que fazemos quando a boca fica aberta e o ar continua a fluir ininterruptamente; as consoantes são os sons que fazemos quando moldamos nossos articuladores para obstruir esse ar. *B, p, m, v, l, g*... Faça esses sons olhando no espelho se quiser ver algumas formas em ação e observe quais articuladores estão se movendo para chegar até lá. Todos os grupos de palavras têm sons de consoantes e vogais, então você está constantemente abrindo a boca e, em seguida, manobrando seus articuladores em novas posições e, depois, abrindo a boca de novo. É meio incrível. Os músculos da fala, que tiram e põem os articuladores no lugar rapidamente ao longo do dia, fazem um trabalho muito ingrato, por isso reserve um tempinho para agradecer a eles.

De maneira inevitável, no entanto, seu sotaque e o estilo pessoal de sua fala fortaleceram alguns músculos e deixam outros atrofiarem. Por isso, depois de agradecer a eles, arraste-os para a academia. Aqui está um exercício que você pode fazer todos os dias para combater esses efeitos, ou pouco antes de um discurso importante, para soltar os músculos da fala: comece bocejando o máximo possível, massageando as articulações da mandíbula em ambos os lados do rosto com as pontas dos dedos, depois estique a língua até sentir um puxão na parte de trás. Franza os lábios e trace um círculo em uma direção e depois na outra. Estique os músculos faciais ao redor da boca ou bochechas que parecem precisar de um pouquinho mais de amor. Sopre e vibre os lábios se conseguir; se não conseguir, isso em geral significa que ainda há muita tensão em torno dos seus lábios. Dê mordidas grandes e ridículas em uma maçã imaginária e tente outra vez. Agora diga "uá uá *ui* uá" cinco vezes devagar, depois o mais rápido e com a maior precisão que puder. (Coloquei em itálico aqui e abaixo os sons com mais ênfase na frase, para que você possa sentir o ritmo.)

Agora diga cada um dos seguintes versos [em inglês] cinco vezes, devagar, e depois repita, mais rápido:

mah may *mee* my moh moo
nah nay *nee* ny noh noo
lah lay *lee* lie lo loo

mah na *la* tha vah zah
moh no *low* tho vo zoh
me ne *lee* ti vee zee
may nay *lay* they vay zey

Agora recite os trechos seguintes que adaptamos para o portugês, com o som que fazemos ao relaxar enquanto pensamos, se preparando para dizer as duas linhas em uma única respiração:

pahn pahn *pah* // bahn bahn *bah* // tahn tahn *tah* // dahn dahn *dah* // kahn kahn *kah* // gahn gahn *gah*
gahn gahn *gah* // kahn kahn *kah* // dahn dahn *dah* // tahn tahn *tah* // bahn bahn *bah* // pahn pahn *pah*

Dá para perceber que o primeiro conjunto de consoantes é produzido com os lábios, o segundo, com a ponta da língua, e o terceiro com o palato mole — isso exercita todas as partes acima.

Tente dizer *gahn* gahn lahn quatro vezes rápido.
E depois *lahn* lahn gahn gahn quatro vezes rápido.

Então faça quantas vezes puder antes de se atrapalhar:

gahn gahn lahn lahn // *lahn* lahn gahn gahn // *lahn* lahn gahn gahn // *gahn* gahn lahn lahnetc.

Para os falantes de inglês americano, este exercício é surpreendentemente difícil; nossa língua precisa desse treino.

Agora diga *"The lips, the teeth, the tip of the tongue; the tip of the tongue, the teeth, the lips"*.

Treine até ser capaz de dizer isso três vezes sem respirar. Este é um exercício que indico muito para meus alunos estrangeiros buscando melhorar a pronúncia do inglês, já que a pronúncia do "th", como ao final de "teeth". é invariavelmente difícil, pois é estranho colocar nossa língua para fora da boca. O segredo é colocar a língua para fora da boca o mínimo possível, quase imperceptivelmente.

Diga *"Fearless bears surely roar far"*.

O que está acontecendo com aqueles *r*s no final das palavras? Dependendo do seu sotaque, você pode estar usando mais tensão muscular do que o necessário (chamado de "*r* forte"), que pode ser associado a sotaques do interior, como ocorre também em regiões do Brasil com a pronúncia do "r" em português.. Experimente dizer essa frase da maneira mais simples e mais clara possível. E principalmente se você pronunciar um "*r* forte" aqui, pratique enviar a energia para eles, em vez de deixá-la presa na boca. A questão não é o som em si, e sim que você compartilhe conosco em vez de manter para si.

Recite o seguinte poema (de 150 anos!) de Arthur O'Shaughnessy, certificando-se de expressar todo o trajeto até o final de cada verso.

We are the music makers,
And we are the dreamers of dreams,
Wandering by lone sea-breaks
And sitting by desolate streams
World losers and world-forsakers,
Upon whom the pale moon gleams
Yet we are the movers and shakers
Of the world forever, it seems. *

---

* Nós somos os compositores de música,/ E nós somos os sonhadores dos sonhos,/ Vagando por ondas solitárias no mar/ E sentados em córregos desolados/ Perdedores do mundo e abandonadores do mundo,/ Sobre quem a lua pálida brilha/ No entanto, somos os que movem, os agitadores/ Do mundo para sempre, parece.

Você observou onde respirou? Tente novamente, juntando cada grupo de pensamentos e pontuando-o com a respiração. Talvez você respire no final de cada verso, ou de dois em dois. Sua voz deve preencher o cômodo em que você se encontra — nem alta nem baixa demais.

Agora pense no que *música* significa para você. E *sonhadores*, e *sonhos*. As palavras *solitário* e *desolado*. Pense no que significaria abandonar o mundo. Pense em como a lua faz você se sentir. E os prazeres rebeldes de ser um agitador. Você não precisa exagerar aqui; não se trata de fazer um teatro infantil ruim. Trata-se de permitir que as palavras evoquem imagens e sentimentos, deixando que signifiquem algo para você. Enquanto você faz esse exercício, sozinha, dando a si mesma permissão para se divertir, acredite que quando falar o texto em voz alta novamente, mesmo na frente de outras pessoas, o trabalho não será em vão. Por favor, faça isso com qualquer texto de que goste ou com algo que você mesma escreveu.

Agora, tente dizer algo que não está escrito, como "Minha parte favorita do trabalho é _____". Veja se esse exercício afeta sua fala espontânea. Você está sentindo as palavras? Ainda está respirando? Sua voz ocupa todo o cômodo? Como está a altura dela?

Muitas vezes, são as coisas que dizemos o tempo todo — o que fazemos para viver, talvez uma frase para definir o roteiro que estamos tentando vender ou uma ideia sobre a qual falamos com todos — que se desconectam acidentalmente, de modo que as palavras que saem da nossa boca perdem a vivacidade. Embotadas pelo uso excessivo, as frases que antes soavam bem e eram fáceis de dizer agora não transmitem nada. A leitura sem emoção de Amina, por um lado, e a fadiga do orador, por outro, levam a resultados semelhantes: se não nos basearmos nos nossos pensamentos, visualizarmos as imagens ou descobrirmos o porquê, não nos comunicaremos bem. Tampouco o faremos se esquecermos os pensamentos originais que levaram às palavras, se esquecermos as imagens e negligenciarmos nosso porquê.

Se isso acontecer, seja prática. Invista uma energia renovada para sentir as palavras e traga à mente imagens que se relacionem com as palavras que você está dizendo. Se não é quando elas vêm à luz, ainda é a primeira vez que estão sendo ouvidas *aqui*. Por *estes* ouvidos. Faça valer o trabalho e o parto. Você pode suar um pouco. Enquanto escrevo isso, não posso deixar de lembrar da semana em que apresentei a proposta deste livro — catorze apresentações pelo Zoom em um período de três dias, em meio à pandemia. Contei as mesmas histórias e apresentei o mesmo material, conversando com um novo punhado de rostos a cada vez. Mas, seguindo meus próprios preceitos, eu me atrevi a me esforçar para falar como se fosse a primeira vez, porque, para aquelas pessoas, era. Foi exaustivo e excelente.

Se você está prestes a fazer um novo discurso, como Amina estava, e planeja decorar ou ler um teleprompter, quero ajudá-la a se preparar. Principalmente se você mesma estiver escrevendo, provavelmente está pensando no quê, no quem, no porquê e em que ordem — e, quando tudo estiver decidido, pode parecer que o trabalho está feito. Mas é claro que não é assim: um belo discurso não ganha vida sozinho. Aqui está um passo a passo que desenvolvi para tirar um discurso da página, de modo que ele viva em você e depois fora de você.

Chamo essa abordagem de "Quatro S". A ordem não importa tanto, mas é crucial obedecer cada passo. Usei esse método com CEOS, políticos e estrelas de cinema; ele funciona. Os atores chamam esse tipo de preparação de "composição", que é um lembrete encantador de que, assim como a música, quando anotamos, analisamos e praticamos, não precisamos fazer tudo isso no dia e podemos apenas ser espontâneos.

1. SENTIDO: Ainda que você mesma tenha escrito o discurso, o que significam cada palavra e expressão idiomática? Qual é o *verdadeiro* significado? Use um dicionário, mas também reserve um tempo para pensar nas palavras ou frases e torná-las pessoais. Se o discurso for em sua língua materna, pode ser fácil pular essa etapa, mas ela é essencial. Se estamos usando um termo do mundo da arte, é literal ou é um jargão? É vago ou é específico? Verifique se o que está dizendo é muito formal ou "acadêmico" demais porque você está tentando parecer algo que não é, ou se parece mais um discurso escrito do que falado. Verifique se todas as palavras ou frases que está se preparando para dizer têm valor para você. Se não, troque-as por outras que tenham. Não estamos aqui para perder tempo e espaço. Mantenha-se em um alto padrão de compreensão: sei o que estou dizendo, sei o que significa e tem significado *para mim*.

2. SOM: Pratique falar em voz alta frases do seu discurso. Observe os sons que se repetem, seja de propósito ou não, e sinta o que acontece quando você os usa em rápida sucessão. Eles podem muito bem *fazer* algo com você — afetar sua conexão com as palavras, afetar o modo como você se porta. Veja este verso de Adele: "*I can't keep up with your turning tables*". Diga em voz alta. Sinta os sons do "k" no início e depois os *ur* e cada *t* perto do final.

Você pode dar um pequeno toque em cada *t*, como se estivesse afastando alguém com suas palavras? Como o inglês é muito influenciado pelas línguas românicas e germânicas, é sempre possível explorar quais sons parecem redondos e suaves e quais parecem mais nítidos. Assim como a linguagem da noite e do dia, ambos são úteis. Ambos detêm poder. (Há uma razão pela qual os palavrões favoritos em inglês são quase todos germânicos. O *f* e o *k* de *"fuck"* são bastante satisfatórios para nossos articuladores. Coloque alguma energia do *"fuck"* em cada *k* e *t* no verso de Adele e veja se isso evoca algo.) Faça esse exercício em voz alta com tudo o que você está se preparando para dizer e se permita se surpreender. Levante-se, caminhe e experimente falar sons, palavras, pensamentos inteiros, usando também o corpo. Confie que suas palavras não se tornarão obsoletas ou mornas com o uso excessivo, desde que você decida dar a elas a devida intensidade quando chegar a hora de usá-las. E, enquanto você está nessa etapa, certifique-se de pronunciar tudo com confiança, incluindo o nome do seu anfitrião ou a instituição em que está falando, para que não haja pontos de interrogação em sua voz. Caso contrário, conscientemente ou não, você vai tentar se esconder quando chegar a essa parte: vai murmurar ou ficar calada, cobrir a boca inadvertidamente ou bloquear o que sente. Para domar as suas palavras, você deve saber o que elas significam *e* se sentir bem ao dizê-las em voz alta. Estou falando sério. Se você tem um sotaque regional ou inglês é sua segunda língua e você se preocupa em não ser compreendida, peça a uma pessoa que lhe dê uma opinião construtiva e, em seguida, ouça como ela própria diz as palavras. Pratique devagar. Grave e ouça. Não há nenhum truque mágico para unir sons incomuns, exceto dizê-los até que os músculos da boca aprendam os movimentos e conheçam a dança — além de aquietar sua mente crítica para que sua boca possa realizar o trabalho para o qual foi feita.

3. SALIENTAR: Se as palavras não têm todas a mesma importância, quais delas se destacam? Para falar bem em público, você precisa fazer *algo* para salientar cada palavra importante. Quase toda a comunicação falada gira em torno de quais palavras são enfatizadas, só que fazemos isso tantas vezes que nem percebemos. Experimente dizer "Eu nunca disse que ela roubou meu dinheiro" em voz alta, da forma mais neutra possível, tentando não realçar nenhuma das palavras. Tente de novo, de forma mais neutra ainda. Provavelmente vai soar como uma negação vaga, ou algo indistinto. Cada palavra na frase tem um significado consensual, mas unidas e expressas sem rodeios, o significado coletivo parece fora de alcance. Você está na defensiva? Está tentando acertar as contas? Evitando um confronto? Ou querendo um? Este é o início ou o fim de uma discussão?

A variação da altura da voz é complicada (veja o capítulo 4!), mas a questão é: sem essa variação, a fala parece confusa. Mesmo que você tenha um ponto de vista sobre o que está dizendo, *vai parecer que não tem*. Pode ser útil se seu ponto de vista incitar um conflito que você está tentando desesperadamente evitar. Pode ser profundamente problemático se você estiver tentando algo ousado.

Essa frase nebulosa sobre roubar dinheiro ganha um significado mais claro se enfatizarmos "ela": Eu nunca disse que *ela* roubou meu dinheiro. (Ah, então foi outra pessoa que roubou? Interessante.) Ou se enfatizarmos o "roubou": Eu nunca disse que ela *roubou* meu dinheiro. (Ah, então ela o adquiriu de forma justa? Esqueça a busca pela culpada.) Ou se enfatizarmos "meu": Eu nunca disse que ela roubou *meu* dinheiro. (Espere, então quem é a vítima aqui?) Ou se enfatizarmos "dinheiro": Eu nunca disse que ela roubou meu *dinheiro*. (Bem, agora a história ficou interessante. O que realmente está faltando?) Os linguistas gostam de usar essa frase porque é um exemplo bastante direto do poder da ênfase, mas a realidade é que quase todos os pensamentos que pronunciamos em voz alta em inglês funcionam assim: ou melhor, existe essa possibilidade, se não deixarmos que a frase seja desperdiçada com uma fala combalida e monótona. As palavras importantes em geral são as que trazem novas informações ou desafiam uma afirmação ou suposição anterior. ("Por quê? Por que *não*?") São palavras-chave, vitais para o pensamento como um todo. Por escrito, podemos usar itálico, mas qual é o equivalente na fala?

Se você toca um instrumento musical, a resposta soará familiar: volume, ritmo, tom e altura. Você pode falar mais alto, mais rápido, de modo mais engraçado ou mais agudo em qualquer palavra. Ou os respectivos opostos. Você faz isso na vida real o tempo todo: longe da tribuna, cada um de nós (com variações de sotaque ou idioma nativo) enfatiza as palavras com base quase exclusivamente em significado. Pratique isso com o discurso que você escreveu. Toque seu instrumento.

4. SENTIMENTO: Se você seguiu os três primeiros passos, este já deve estar acontecendo, mas quero ser explícita: deixe que seu corpo sinta enquanto você fala. Permita que res-

ponda ao sentido, aos sons e ao ritmo das palavras tônicas. Mesmo que a conversa seja sobre ganhos do terceiro trimestre. Mesmo que seja um passo para assumir um projeto que você ainda não tem certeza se quer. Encontre algo que lhe interessa e diga como você se importa — dando vida à sua linguagem usando as três etapas acima. Este passo final é um lembrete de que as emoções são boas e você deve usá-las com propósito. Este é um lembrete de que se importar é mais transformador do que parecer blasée. Este é um lembrete de que seu ponto de vista é importante. O que você sabe com certeza? O que você quer? Como se sente ao expressar isso?

Sentido, som, salientar, sentimento. Você pode muito bem encontrar algo novo no momento em que estiver na frente do público, recebendo feedback não verbal dele. Mas confie que, se fizer os Quatro S com antecedência, não terá que pensar nisso de maneira técnica na hora.

Uma boa dica: olhe para o trecho do discurso de Michelle Obama que incluí no início deste capítulo. Você verá que coloquei em itálico as ênfases. Agora observe o agrupamento de pensamento conclusivo: "e você pensa é por *isso* que eu *amo* este país". Note a ênfase. As palavras teriam um significado bem diferente se ela tivesse dito "e você pensa é por isso que *eu* amo este país". Isso implicaria que Michelle Obama estava se comparando com outra pessoa. Em vez disso, ela enfatizou "isso" e "amor" — o que sugere que o amor dela pelo país estava em questão. De fato, como descrito em seu livro de memórias, *Minha história*, esse discurso foi feito em um momento excruciante, depois de algo que ela havia falado ter sido mal interpretado, com suas críticas aos Estados Unidos estampando os jornais, colocando em risco toda a narrativa em torno dela e de seu marido. No palco, Michelle Obama não faz referência direta à enxurrada da mídia. Ela vai mais alto. Mas, com ênfase em palavras-chave, faz uma referência indireta. Desafia as suposições. Se você assistir ao vídeo, verá o público aplaudir e a alegria aumentar à medida que as 20 mil pessoas conectam os pontos. Estão todas com ela. As acusações que Michelle Obama está enfrentando ficam no espaço entre elas, não são ditas, graças ao uso sutil da ênfase. A marca da comunicação sofisticada e diferenciada entre pessoas com qualquer história compartilhada, mesmo uma história cultural compartilhada entre estranhos, é que ela está cheia de implicações. Uma vez que estamos conscientes disso, podemos usar a situação a nosso favor, como Michelle Obama fez.

Assista também a alguns minutos do famoso discurso de formatura de Barnard feito em 2018 pela estrela do futebol Abby Wambach e veja se consegue sublinhar as palavras-chave — não apenas as mais divertidas, mas as que fornecem novas informações e levam o argumento adiante. Abby inicia uma parte do discurso dizendo: "Como todas as meninas, fui ensinada a ser grata. Fui ensinada a manter minha cabeça baixa, seguir o caminho e fazer meu trabalho. Eu era a própria Chapeuzinho Vermelho", personagem a que ela se refere como "apenas uma iteração das histórias que são contadas para meninas de todo o mundo para que tomem cuidado". Em seguida, ela relaciona isso a sua própria vida:

Segui aquele caminho por medo, não de ser comida pelo lobo, mas de ser cortada, banida, de perder meu salário. Se eu pudesse voltar e dizer uma coisa ao meu eu mais jovem, seria: "Abby, você nunca foi Chapeuzinho Vermelho; você sempre foi o lobo".

Você percebeu as palavras contrastantes "nunca" e "sempre", "Chapeuzinho Vermelho" e "lobo"? Esses tipos de pares são chamados de "antíteses", e você pode encontrá-los em todos os lugares em que nos comunicamos; nosso cérebro geralmente se organiza em pares, quer percebamos ou não (percebeu?). Mas como você diria essas palavras em voz alta para garantir que seu público *sentisse* a oposição?

E, não, você definitivamente não precisa ser Abby ou Michelle para fazer tudo isso. Uma vez que Amina pegou o jeito, de repente parecia que o que ela estava dizendo era importante, e que importava para ela. O trabalho com ênfase a ajudou a se lembrar do porquê, impulsionando-a de uma ideia importante para outra ideia importante. Ela encontrou sua chama. Ela se iluminou. Ela se tornou "uma pessoa", em vez da alternativa robótica. E ganhou a eleição para vereadora; na verdade, agora é prefeita. É uma boa antítese, não?

Espero que o exercício anterior tenha ajudado você a descobrir a versão de si mesma que usa a linguagem e a domina, mas também espero que sejam raras as ocasiões em que precise se ater a um roteiro. Espero que você consiga usar a linguagem *e* pensar rápido, surpreendendo-se com a forma como articula seus pensamentos no momento, sorrindo para a quimera e deixando-a descansar em alguma caverna, longe dos holofotes. Espero que você esteja pronta para honrar suas ideias o suficiente para que elas tenham mais importância do que as palavras.

Quando minha amiga Stephanie Ybarra assumiu a direção artística do Baltimore Center Stage, tornou-se a primeira mulher de ascendência latina a administrar uma grande companhia de teatro americana. Quando você a ouve falar, ela soa como uma líder. Empolgante, nova, real. E também como ela mesma.

Perguntei como ela se prepara para falar na frente de uma multidão, e Stephanie me disse que aprendeu muito observando seu antigo chefe, um homem carismático cujos comentários ela preparava. Embora muitas vezes usasse material reaproveitado de centenas de eventos, ele eletrizava as multidões (quando Stephanie me disse isso, imitou todo mundo tirando a camisa como se o cara fosse uma estrela do rock). "Não é o que ele está dizendo", ela pensava, "porque eu ouvi essa merda várias vezes. É a mesma mensagem. É a maneira como ele diz que soa autêntica. Toda vez que ele fala, parece que está improvisando." Então ela treinou. Por anos. "Primeiro comecei com um roteiro, depois passei a digitar pontos específicos. Então comecei a escrever à mão. Agora, oficialmente — inclusive no funeral do meu próprio pai —, escrevo pontos específicos nas costas da minha mão."

Perguntei se ela já teve medo de não soar articulada tendo só alguns pontos de referência e se ficou com medo de esquecer para onde um pensamento estava indo. Ela assentiu em concordância, então respondeu, pensativa: "A esta altura, recebi tantos comentários positivos quanto à autenticidade do meu estilo de falar em público que me sinto muito mais confortável fazendo uma pausa ou enfrentando dificuldades na frente de todos. Há algo nisso... de que as pessoas parecem gostar".

Falar bem em público simplesmente não é o mesmo que falar como um autômato pré-programado. Sonhamos em não cometer erros, em não soltar aquele "hã", em encontrar a frase perfeita no momento perfeito, para parecer mais articuladas do que nunca. Isso provavelmente é culpa de Winston Churchill. Ou daqueles velhos padrões erguidos à imagem dele, que nos colocam em desvantagem e nos fazem querer nos vacinar contra os erros. Mas ter dificuldade à vista de todos é um presente para o público, e a autenticidade é mais importante do que a eloquência. Queremos você lá; e a ênfase está em "você".

8. Heroísmo

Do meu ponto de vista, que é o de uma contadora de histórias, vejo que a vida de vocês já tem um aspecto artístico e está esperando, apenas esperando, pronta para que a tornem arte.

Toni Morrison, discurso para os
formandos de Wellesley, 2004

Começou com um meme. Eu estava passando o feed adiante, atrás de um escape; era o verão de 2018 e as notícias eram demais. Uma insensibilidade que eu não acreditava ser possível agora parecia fora de controle. Voltei ao meu quarto de hotel depois de vagar por Washington, DC, em um dia de folga das filmagens de *Mulher-Maravilha 1984*, e pensei que *precisávamos com urgência de uma heroína na vida real*. Eu havia participado de protestos e reuniões de planejamento, ajudado a arrecadar fundos, e visto como todos estavam exaustos, desesperados, como se nossos termômetros de empatia parassem no dez, e me preocupei com o que aconteceria se os ajudantes se esgotassem. Meu próprio corpo estava abatido e exausto, e eu era constantemente surpreendida por novas dores. Alguém próximo me disse que minha luz tinha se apagado — e é impossível esquecer algo assim.

E então deparei com um meme, soltei um suspiro vacilante e fiquei olhando para ele. Era um diagrama de Venn com dois círculos simples. Um dizia "o que mais deixa seu coração devastado" e o outro, "onde estão suas habilidades". A sobreposição, de acordo com a imagem anônima, é onde somos chamados a servir. Eu já tinha visto versões disso antes — é o conceito japonês de *ikigai*, que significa propósito de vida ou *razão de ser*. Existe uma frase célebre que às vezes é atribuída a Aristóteles sobre encontrar sua vocação bem onde seus talentos e suas necessidades se cruzam. Mas eu precisava da informação de que minha devastação tinha um significado, que estava me mostrando uma direção. E precisava de uma tarefa: o que *mais* devastava meu coração?

Eu não sabia disso na época, mas, ao mesmo tempo, a organização progressista MoveOn.org tinha a intenção de juntar cada um de seus candidatos escolhidos — em sua maioria mulheres concorrendo ao cargo pela primeira vez — com uma pessoa que pudesse prepará-los para melhorar tanto o conteúdo quanto a oratória de seus discursos para conseguirem apoio político. Quando voltei a Los Angeles, um amigo ligou para perguntar se poderia me indicar para eles. Minha resposta foi um guincho.

Por Zoom, em uma tarde de agosto, entrei em uma sessão de integração com dois colegas instrutores que já haviam começado a trabalhar com aqueles candidatos inexperientes. Eles me contaram sobre o maior problema que tinham percebido até então, além do nervosismo e da ansiedade geral de falar em público. Acontece que todos aqueles novatos tinham o hábito de pular suas histórias de origem

— não o lugar onde nasceram e cresceram, não esse tipo de origem, explicou um instrutor chamado Monte. Mas o momento em que perceberam que *eles* podiam representar seus vizinhos — que poderiam ser os heróis que todos estavam esperando. Por acaso estavam no chuveiro quando aconteceu? Conversando consigo mesmos? Do que se tratava? Qual era o embate? Contra o que estavam lutando? O que eles tinham percebido que mais importava naquele momento de decisão? Como haviam chegado ao ponto de dizer: *Dane-se. Estou dentro.*

Sim, eu pensei, ouvindo Monte. Isso faz muito sentido. Compartilhar seu momento de revelação é uma chance especial de demonstrar sua personalidade para seus possíveis eleitores. *Eu vim deste lugar* não tem tanto poder em comparação com *O que eu fiz em um momento impossível.* Foi a primeira vez que ouvi o termo "história de origem" usado dessa maneira — de alguma forma, eu o associava a super-heróis e crimes sangrentos em becos escuros ou a acidentes de laboratório. Mas aquela conversa foi, inesperadamente e sem uma única aranha radioativa, minha própria história de origem. Minha própria revelação. Mudou completamente minha vida.

Vou explicar melhor, mas, antes, quero falar de você. Duas perguntas surgem mais do que qualquer outra para os preparadores. A primeira é: "Como lido com o nervosismo?". E a segunda é alguma variação de "Não me saio bem falando sobre mim. Como aprendo a contar as histórias da minha vida, a me promover e toda essa coisa repugnante de falar a meu respeito?". São os mesmos dois problemas que aqueles candidatos enfrentaram ao falar em público pela primeira vez. Talvez sejam os mesmos dois problemas com os quais você tem dificuldade também.

Parecem opostos. O nervosismo tende a aparecer quando nos preocupamos demais com nós mesmas e ficamos obcecadas pela forma como as pessoas vão nos ver ou como vamos nos sair. Uma resistência a falar de si decorre de não falarmos *o suficiente* de si, de minimizar nossas realizações ou negligenciar nossas histórias porque as consideramos insignificantes. Se você chegou até aqui, não ficará surpresa quando eu diagnosticar o culpado: o patriarcado.

Acredito que ambos os impulsos são decorrentes de uma vida inteira de insegurança assimilada em relação a reivindicar nossa plena participação na vida pública. Com o nervosismo, é uma questão de sentir que você não é digna de ser vista e ouvida. Ao contar sua própria história, é... uma questão de sentir que você não é digna de ser vista e ouvida. Se você está em um palco ou em um escritório apresentando seu projeto, há uma boa chance de você ter merecido estar aí, mas também há uma boa chance de que você não acredite totalmente nisso. Talvez esses impulsos tomem a forma de uma voz provocadora em sua cabeça, dizendo *Você não está pronta*, ou *Você não é especialista nisso*, ou *Você não é boa/interessante/importante o suficiente*, ou *Sua história é entediante*, ou *Ninguém quer saber de você*, ou *Quem é você para...?*. Eu ouço isso na minha cabeça. Meus clientes ouvem. Aqueles candidatos e candidatas, todos futuros líderes brilhantes e inestimáveis, ouviram. Isso me deixa devastada — porque tira o poder de pessoas que merecem ter poder. Mas, ao que parece, também é nisso que sou habilidosa.

Talvez porque não sou apenas uma preparadora — também sou uma cliente zero. Eis uma curiosidade sobre mim: na maioria das vezes, sou uma exímia contadora de histórias. Com meus amigos, e até mesmo com estranhos, desde que consiga "ler" essas pessoas, confio 100% que minhas anedotas vão arrasar. Em resposta ao que as pessoas expõem, no diálogo, no contexto, histórias orgânicas simplesmente brotam de mim. Mas, se não consigo ler as pessoas ou estiver falando para o vazio (por exemplo, em webnários mal planejados no Zoom), de repente nada parece orgânico. Eu me encolho. Perco o fio da meada. Não consigo me lembrar de nada que já aconteceu comigo. Perco a fé nas histórias que sei que funcionam. *Já vi que você é uma esquisitona*, eu penso, *e suas histórias são irrelevantes. Ninguém quer saber de você.*

A melhor explicação que ouvi para essa (vou logo dizer) voz idiota na minha cabeça veio da dra. Carol Gilligan. Ela é uma psicóloga e eticista que escreveu *Uma voz diferente*, inovador best-seller de 1982, e agora está na casa dos oitenta anos com cabelo de Woodstock e um espírito rebelde como a inextinguível tocha olímpica. Quando era uma jovem pesquisadora em Harvard com apenas mentores homens, a dra. Gilligan descobriu que todos os estudos sobre a adolescência se concentravam em meninos, como se a experiência que eles tinham do amadurecimento não fosse apenas o padrão, mas a única experiência — e ninguém parecia se dar conta daquilo. Como ela escreve em seu livro seguinte, *Joining the Resistance* [Juntando-se à resistência], "os psicólogos levavam em conta uma cultura na qual os homens eram o protótipo da humanidade". Ela observava com frequência "conversas supostamente normais e cotidianas nas quais os homens falavam como se a omissão das mulheres fosse irrelevante ou inconsequente e as mulheres ignoravam ou desculpavam a omissão de si mesmas".

Assim, ela mergulhou fundo na experiência da adolescência feminina, entrevistando meninas sobre as decisões que enfrentavam antes da e durante a puberdade, ouvindo suas respostas e mapeando, entre outras coisas, quando as certezas da infância se transformavam nas incertezas da pré-adolescência. A dra. Gilligan descobriu que podia identificar quando a linguagem que as meninas usavam revelava seu crescente senso de obrigação para com todos menos com elas mesmas. Em outras palavras, podia ouvir seu embate interior quanto a se tornar ou não uma "boa menina". Ela chamou esse processo, que geralmente acontecia por volta dos onze ou doze anos, de "iniciação ao patriarcado". Em *Joining the Resistance*, a dra. Gilligan compartilha transcrições surpreendentes das entrevistas, cheias de barreiras vocais e pensamentos fragmentados, como esta mencionada a seguir, de uma adolescente de treze anos chamada Judy. Ao ser questionada quanto a por que não queria falar de sua vida familiar, ela respondeu:

> Não sei, porque não quero... não sei. Quer dizer, eu sei. É que, tipo... não sei explicar... não sei, não sei como colocar em palavras... nem sei se eu sei o que é. Então não posso explicar. Porque não sei. Eu nem sei, tipo, o que estou sentindo de verdade, no meu cérebro ou no meu coração.

Eu me pergunto se isso parece familiar. Alguém que conheço recentemente me deixou uma mensagem dizendo: "Sinto como se meus receptores cerebrais encarregados de descobrir o que quero fazer, como quero fazer e quando quero fazer... estão todos quebrados. Estão quebrados dentro da minha cabeça, de alguma forma. Mesmo quando eu tenho um momento de silêncio para pensar, ainda não consigo pensar". A dra. Gilligan diz que essa iniciação é "impulsionada pelo gênero e imposta pela vergonha e pela exclusão. Seus sinais indicadores são perda de voz e de memória, uma incapacidade de contar a própria história com precisão". Bem, isso é muito real. Parece cada vez mais difícil nos apegarmos àquilo que mais deveria pertencer a nós — nossas próprias memórias, nossa própria vida — à medida que nos tornamos "boas".

Enquanto a dra. Gilligan e seus colegas ouviam meninas em meio a essa transição, ouviam pessoas que descobriram por tentativa e erro que "devem silenciar suas vozes reais para serem aceitas e amadas". Os meninos recebem a mensagem de escolher a independência em vez de relacionamentos, e como resultado muitos deles sofrem de solidão; as meninas recebem a mensagem de escolher os relacionamentos acima de todas as coisas e, como resultado, comprometem sua conexão com sua voz interior. Fica mais difícil entrar em contato com seu conhecimento interior, e ignorá-lo oferece recompensas. Minha amiga Liz Kimball fez um post no Instagram após Simone Biles desistir de disputar as Olimpíadas nos pedindo para considerar "quantos anos você tinha na primeira vez que seu corpo, seu coração ou sua mente disse 'não' e você insistiu mesmo assim, porque foi isso que ensinou a cultura que criou você?".

Talvez hoje isso signifique que você aceite a situação e não insista em levar o crédito por algo de que se orgulha, para não afetar egos acostumados a ser massageados. Talvez você se esforce demais quando deveria descansar. Talvez você não consiga decidir se deve ou não viajar com os amigos porque está tão acostumada a pensar nas necessidades dos seus filhos que não tem ideia de como interpretar as suas. Talvez você não compartilhe boas notícias porque não quer se gabar e fazer os outros se sentirem mal — na verdade, você pode nem se sentir tão bem com boas notícias, por pensar que pode afetar seus relacionamentos. Queremos ser aceitas e amadas a todo custo. Nós nos colocamos em último lugar, e isso quase nos faz bem, porque deixamos muitas outras pessoas felizes. Não todas nós, mas muitas de nós, fizemos da necessidade de agradar aos outros uma forma de arte, e, como a dra. Gilligan lembra, a culpa não é nossa. Se somos perfeccionistas e sentimos a necessidade de agradar às pessoas, é graças às "cruzadas de uma cultura que se beneficia do seu sentimento de não ser boa o suficiente", segundo Kimball.

Tudo isso é prejudicial para nossas habilidades de falar em público. Devemos falar sentindo que somos suficientes — mais do que suficientes —, que estamos lá para salvar o dia. Devemos falar com a sensação de que somos autênticas heroínas. A heroína que todos esperavam. Isso requer que enfrentemos uma vida inteira de silenciamento da nossa voz interior, de defesa da "boa menina", de internalização de mensagens insidiosas de que é virtuoso não ser o centro das atenções. Porque a questão é que a solução para superar o nervosismo *e* a solução para se sentir bem quando falamos de nós mesmas são na verdade as mesmas: o segredo é focar ajudar o público.

O segredo é mudar o foco para os outros.

Parece uma necessidade de agradar às pessoas, certo? Mas há uma grande diferença entre se sacrificar para deixar os outros confortáveis e oferecer ajuda com generosidade porque você tem algo de que os outros precisam e porque cooperar é algo bom. O primeiro caso deixa você esgotada; o segundo deixa você renovada. Um faz você se sentir uma mártir; o outro, uma heroína. Falar em público é um serviço, mas só é sustentável se você confiar no fato de que o que está servindo é absolutamente fantástico. Então você recebe de volta tanto quanto dá.

"Mude o foco para os outros" nos faz refletir sobre o quanto realmente acreditamos que o que estamos oferecendo é bom. O quanto acreditamos que temos valor. Mas perceba que até mesmo o ato de decidir, como um experimento mental, que você está lá para ajudar e que será bem-sucedida pode modificar seu sistema nervoso, reorganizar sua mente e reajustar o coquetel químico de seu corpo para ter menos inibição e mais permissão. A questão é a seguinte: de acordo com cientistas evolucionistas, temos um longo histórico de interpretar como uma ameaça olhares dirigidos a nós. Os seres humanos pré-históricos literalmente registravam outras pessoas que os observavam como predadores e pensavam *Perigo! Perigo!*, desencadeando uma resposta fisiológica correspondente: respiração superficial, rosto corado, funções cerebrais de nível superior entrando em curto-circuito para lutar, fugir ou congelar.

"Então, hoje", diz Sarah Gershman, da escola de negócios da Universidade Georgetown, em um artigo na *Harvard Business Review*, "quando falamos na frente de um grupo e sentimos os olhos em nós, nos sentimos terrivelmente visíveis, como um homem das cavernas exposto à luz do dia", e fazemos o que for preciso para nos proteger. Mas, como fugir do palco não é socialmente aceitável, em vez disso, "construímos muros entre nós e a fonte do perigo — nesse caso, o público —, para repelir o ataque e atenuar qualquer risco". Vi isso acontecer diversas vezes. Um desses muros é a falta de contato visual, quando se confia demais em slides ou anotações. Outro é deixar a voz monótona, de modo que você esconde o que está sentindo, mas também acaba escondendo todo o resto: a altura e o tom da sua voz, sua musicalidade única, sua capacidade de se expressar. Você encontra maneiras de estar presente sem de fato estar.

Mas se você conscientemente passar a pensar *Eu estou aqui para ajudar meu público*, pode desarmar o botão de pânico. Parece pouco, não? Só que, quando escolhemos olhar para o público com bondade e oferecer o que temos com generosidade, desencadeamos uma resposta fisiológica totalmente diferente. Os muros desmoronam e nos damos liberdade para sermos nós mesmas. O que não é pouco.

Pare e pense em como é ajudar uma amiga que está passando pelo que já passamos. Quando você a vê com problemas, pode fazer um paralelo com sua vida. Pergunto a várias mulheres em oficinas: "Quem aqui odeia falar de si mesma?", e todas as mãos se levantam. Mas falamos sobre nós mesmas muito bem quando sentimos que vamos alcançar um resultado específico: se compartilhar o que passamos vai fazer com que uma amiga tenha uma perspectiva melhor para um dia difícil, que pode aliviar seu sofrimento ou ajudá-la a resolver seu problema, fazemos isso sem pensar duas vezes. Aposto que você não hesitaria em mencionar suas credenciais se pudesse ser diretamente relevante: "Na verdade, tenho formação em psicologia infantil" ou "Eu era uma dançarina profissional" ou "Tenho certificação em RCP". Seria ridículo se conter se alguém estivesse engasgando na sua frente. Você não estaria se gabando; estaria sendo gentil. Não tem a ver com você, tem a ver com *os outros*. Na minha comunidade on-line de mães, ajudamos umas às outras todos os dias, seja por meio de *threads* sobre como criar pequenos seres humanos ou sobre como negociar mudanças complicadas na carreira ou insistir que nossos parceiros sejam mais parceiros. Ler e responder é uma oportunidade constante de exercitar esse músculo em particular: o que eu tenho que pode ser útil?

Quando vemos alguém em necessidade, nós ajudamos. É uma generalização, claro, e joga com o estereótipo que a dra. Gilligan descreve de mulheres como cuidadoras. Mas existem boas razões para participarmos dessa troca de gentilezas, além de colocar os outros em primeiro lugar: quando ajudamos alguém, a gratificação é quase instantânea. A amiga se anima, ou recebemos uma "curtida", o vínculo é fortalecido e a dopamina é liberada no cérebro. De repente, estamos curtindo um barato. Provavelmente recebemos uma dose de ocitocina, o "hormônio do amor", que nos faz sentir carinhosas e aumenta a confiança, mas também ajuda nossos corações: acontece que a ocitocina faz com que o corpo libere óxido nítrico químico na corrente sanguínea, o que reduz a pressão arterial e dá um descanso ao coração. Quando vemos alguém que tem necessidade, nós ajudamos. Vale a pena. Como não adorar isso?

E fica melhor: estudos mostram que a ocitocina diminui a resposta de luta, fuga ou congelamento. "A ocitocina, o composto conhecido como hormônio do amor e química do abraço, merece um novo apelido: o combatente do medo", anunciou a *LiveScience*. A ocitocina vai direto para a amígdala cerebelar, o centro do medo de nosso cérebro, e diz ao desmancha-prazeres para relaxar — na verdade, pode ser uma característica evolutiva projetada especialmente para mães. O jornalista científico Luke Yoquinto explica: "O cérebro entrega rapidamente o hormônio ocitocina — que as novas mães têm em níveis elevados, começando com o parto — para onde é necessário, liberando-a para proteger seus filhos". Mas os homens também são perfeitamente capazes de obter essa dose alta quando oferecem ajuda, de acordo com um estudo internacional do dr. Dirk Scheele e colegas, no *Proceedings of the National Academy of Sciences*. Eles podem apenas não ser incentivados a segui-lo. (Na versão para pais do grupo de mães on-line, fiquei sabendo por fonte fidedigna, eles só tentam postar um meme que supere o dos outros. Por isso insisto: o patriarcado não faz bem a ninguém.)

O truque para defender a si mesma e suas ideias mais preciosas quando se está falando em público é ampliar essa troca — a necessidade, a ajuda, a explosão de hormônios —, mesmo que você não veja os problemas dos outros. Você pode usar todas as outras ferramentas deste livro para se preparar para esse momento, mas elas não vão resolver o caos interno nem permitir que sua voz ressoe sem essa ferramenta final. Tenha sempre a intenção de ajudar. Mude o foco para *os outros*.

Minha palestra favorita no TED é "A arte de ser você mesmo". Nela, Caroline McHugh, uma escocesa com um olhar arguto e uma empresa internacional de treinamento de individualidade, conta sobre como se sentia tímida quando era jovem e se preparava para se apresentar em uma reunião de família. Ela se lembra de sua mãe lhe dando uma cutucada sem sentido, dizendo que o trabalho era entreter e que ninguém estava interessado nela. Isso deixou Caroline com — como ela diz — um descaso espetacular pela ideia de ser o centro das atenções. "Desde então, *nunca* fui o centro das atenções", fala ela no palco do TED. "*Você* é o meu centro."

Sabe aquela ideia de que é mais fácil conseguir um emprego quando você não o quer muito? A falta de pretensão parece uma lição óbvia, mas não é bem assim. Quando não estamos desesperados para provar a nós mesmos, estamos focados no exterior, estamos vendo e ouvindo, o que ironicamente nos ajuda a ser vistos e ouvidos melhor. Falar em público *é fundamentalmente uma questão de ser visto e ouvido, mas também é fundamental ver e ouvir.* Quando sentir que está ficando nervosa ou que começa a desistir de contar uma história, sinta o chão sob seus pés, sinta o cheiro do espaço, ouça sua respiração, olhe para as pessoas que você está lá para ajudar. Faça dos outros na sala o centro de sua atenção. E se os rostos estiverem inescrutáveis, se a plateia for intimidante, se parece ridículo pensar que eles podem precisar de sua ajuda, pense: *E se eles estiverem engasgando, mas conseguirem esconder isso muito bem?*. Se você decidisse acreditar em si, quantos sistemas de poder desmoronariam? Só isso já é motivo suficiente para tentar.

"Mas onde estão as provas?", a voz em sua cabeça vai provocar você. Quer saber? Dê um nome a essa voz. Talvez o nome da pessoa de que você menos gosta — talvez aquele sujeito que representa tudo o que há de errado com o mundo — seja uma boa; depois treine, mesmo que apenas por um dia, repreendendo-o sempre que ouvir a voz. "Cara, não. Não mesmo. Você não quer o meu bem." Sei que pode ser mais fácil dizer do que fazer, só que é mais fácil do que às vezes pensamos. Ajudamos nossos amigos quando eles precisam de nós, revelando nossas próprias vulnerabilidades, para que eles saibam que não estão sozinhos, e celebrando nossa resiliência, para que eles possam se lembrar da sua própria. Ajudamos nossos amigos ao contar nossas histórias por razões práticas: é a maneira mais segura de mostrar nosso ponto de vista. Permitimos que eles nos vejam e nos ouçam *para poder ajudá-los*. Nosso público também merece isso.

Talvez o heroísmo seja o problema. Não podemos entrar no palco como heroínas do público se esse conceito parecer desatualizado ou feito para outras pessoas. Não podemos contar histórias da nossa vida como se fôssemos a heroína nelas, se as histórias heroicas são lendas e filmes como *Star Wars*. Quer você tenha lido Joseph Campbell ou não, deve ter uma noção da estrutura clássica da "jornada do herói": é épica; envolve um teste que muitas vezes requer força física para ser vencido; é algo pelo qual homens passam. Uma cliente chamada Parker, que estava envolvida em um processo desagradável por causa da maneira como fora demitida, primeiro me contou a história do que aconteceu *do ponto de vista de seu antigo chefe*, em vez do dela. Reconheci isso imediatamente porque já tinha visto acontecer antes; muitas vezes não conseguimos narrar nossas próprias jornadas porque não as reconhecemos como tal. Não conseguimos contar nossa história com precisão. É a mesma razão pela qual parecemos gostar mais de mulheres poderosas quando elas têm um emprego do que quando estão competindo publicamente por um emprego melhor, uma estatística que é divulgada toda vez que uma mulher concorre à presidência. O ato de competir põe a mulher em uma missão, e não sabemos o que fazer com isso. Os homens vão em buscas; as mulheres... apoiam? Esperam em casa? Tentam desviá-los de seus propósitos?

Bem, estamos muito atrasados quando se trata de romper de vez com esse paradigma. E a solução não é apenas a *Mulher-Maravilha*. Heroísmo, coragem e fazer o bem apesar das probabilidades são atributos que pertencem a todos nós. A jornada do herói não tem nada a ver com gênero, tampouco com o tamanho da jornada. Pode ser tão simples quanto um "eureca" no chuveiro. Em seu discurso ao receber o prêmio Nobel em 2017, o romancista Kazuo Ishiguro descreveu um tema que percebeu em torno de pontos de virada importantes em sua vida: "Muitas vezes, são momentos pequenos e desalinhados. São faíscas de revelação silenciosas e privadas". E o ato de passar por um desses momentos com graça pode ser chamado de heroísmo? Bem, o que você considera heroico? Requer músculos e glória? Ou é ouvir atentamente seu conhecimento interior e fazer a coisa certa a seguir? Ousamos chamar isso de heroísmo também?

Talvez nos recusemos a nos apresentar como heroínas porque o condicionamento de boas garotas a que somos submetidas deixa pouco espaço para termos orgulho de nossas realizações, ou talvez porque em algum nível suspeitamos dos heróis e da fonte do orgulho deles. Como Liz Phair canta: "Ele é apenas um herói em uma longa fila de heróis/ procurando algo atraente para salvar. Dizem que ele veio na traseira de uma picape/ e ele não vai sair da cidade até que você se lembre do nome dele". Esse tipo de heroísmo é um código para a masculinidade. É uma questão de vaidade e violência, de promover a si mesmo em vez do seu grupo. É a fama pela fama.

Talvez Hollywood seja o problema. Como a atriz e escritora Brit Marling observou em "I Don't Want to Be the Strong Female Lead" [Não quero ser a líder feminina forte], um ensaio que meus amigos enviaram como um disse-me-disse da nossa área quando foi publicado no *New York Times* no início de 2020, "existem séculos de julgamento e erro dentro da 'jornada do herói', em que um jovem é chamado à aventura e desafiado por provações, enfrenta uma batalha culminante e sai vitorioso, transformado em herói. E, embora existam padrões narrativos para as aventuras das meninas — *Alice no País das Maravilhas*, *O Mágico de Oz* — esses são raros, e para mulheres adultas mais ainda". Como Jia Tolentino diz em *Trick Mirror* [O espelho que engana], examinando todo o cânone da literatura ocidental, as histórias sobre o amadurecimento de meninas as retratam como "corajosas, inexpressivas ou amargas", isto é, se — e isso é um grande se — elas sobreviverem até a idade adulta. Marling passou a carreira interpretando a nova e brilhante solução de Hollywood para contar histórias sobre mulheres adultas: "a protagonista feminina forte". E ela rejeitou isso. "Seria difícil negar que existe algum cuidado a ser extraído de qualquer narrativa que dê às mulheres jurisdição e voz no mundo", escreve ela. "Só que, quanto mais eu agia como a protagonista feminina forte, mais eu me conscientizava da estreita especificidade dos pontos fortes das personagens — destreza física, ambição linear, racionalidade focada." Por que mudar a jornada do herói tradicional, quando você pode apenas reformulá-la com uma mulher e colocá-la em uma regata colada no peito?

Deus sabe que preparei roteiros suficientes dos quais o mundo não precisa. Os fiscais que dão o sinal verde nas cidades cinematográficas só sabem contar esse tipo de história de jornada de herói, sugere Rebecca Solnit em seu ensaio de 2019 "When the Hero Is the Problem" [Quando o herói é o problema], e então, inevitavelmente, esses são os únicos tipos de contos que ouvimos repetidamente. "A narrativa padrão de um filme de ação", ela diz, "requer uma pessoa excepcional em primeiro plano, o que exige que o resto dos personagens esteja no espectro de inúteis a ignorantes e perversos." Se não nos reconhecemos nos heróis, somos relegados a nos identificar com uma dessas outras categorias, o que não nos prepara exatamente para o sucesso. Talvez, observa Solnit, o verdadeiro problema seja que o heroísmo *comunitário*, do tipo feminino codificado, que funciona não colocando indivíduos em pedestais, mas distribuindo o poder de maneira mais uniforme, implica passar por muitas reuniões longas, e reuniões não funcionam bem na tela.

Muito do que eu considero heroísmo levaria a um filme nada convencional — construir consenso em uma reunião, tomar uma pequena decisão com um efeito cascata, defender alguém, mudar de ideia depois de obter mais informações, escolher falar sobre sua vergonha em vez de ficar em silêncio, assumir a responsabilidade por algo difícil de assumir —, mas todas são excelentes bases para histórias que cada um pode contar, caso se permita.

Quando o cabelo da deputada norte-americana Ayanna Pressley começou a cair um ano depois de seu mandato, ela guardou segredo, mesmo com medo de dormir à noite porque sabia que encontraria mechas em seu travesseiro pela manhã. Pressley questionou o modo como nosso cabelo parece nos definir, mas se sentiu envergonhada mesmo assim. E então decidiu fazer uma jogada ousada: confiar que uma história de queda de cabelo é uma história que vale a pena ser contada. Ela fez um vídeo para o *The Root* e, olhando direto para a lente, sem edições rápidas ou produção sofisticada, simplesmente falou. Pressley falou da alegria de encontrar seu visual na campanha (tranças senegalesas e as implicações culturais delas — como ela diz, "o cabelo é político") e de seu rápido declínio rumo à calvície, do desespero que acompanhou o diagnóstico de alopecia, do alívio da certeza, e da vulnerabilidade ainda crua enquanto tentava fazer as pazes com sua cabeça aveludada.

Se você assistir ao vídeo, verá Pressley improvisando, pensando em voz alta diante da câmera, encontrando as palavras no momento e se responsabilizando por dizer coisas verdadeiras. Você verá Pressley contar a história, com começo, meio e fim, ou como quer que ela chame o momento em que ela está agora na jornada. Você verá que Pressley nos permite vê-la e ouvi-la. E não apenas isso: ela muda o foco para nós. Libera seu constrangimento privado e nos oferece a chance de liberar o nosso. "Não estou aqui apenas para ocupar espaço", diz ela no vídeo, "estou aqui para criá-lo." É assim que contamos nossas histórias. Isso é heroísmo. E este é o novo som do poder.

"Elas devem silenciar suas vozes sinceras para ser aceitas e amadas", observou a dra. Gilligan. Essa história de falar a verdade em detrimento de ser amada é uma armadilha em nossa vida pessoal — não quero ignorar a delicadeza disso, as pequenas concessões que fazemos para manter a paz em casa ou as mentiras brandas que contamos para proteger aqueles que amamos, e o custo de não fazer isso. Talvez seja até complicado em sua vida profissional, caso seu trabalho exija que você faça coisas que não combinam com você. Mas, como evidenciado pelo mito da Pequena Sereia, no longo prazo, trocar sua voz por amor é um mau negócio. Quando você faz um trabalho que é importante para si, apresentando-se em público ou falando de algo que lhe é caro, sua voz real é exatamente o que fará com que o público ame você. Nós, o público, conhecemos filtros do Instagram e ghost-writers e as diretrizes de partidos; esperamos uma voz desconectada falando palavras agradáveis que sustentem cada status quo existente. Como Priya Parker diz em *The Art of Gathering*, "gastamos muito do nosso tempo em momentos pouco inspiradores e decepcionantes que não nos capturam, mudam de alguma forma ou conectam uns aos outros".

Contra essa expectativa, falar a verdade é poder. Ela nos cativa, nos muda, nos conecta. Penso em Emma González pegando o microfone três dias depois de dezessete de seus colegas terem sido mortos a tiros na escola, com a cabeça raspada e a dor recente. Penso nela falando sem se lamentar, repreendendo diretamente a mídia e os políticos, repetindo: "Nós dizemos que isso é uma farsa". Ela mostrou a verdade nua e crua, indelicada, nada bonita, forjada a fogo. Encontrou resistência e ódio. Ninguém a tomou como uma "boa menina". Mas ela também se tornou um símbolo de heroísmo em todo o país, por dizer algo verdadeiro quando poderia ter dito algo bonito.

Um exemplo mais radiante é Alicia Keys apresentando o Grammy de 2020 como se tivesse convidado todos os 16,5 milhões de espectadores para sua sala de estar. De pé em seu teclado, prestes a começar uma paródia que ela havia escrito para a ocasião, Alicia Keys fez contato visual e falou em volume máximo no microfone: "Posso ouvir um pouco mais de piano aqui, por favor, para conseguir fazer uma serenata apropriada para essas pessoas?". Ela poderia ter feito bonito, tentado fingir que não precisava de algo de que precisava para a apresentação ser melhor. Mas, em vez disso, falou a verdade. O que aproximou o público ainda mais dela. (Reabilitada da necessidade de agradar, ela diz em seu livro de memórias *More Myself* que levou anos para começar a se perguntar: "O que eu ganho com isso?".)

Como disse uma amiga que seguiu um programa de doze passos, sobre todas as histórias que contou e ouviu nos porões da igreja e nos salões sociais: se não for verdade, não é útil. E a questão é essa — é *isso* que devemos praticar se quisermos contar nossas histórias com precisão. É o que funciona para mim quando tenho alguma falha de memória. Devemos acreditar que contamos histórias *para serem úteis*. Quando falamos sobre nós mesmas e nossa vida, pode parecer que estamos falando demais de nós mesmas. E você vai *mesmo* falar sobre você. É uma fala pessoal. Os antropólogos dizem que contar histórias é fundamental para a existência humana e é uma característica de todas as culturas conhecidas na Terra. De acordo com o autor de *The Art of Immersion* [A arte da imersão], Frank Rose, isso envolve "uma troca simbiótica entre o narrador e o ouvinte — uma troca que aprendemos a negociar na infância". Essa troca pode ser qualquer coisa, desde puro entretenimento até uma lição, ou uma oportunidade de rir ou se sentir menos sozinho. Mas certamente não é unilateral. Desde que tenhamos a pretensão de sermos úteis, certamente não é irrelevante.

Colocar-se como a heroína em suas histórias e compartilhá-las é uma revolução da qual você pode participar simplesmente abrindo a boca. Quando contamos esse tipo de história — as silenciosas, as colaborativas, aquelas sobre temas que não aparecem na mitologia antiga ou mesmo em *O Mágico de Oz*, aquelas em quartos de hotel chatos sem finais pomposos — em vez de ignorá-las, damos ao público a chance de ouvi-las, e isso muda o relacionamento de todos com seu próprio tipo de heroísmo. Como sugeriu Ilyse Hogue, a preparação mais importante que podemos fazer para falar em público é ter orgulho de nossa vida. E se reconhecermos a vida que realmente vivemos, os contratempos e erros, o que foi culpa nossa e o que não foi, se dedicarmos tempo a assumir todas as partes, podemos transformá-las em presentes.

Que histórias você pode contar? Primeiro, facilite as coisas ao pensar naquilo de que seu público pode precisar. Faça uma pesquisa com antecedência sobre as pessoas com quem vai falar. Investigue dados demográficos se for um grupo grande ou leia notícias se for alguém com presença on-line. Faça questionamentos a mentores, considere as tendências do setor, faça um brainstorming com alguém sobre o que pode ajudar seus clientes, investidores ou futuros eleitores a melhorar de fato a vida deles. Pense no carro que dirigem ou no metrô que pegam, por quais buracos passam no caminho para o trabalho, o que os deixa chateados e do que se orgulham. Imagine o que leem, veem, amam e do que riem. Fantasie o suficiente para que eles não lhe pareçam mais estranhos.

Você também pode começar fazendo perguntas quando estiver lá — perguntas cujas respostas realmente quer saber. Eu ajudo os clientes a incorporar isso em suas apresentações o tempo todo. Também faço isso no início de minhas próprias oficinas, por diferentes motivos: para avaliar o público, incentivar as pessoas a participar, a ouvir a própria voz alto e a ouvir umas às outras. "Por que você veio a uma oficina sobre como usar sua voz?" Recebo algumas respostas e pronto, minha palestra se torna um diálogo. Sugeri uma pergunta a alguém com quem estava trabalhando e que concorria a um cargo em um distrito envolto em corrupção: "Levante a mão quem aqui confia que o político que elegeu quer seu bem. E agora a pergunta real: quem aqui quer isso?".

Ao pensar sobre suas histórias e sobre o que seu público precisa, pode ser libertador usar uma estrutura simples de início. Sarah Hurwitz, primeira redatora de discursos de Barack Obama e depois de Michelle durante todos os oito anos do casal na Casa Branca, compartilhou comigo uma maneira prática de entrar em qualquer apresentação: comece com gratidão. Como Sarah diz: "Muito obrigada a tal pessoa e a tal pessoa". Depois use esse impulso para celebrar a história do público. "E acima de tudo, obrigada a todos vocês."

No entanto, Sarah me disse que isso não é suficiente. É importante dizer algo realmente significativo sobre o público. "Se a sra. Obama estivesse falando para uma multidão de enfermeiras, ela dizia: 'Vocês são extraordinárias. Vocês fazem coisas extraordinárias todos os dias'. E é muito importante falar desses momentos. Todo mundo sempre diz que é melhor fazer do que falar, só que ninguém faz isso de fato!" Não recite uma longa lista de belos adjetivos. Como ela disse com uma dose de amor e outra de severidade: "Blá-blá-blá, ninguém se importa. O melhor é: 'Quer saber? Neste momento, nesta pandemia, vocês estão sentadas ao lado da cama de pessoas ofegantes, segurando suas mãos, segurando um iPad para que possam falar com seus entes queridos. São vocês que passam uma hora por dia no transporte, arriscando a vida, pegando o trem'. [...] Você tem que falar para que possamos ver." Isso mostra ao público que você entende a necessidade dele. Isso fará com que o que você falar pareça relevante para *eles*.

Por fim, responda à pergunta: Então por que estamos aqui hoje? Sarah diz que a resposta pode ser: "Porque eu me importo com o trabalho que vocês estão fazendo e quero apoiar vocês". Talvez você até tenha uma história sobre enfermeiras, e neste caso definitivamente deve contá-la. Perguntei a Sarah como Michelle Obama descobriria o que poderia oferecer a uma plateia caso não conseguisse informações sobre ela. Ela disse: comece perguntando a si mesma *qual é a coisa mais verdadeira que tem a dizer ali*. A seguir estão mais algumas perguntas que considero produtivas, para se fazer enquanto você se prepara:

O que eu admiro no meu público e quero me certificar de que ele saiba?

O que eu acho que ele precisa? Ele sabe disso ou não?

Sobre que coisa eu mais quero falar aqui?

O que me deixa alegre?

O que me faz rir ou sentir que sou divertida?

O que significaria quebrar um pouco as regras?

O que significaria quebrar bastante as regras?

Qual é a coisa mais verdadeira que eu poderia dizer se tivesse uma coragem inabalável?

Quais são minhas certezas?

Quais são meus questionamentos?

O que eu quero saber que só posso aprender com meu público?

E sempre ajuda perguntar: O que estou oferecendo? E o que estou *de fato* oferecendo? Quando elaborei a proposta para este livro, a ideia era que fosse um tratado sobre falar em público a partir de uma perspectiva feminista. Mas o que eu estava *realmente* oferecendo? Treinamento. Não fatos, mas um grande abraço significando "não é sua culpa e você não está sozinha", que é o que eu sei que realmente liberta nossa voz e confere alegria à nossa comunicação. Muitas vezes, nossa oferta explícita é em linguagem de dia, mas nossa oferta real é em linguagem da noite e dialoga com as necessidades mais profundas do nosso público — mais profundas do que ele pode estar ciente. Verdades, mais do que fatos. Isso é tão primordial que, se tudo o que você tem são dois minutos antes de falar e está surtando, respire e pergunte a si mesma gentilmente: O que estou oferecendo, e o que estou realmente oferecendo? Então, é claro, atreva-se a acreditar que você tem aquilo de que o público necessita.

Mesmo com clientes corporativos que conhecem o que oferecem intelectualmente porque mapearam pontos problemáticos, muitas vezes eles não fizeram o trabalho de internalizar as respostas a ponto de realmente acreditar que estão fazendo algo importante. E isso é evidente. Eles ficam constrangidos em assumir a liderança de um projeto, sentem-se mal sob os olhares dos outros. Preparei um homem chamado Xavier que era o novo CEO de uma empresa de tecnologia de bilhões de dólares. Ele tinha sotaque quando falava em inglês porque havia crescido fora dos Estados Unidos, mas esse não era o problema — na verdade, a empresa estava usando o sotaque dele como pretexto para conseguir um preparador de comunicação para ele (algo que só compreendi quando estive com ele). O verdadeiro problema era que Xavier era um introvertido com uma crença inalterável: havia dito a si mesmo que não falava bem em público. Odiava fazê-lo e não estava interessado em ser persuadido do contrário.

Eu perguntei em que ele pensava enquanto se preparava para falar na frente de seus funcionários para as reuniões gerais que tinha que realizar todas as sextas-feiras. Xavier me respondeu: "Que informações eu tenho para compartilhar" e "como não gosto dessa parte do trabalho". Não preciso dizer que esse tipo de sentimento não funciona bem. Mas indo direto ao ponto: o foco do ressentimento era ele próprio. Xavier estava pensando em si mesmo, não no público, e em como cada um daqueles seres humanos reais podia ser mais bem servido. Não se tratava do que precisavam, como funcionários. Ou do que ele poderia oferecer, como chefe. Ou do que ele poderia *de fato* oferecer. Xavier não percebeu que poderia se fazer perguntas mais produtivas, aproveitar a oportunidade para se conectar com seus funcionários e, sinceramente, aproveitar melhor aquele momento.

Depois daquela sessão de integração com os instrutores da MoveOn, eu passei a trabalhar com várias mulheres que concorriam a cargos políticos pela primeira vez, muitas das quais ainda estão exercendo seu mandato. E vi várias vezes como ajudá-las a identificar sua revelação deu a elas um *duende* instantâneo. Foi, tipo, *bum*. Contar uma história de decisão fez com que elas ganhassem vida quando falaram em público; isso permitiu que elas realmente estivessem presentes quando estavam presentes. E então eu percebi: é isso! Essa é a sobreposição do meu diagrama de Venn. Quando eu estava em uma dessas sessões, com uma jovem candidata magnífica chamada Emily, que se esquivou da própria história até não poder mais, tive uma revelação. *Preciso ajudar mais mulheres a aparecer em público*, pensei. *Preciso ajudar aquelas que foram deixadas para trás pela velha história de como é o poder a mudar essa história.* Esse é o meu trabalho. Porque nós, juntas, deixando de nos esconder, vocalmente ou de outra forma, nos apresentando como pessoas inteiras que se permitem falar da essência da alma, podemos mudar o som do poder. Podemos mudar quem tem poder. Podemos mudar o mundo. Então eu disse sim a Princeton quando perguntaram se eu falaria sobre a voz das mulheres e aceitei instruir amigos, depois passei a instruir desconhecidos, o que se tornou um novo negócio e um podcast e um livro e uma vocação — minha tentativa de usar as habilidades que tenho para aliviar o que no mundo me deixa devastada. Eu podia *sentir* minha luz voltando a se acender.

Eu amo essa história. Mas agora segue uma que não costumo contar. Seis anos antes daquelas eleições de meio de mandato, eu havia me casado, estava em lua de mel e logo deixei meu novo marido para voar para Denver e fazer campanha de rua para Barack Obama, porque alguém que eu conhecia da faculdade convocou alguns de nós para ajudar em um estado indeciso. Fomos de porta em porta, conversamos com potenciais eleitores, garantimos que tivessem intenção de votar, ouvimos suas preocupações. Lembro-me de me sentir estranha, de nem sempre ter as respostas, mas de estar encantada por poder participar, por me conectar com desconhecidos e fazer parte de algo maior do que eu. Lembro-me de planilhas grampeadas, lanches baratos e de ter que pedir emprestado uma jaqueta de inverno mais adequada a Denver. Não foi tão glamouroso ou prestigioso como preparar candidatos reais para cargos, mas deixamos Denver democrata naquela semana. Sozinha no aeroporto de Los Angeles na noite da eleição, esperando na calçada pelo carro, recebi uma notificação no celular de que Obama havia vencido no Colorado. Comecei a chorar, soluçando tanto que mais de um transeunte preocupado perguntou se eu estava bem. Fui a integrante mais heroica da equipe de reeleição de Obama? De jeito nenhum. Mas percebi, ao relembrar essa história que não considerava digna de ser compartilhada: o heroísmo não é competitivo, não precisamos ser os melhores em nada. Com humildade e perspectiva, devemos praticar o centramento em nossas próprias narrativas, forçando heroísmo em nossas próprias histórias, não porque sejam as mais heroicas, mas porque são nossas.

Procure histórias em sua vida. A seguir, apresento algumas dicas de como fazer isso.

1. Encontre seus momentos mais difíceis. Lisa Nichols, palestrante motivacional e especialista em contação de histórias, ensina que superar um momento difícil na vida nos faz bem. E, se falamos a respeito, fazemos bem a outras pessoas que estão enfrentando suas próprias dificuldades. Quando compartilhamos histórias, multiplicamos o valor delas. Por quais momentos difíceis você já passou? Como os superou?

2. Encontre drama nas pequenas coisas. Como escreve o escritor Boze Herrington: "Preencha sua vida com encanto tornando o que é mundano emocionante. Você não está 'indo a uma loja de conveniência', você está visitando um boticário para comprar poções. Você não está 'realizando tarefas', você está fazendo uma missão paralela. Você não está 'alimentando os pássaros', está fazendo uma aliança com a rainha dos corvos". Pequenos momentos podem servir a um propósito enorme, e, como Boze nos lembra, o encanto e o prazer também merecem atenção.

3. Encontre drama no que não é convencional. Pense em como suas histórias se desenrolaram *porque* você é uma mulher ou *porque* os espaços de poder não foram construídos para você, levando-a a construir algo novo. Pense nos problemas que resolveu usando ferramentas como empatia ou colaboração, pontos ausentes nas histórias clássicas de heróis. Em *Cassandra Speaks*, Elizabeth Lesser se pergunta: e se "ao lado do memorial da Guerra do Vietnã houvesse uma parede semelhante com milhares de nomes de pessoas que aprimoraram outras formas de lidar com conflitos — como se comunicar, perdoar, mediar? Trabalhando pela justiça para que as condições econômicas e sociais que geram agitação sejam transformadas antes que explodam?". Procure por histórias no mundo que falem desse tipo de heroísmo — mas procure em si mesma também.

4. Seja específica. Adoramos especificidades. Na campanha e novamente durante a Convenção Nacional Democrata de 2020, Elizabeth Warren contou uma história:

Uma noite, minha tia Bee ligou para ver como eu estava. Eu achava que estava bem, mas simplesmente desabei e comecei a chorar. Vinha tentando controlar tudo, mas, sem alguém confiável para cuidar dos filhos, trabalhar era quase impossível. Quando eu disse a tia Bee que ia largar o trabalho, pensei que meu coração fosse explodir. Então ela disse as palavras que mudaram minha vida: "Não posso chegar aí amanhã, mas vou na quinta-feira". Ela chegou com sete malas, um Pequinês chamado Buddy, e ficou comigo por dezesseis anos. Só estou aqui esta noite por causa da minha tia Bee.

Essa história é poderosa porque revela um momento de crise e o que aconteceu em seguida, mas funciona especialmente bem por causa das especificidades: quinta-feira; sete malas; Pequinês; Buddy. Ela poderia ter dito "eu precisava de alguém para cuidar dos meus filhos, e minha tia Bee veio ajudar". Essa é a versão que qualquer um de nós poderia contar se deixássemos as vozes idiotas comandarem nossa fala. Mas, por causa dos detalhes, a senadora Warren transmitiu imagens de sua mente diretamente para a nossa.

O dr. Uri Hasson, professor de psicologia e neurociência em Princeton, explica a ciência por trás dessa troca em sua palestra no TED "This Is Your Brain on Communication" [Esse é seu cérebro durante a comunicação]. Ele usa uma amostra de áudio de um comediante compartilhando piadas sem concluí-las — apenas um lembrete de que as histórias realmente não precisam ser particularmente dramáticas ou tristes — e mostra com recursos visuais que, quando o cérebro dos ouvintes é escaneado, os mesmos padrões e formas aparecem em sua mente e na mente do falante. *Nós entramos em sincronia com o público.* O dr. Hasson chama a capacidade do cérebro de transmitir e receber memórias, sonhos, ideias e histórias de outras pessoas de "arrastamento de ondas cerebrais". É como uma fusão mental. Se compartilharmos uma história com detalhes suficientes, podemos literalmente transferir a atividade cerebral em nossa mente para a mente dos ouvintes — quase como se eles estivessem vivendo a história.

5. Construa a narrativa. Às vezes, uma história surge de nós totalmente formada, com começo, meio e fim. Mas, na maior parte das vezes, quando olhamos para os momentos difíceis (ou de alegria ou amenos) temos uma coleção de momentos. A vida real precisa de um pouco mais de sutileza para ser transformada no que reconheceríamos como uma história. Se você não se considera uma pessoa "com muitas histórias", pode ser porque ainda não superou esses momentos. Como aconselha Toni Morrison: "Faça arte".

   Reflita sobre um desses momentos e pergunte a si mesma: Qual era o problema? O que estava em jogo? (Esse é o começo.) Como você resolveu? Você *fez* alguma coisa? Se sim, sabia que era a coisa certa a fazer ou deu um tiro no escuro? Perguntou a alguém e refletiu sobre suas escolhas antes de saber, até que descobriu o que fazer? (Esse é o meio.) O que aprendeu? Como isso mudou você? (Esse é o fim.) Comece uma lista. Com cinco revelações que você teve, talvez. Vá adicionando durante a semana — elas não precisam aparecer imediatamente. E então desenvolva algo com começo, meio e fim, mesmo que ainda não pareça orgânico.

6. Mas também, e isso é importante: que se dane. Se todo esse trabalho funcionar, ótimo. Mas se fizer com que você se sinta desconectada da sua história, deixe para lá. A história é *sua*, afinal de contas. Permita que ela transforme você e sinta o que puder sentir em relação a isso. E não se esqueça: esses sentimentos podem ser de prazer ou alegria. Apenas faça com que seja importante para você. Em seu discurso ao receber o prêmio Nobel, Ishiguro falou de maneira incisiva para formadores de opinião globais: "A próxima geração vai chegar com todos os tipos de maneiras inovadoras, às vezes desconcertantes, de contar histórias importantes e maravilhosas. Devemos manter a mente aberta para elas, principalmente no que diz respeito ao gênero e à forma, para que possamos nutrir e celebrar o melhor delas. Em uma época de divisão perigosamente crescente, devemos ouvir". Mantenha sua mente aberta para suas próprias maneiras de contar histórias.

7. Por fim, não se esquive. Preste atenção ao seu instinto de desviar e se esconder. Observe se você tentar deixar de fora os detalhes porque se preocupa com a possibilidade de soar entediante ou convencida. Observe se você rapidamente torna sua fala universal, usando o impessoal em vez da primeira pessoa. Conte a história, a história real. Se isso deixa você entediada, então não o faça. Se o momento estiver muito perto e você não se sentir pronta, não o faça. Mas se a história deixa você animada ou faz você sentir coisas, conte-a. Se houver alguma chance de ajudar o ouvinte a ver você ou a se ver melhor, conte. Acredito que falar sobre nós mesmos é *necessário* para realmente ajudar outras pessoas, de modo que você não faz nenhum favor a ninguém se escondendo.

O dr. Dacher Keltner, estudioso de Berkeley, lembra: "As histórias não são apenas o território de filmes e romances. Elas pontuam nossa vida diária com piadas, trocas amigáveis, relatos do dia em jantares em família e histórias para dormir pelas quais as crianças esperam ansiosamente". A oportunidade de contar e se juntar à revolução é agarrada toda vez que você diz sim para falar em público.

A oportunidade de fazer parte do novo som do poder está à espera. Aceite. Estamos aqui para você e precisamos te ouvir. Assim como Alexandria Ocasio-Cortez. Como aquelas mulheres que ganharam as eleições em seus distritos. Como Simone Biles. Priya Parker. Valarie Kaur. Emily Nagoski. Rachel Rodgers. Greta Thunberg. Até Carol Gilligan, Jane Goodall, Mary Beard e Maxine Waters (você não precisa ser jovem para trazer algo novo). Eu as ouço falar e penso: obrigada pelo lembrete. Também posso soar convicta e amorosa. Também posso me assustar com a audácia do meu apelo à mudança. Também posso ser divertida, atrevida, abertamente humanista, sincera e séria.

Ouvir o novo som do poder — vozes que revelam uma vida — é estimulante. É inspirador. Isso me faz querer crescer e expandir. Isso me faz querer iluminar o céu. Isso me faz querer me revelar mais e falar com a parte de você, leitora, que é seu eu mais esperançoso, ansioso, cheio de possibilidades.

Então: oi. Falo com sua possibilidade, não com seu medo. Seu medo é sempre bem-vindo, mas estou falando com sua possibilidade agora. Subir ao palco com bravura e alegria é uma prática com a qual você está comprometida? Então pratique-a. Encontre oportunidades não apenas para chegar lá, mas para fazer o trabalho com antecedência — para aprender como se preparar melhor. Talvez você faça um aquecimento respiratório e leve um tempo nisso. Talvez se prepare para o poder e se encoraje a ocupar espaço. Talvez se cerque de pessoas que fazem você se sentir suficiente e digna e suas histórias acertem em cheio. Talvez pense no público e no que realmente precisa e mude o foco para ele. Talvez pense na sobreposição do diagrama de Venn e decida como suas habilidades podem abordar o que é, para você, o maior desgosto do mundo. Talvez passe um batom de "permissão para falar", dance uma balada poderosa, declare sua nova música de entrada. Talvez assista à sua palestra favorita no TED e se visualize lá. Talvez defina heroísmo de forma ampla o suficiente para incluir você.

Experimente de tudo, reconhecendo que você não vai alcançar todas as plateias (mas talvez ainda faça o que se propôs a fazer), mas vai alcançar muitas outras. Sabendo se você realmente está presente quando estiver presente, você vai dizer algo ousado em uma voz que reconhece como sua e perguntar coisas ao seu público que ele não ousou considerar quando acordou pela manhã. Você vai usar seu discurso para construir o mundo em que deseja viver. Para você, para mim, para nós.

Agradecimentos

Obrigada a todos os meus clientes incríveis, mas especialmente a Hannah, que foi a primeira a perguntar, a Carrie, Cindy, Chris, Sashka, Mia, Ruth, Anita, Emma, JJL, Pom, Rachel, Suki, Edgar, Emily, Deborah, Ashley, Gal, Juliet e Jordana. Compartilhar o tempo, o espaço e o som com vocês fez de mim uma pessoa melhor, e eu estimo todas as suas histórias.

Obrigada aos meus melhores amigos e às minhas melhores amigas: Tara, Em, Al, Amy, Amanda, Anna, Nana, Andrea, Shawnta, Eric, Sarah, Jo, Elisa, DFC, Joe, Peter e dra. Stef, Annie e Anna. E a Courtney, Belle (créditos do título!) e toda a turma do Whiteboard Wednesdays, a Cat e Mark, Neelamjit, Marie, Amy, Vikki e Lauren pelo brainstorming inicial. Sempre digo que precisamos de lugares seguros para sermos ruins em algo antes de sermos bons, e vocês possibilitaram isso.

Obrigada aos meus generosos leitores: Nikki McNight, Shanea Dangerfield, senadora Mona Das, dra. Alisa Angelone, Tovi Scruggs-Hussein, Jenna Reback, Ron Carlos, Robin Galloway, Amanda Brandes, Liz Femi, Carrie Gormley, Alanna Thompson e Natalie Laine Williams. Todos vocês fizeram meu coração transbordar e minhas bochechas corarem, e o livro ficou muito melhor com sua participação.

Obrigada a June Diane Raphael por me pedir para escrever sobre este assunto e a Jessi Klein por sua introdução de matar (rolou uma parada mágica de irmandade). Obrigada a Sadaf Khan, minha pesquisadora, defensora de ideias e adivinha; mal posso esperar para ler seu livro. Obrigada a Tara Copeland Eastwick pela grande ideia aos 45 do segundo tempo. Obrigada aos meus agentes literários, David Kuhn e Nate Muscato, que me encorajaram desde o início a falar com uma voz atrevida, pública e completamente minha. E a minha editora dos sonhos, Libby Burton, que disse que seguraria minha mão e me segurou no maior dos abraços de longa distância contínuos em meio a uma pandemia e aos primeiros rascunhos ruins (felizmente, esse abraço veio com uma marginália robusta). Agradeço também a Lydia Yadi, Aubrey Martinson e às incríveis equipes da Crown, Penguin Random House e Penguin Business UK.

Também sou infinitamente grata a mulheres extraordinárias que me inspiraram e conspiraram comigo: Malika Amandi, Jamison Bryant, Shima Oliaee, Hadar Shemesh, Katharine Hirst, Lucy Cooper, Esmé Weijun Wang, Steph Green, Sarah Hurwitz, Liz Kimball, Lori Snyder, Chris Bubser, Jen Levin, Amanda Montell, Viv Groskop, N. Chloé Nwangwu, dra. Reena Gupta e Ilyse Hogue. Pela instrução de Jennifer Armbrust, Rachel Rodgers, Carmina Becerra e Geeta Nadkarni. Pela orientação de Kate Wilson, Thom Jones, Cicely Berry, Lynn Soffer, Ursula Meyer, Stephen Gabis, Francie Brown, Diane Kamp, Val Lantz-Gefroh, John Neffinger e Jane Grenier. E à comunidade de HODG, os Shmillies e o Pile.

Obrigada a Monica Anderson por me dizer: "Escreva o que faz você se sentir bem". E a Andrea Peneycad por me dizer:

"Siga o caminho que estiver funcionando". À dra. Anne Charity-Hudley por dizer: "Escreva algo que honre a memória daqueles que morreram por causa deste e de todos os vírus". Ao sr. Mote, meu professor de inglês do ensino médio, por sempre me conduzir a teses mais perigosas. A Glennon Doyle por dizer: "Você não canta porque tem uma música nova; você canta porque tem uma nova voz". A adrienne maree brown por dizer que temos que aprender a "fazer da justiça e da libertação as experiências mais prazerosas que podemos ter neste planeta". E a Rebecca Traister por dizer: "A raiva das mulheres diagnostica a injustiça social".

Sou grata à minha avó, que quis que eu lesse para ela cada palavra nas últimas semanas antes de completar cem anos. À minha mãe, por sempre me lembrar de quem sou e ao meu pai por sempre se orgulhar de quem sou; obrigada por me trazerem para os negócios da família, vocês dois.

E a meu filho, que é um cavalheiro total, e a meu marido, que é um verdadeiro parceiro. Patrick, obrigada por me encher de memes, pela louça lavada e pelo amor.

Notas

INTRODUÇÃO: O NOVO SOM DO PODER [pp. 9-25]

p. 9 "*O que precisamos*": Mary Beard, *Women in Power: A Manifesto*, Profile, 2017. [Ed. bras.: *Mulheres e poder: Um manifesto*. São Paulo: Planeta, 2018.]

p. 14 "Olhe para mim": Discurso de Bertrand Russell ao receber o Prêmio Nobel, <https://www.nobelprize.org/prizes/literature/1950/russell/lecture/>.

p. 21 "*monetização da individualidade*": Jia Tolentino, *Trick Mirror*, Random House, 2020.

p. 21 "*No final*": Martin Luther King Jr., *The Trumpet of Conscience*, Steeler Lecture, 1967.

p. 22 *navegar no que bell hooks chama de*: bell hooks, *Writing Beyond Race: Living Theory and Practice*, Routledge, 2013. [Ed. bras.: *Escrever além da raça: Teoria e prática*. São Paulo: Elefante, 2022.]

I. RESPIRAÇÃO [pp. 27-57]

p. 27 "*Estou disposta*": "Emma Watson — One World 2016", <https://www.youtube.com/watch?v=elbqER_ZrLQ>.

p. 30 "*arena que não foi projetada*": Tamika Mallory, em um workshop organizado por Higher Heights, <www.higherheightsforamericapac.org>.

p. 31 "*Saudações, America!*": Procure "WATCH: Kamala Harris' full speech at the 2020 Democratic National Convention | 2020 DNC Night 3" no YouTube.

p. 40 "*O perfeccionismo é outra forma de se esconder*": Seth Godin, no podcast #AmWriting. Para saber mais, leia "Perfectionism (has nothing to do with perfect)" em <https://sethgodinwrites.medium.com>, acesso em 14 jul. 2022.

p. 45 "*esse ato primordial de mobilidade*": Henry David Thoreau, "Walking", *Atlantic Monthly*, 1852.

p. 49 *Embora existam centenas de teorias*: Bill Bryson, *The Mother Tongue: English and How it Got that Way*, William Morrow, 1990.

p. 52 *Os costumes sociais começaram a mudar*: Marien Komar, "Department Stores are Basically the Reason Women Were Allowed in Public", <racked.com>, acesso em 14 jul. 2022.

p. 52 Gaining a Public Voice *é*: "Gaining a Public Voice", Judith Mattson Bean, é parte de *Speaking Out: The Female Voice in Public Contexts*, organizado por Judith Baxter, Palgrave Macmillan, 2005.

p. 53 *"os impulsos da ambição"*: Catherine Beecher, *An Essay on Slavery and Abolitionism, in Reference to the Duty of American Females*, 1837, <http://www.teachushistory. org/second-great-awakening-age-reform/resources/catharine-beecher-duty-american-women>.

p. 54 *"não apenas deixariam de dar frutos"*: Carta Pastoral dos Ministros Congregacionais de Massachusetts, 1837.

p. 54 *"As coisas sólidas vêm e vão"*: Elizabeth Lesser, *Cassandra Speaks*, Harper Wave, 2020.

p. 54 *"Nossas narrativas fundacionais"*: Maria Tatar para Manisha Aggarwal-Schifellite, "Genuine Heroines", *The Harvard Gazette*, 5 nov. 2021.

2. DIMENSÃO [pp. 58-94]

p. 58 *"A natureza nos chama para expandir"*: Tanya O. Williams em um workshop organizado por Liz Kimball, <www.authenticseeds.org>.

p. 58 *No documentário*: *Virando a mesa do poder*, direção de Rachel Lears, Netflix, 2019.

p. 58 *Cinquenta e nove milhões de pessoas*: Amy Cuddy, "Your Body Language May Shape Who You Are", TEDGlobal, jun. 2012.

p. 59 The Body Is Not an Apology: Sonya Renee Taylor, *The Body is Not an Apology: The Power of Radical Self-Love*, Berrett-Koehler, 2018.

p. 60 *"A síndrome da impostora orienta"*: Ruchika Tulshyan e Jodi-Ann Burey, "Stop Telling Women They Have Imposter Syndrome", *Harvard Business Review*, 11 fev. 2021.

p. 63 *Na década de 1970, um zoólogo*: Smithsonian Institution Archives, acesso 08-118, Eugene S. Morton Papers.

p. 63 *"Aqueles animais que vivem"*: John Colapinto, *This Is the Voice*, Simon & Schuster, 2021.

p. 64 *As manchetes*: "Vocal Fry May Hurt Women's Job Prospects", Olga Khazan, *The Atlantic*, 29 maio 2014.

p. 64 *As manchetes*: "Young Women, Give Up the Vocal Fry and Reclaim Your Strong Female Voice", Naomi Wolf, *The Guardian*, 24 jul. 2015.

p. 64 *"o uso da entonação ascendente"*: "Uptalk — What it is and Why you Don't Ever Want to Do it!", Cindy Dachuk, <ezinearticles.com>, 10 nov. 2009.

p. 65 *"mau uso da fala"*: Matt Seaton, "Word Up", *The Guardian*, 21 set. 2001.

p. 65 *"assumiram uma conotação negativa, feminina"*: Tadeusz Lewandowski, "Uptalk, Vocal Fry, and, Like, Totally Slang, Assessing Stylistic Trends in American Speech", *Making Sense of Language: Readings in Culture and Communication*, Oxford University Press.

p. 65 *"uma grande amostra nacional"*: Anderson, Klofstad, Mayew, & Venkatachalam, "Vocal Fry May Undermine the Success of Young Women in the Labor Market", *PLOS ONE*, 28 maio 2014, <https://journals.plos.org/plosone/article?id=10.1371/journal.pone.0097506>.

p. 66 *Glennon Doyle e Oprah Winfrey*: Procure "Please Join Us: ZoomWith-Oprah.com 8PM ET" no canal do YouTube de Glennon Doyle, <https://www.youtube.com/watch?v=Cqra8GwTllE>.

p. 69 *"uma forma de fonação"*: Wolk, Abdelli-Beruh e Slavin, "Habitual Use of Vocal Fry in Young Adult Female Speakers", *Voice Foundation Journal of Voice*, v. 26, n. 3, 15 set. 2011, <https://www.jvoice.org/article/S0892-1997%2811%2970-1/fulltext>.

p. 70 *Há um vídeo incrível*: Duke University's Fuqua Vocal Fry Video: Procure "The vocal issue that could be costing women jobs" no YouTube, <https://www.youtube.com/watch?v=fILy5vJKwik>; um agradecimento especial a Elan Morgan pela recomendação: "99% Invisible Podcast's Brilliant Response to Criticism of Women's Voices", Medium, 13 jul. 2015.

p. 72 *"Com certeza", ela sugere*: Ruth Whippman, "Enough Leaning In. Let's Tell Mean to Lean Out", *The New York Times*, 10 out. 2019.

p. 75 *Emma Stone e Jennifer Lawrence*: Procure "Jennifer Lawrence and Emma Stone Have a Lot in Common" no YouTube, <https://www.youtube.com/watch?v=H0mutl4l5hw>.

p. 77 *"existe um impulso humano fundamental"*: Deborah Tannen, *You Just Don't Understand: Women and Men in Conversation*, Ballentine, 1990.

p. 78 *Algumas das primeiras pesquisas inovadoras*: Cynthia McLemore, "The Interpretation of L*H in English", *Texas Linguistic Forum 32: Discourse*, Austin: University of Texas Department of Linguistics and the Center for Cognitive Science, 1990, <http://itre.cis.upenn.edu/myl/surprise/llog/CAM_Interpretation.pdf>.

p. 79 *"têm uma estrutura distinta de revezamento"*: Amanda Montell, *Wordslut: A Feminist Guide to Taking Back the English Language*, HarperCollins, 2019. Jennifer Coates, "Women's Speech, Women's Strength?", *York Papers in Linguistics*, n. 13, 1989, <https://files.eric.ed.gov/fulltext/ED320398.pdf>.

p. 81 *"mais comuns entre mulheres"*: Laserna, Seih e Pennebaker, "Um...Who Like Says You Know: Filler Word Use as a Function of Age, Gender and Personality", *Journal of Language and Social Psychology*, maio 2014, <https://journals.sagepub.com/doi/abs/10.1177/0261927x14526993>.

p. 82 *Já "tipo" é um termo injustamente demonizado*: Alexandra D'Arcy, *Discourse-Pragmatic Variation in Context: Eight hundred years of LIKE*, John Benjamins, 2017.

p. 83 *"Desde a infância"*: Penelope Eckert e Sally McConnell-Ginet, *Language and Gender*, Cambridge University Press, 2013.

p. 84 *No famoso discurso de Oprah no Globo de Ouro de 2018*: Procure "Oprah Winfrey Receives the Cecil B. deMille Award — Golden Globes 2018" no YouTube.

p. 89 *"Eu costumava, na verdade"*: Alexandria Ocasio-Cortez a Michelle Ruiz, "AOC's Next Four Years", *Vanity Fair*, dez. 2020.

p. 90 *"A maioria de nós está ciente"*: Liz Kimball, "Imposter Syndrome is Cancelled", Medium, 13 jul. 2020, <https://medium.com/@liz_29469/impostersyn drome-is-cancelled-e87f0dec0b>.

p. 91 *Depois que deixou a Casa Branca*: Sarah Hurwitz, *Here All Along: Finding Meaning, Spirituality, and a Deeper Connection to Life in Judaism (After Finally Choosing to Look There)*, Random House, 2019.

p. 93 *"Como viemos de fora dessa bolha"*: Stacey Abrams, *Lead from the Outside: How to Build Your Future and Make Real Change*, Henry Holt, 2018.

3. EMOÇÃO [pp. 95-127]

p. 95 *"Se as mulheres também fossem"*: Lesser, *Cassandra Speaks*, Harper Wave, 2020.

p. 97 *"Elas são julgadas como pessoas sem controle"*: Mary L. Connerley e Jiyun Wu, *Handbook on Well-Being of Working Women*, Springer, 2015.

p. 97 *"A maneira como usamos a altura"*: dr. Wallace Bacon, *The Art of Interpretation*, Holt, Rinehart and Winston, 1972.

p. 99 *"O que constrói a conexão"*: Alain de Botton, "How to Fail with Elizabeth Day", podcast, <https://podcasts.apple.com/gb/podcast/special-episode-how-to-fail-alain-botton-on-embracing/id1407451189?i=1470060728>.

p. 100 *"No compêndio binário"*: Anne Kreamer, "Go Ahead — Cry at Work", *Time Magazine*, 2011.

p. 101 *"concurso da masculinidade"*: Berdahl, Glick e Cooper, "How Masculinity Contests Undermine Organizations, and What to Do About It", *Harvard Business Review*, 2 nov. 2018.

p. 102 *"Não consigo nomear uma emoção"*: Frans de Waal a Hope Reese, Longreads. com, mar. 2019.

p. 102 *"as pessoas com mais poder"*: Marc Brackett, Ph.D., *Permission to Feel*, Celadon, 2019.

p. 103 *"Uma ideia distorcida de normas culturais brancas"*: Jodi-Ann Burey, "The myth of bringing your full, authentic self to work", TEDx Seattle, nov. 2020.

p. 103 *"Quem tem a possibilidade de ser totalmente humano"*: Nanci Luna Jimenez em entrevista comigo, <https://ljist.com/>.

p. 106 *Penso no livro de Soraya Chemaly*: Soraya Chemaly, *Rage Becomes Her: The Power of Women's Anger*, Simon & Schuster, 2018.

p. 110 *Na verdade, como uma solução rápida*: Wolf, Lee, Sah e Brooks, "Managing Perceptions of Distress at Work: Reframing Emotion as Passion", <https://www.hbs.edu/faculty/Pages/item.aspx?num=51400>.

p. 113 *Homens e mulheres declaram*: "Cry Me A River: How Emotions Are Perceived in the Workplace", Accountemps Survey, <https://www.prnewswire.com/news-releases/cry-me-a-river-how-emotions-are-perceived-in-the-workplace-300623153.html>.

p. 114 *"Ouvi um velho mestre"*: Federico García Lorca, <https://www.poetryintranslation.com/PITBR/Spanish/LorcaDuende.php>.

p. 114 *"Vários estudos relataram"*: Tyng, Amin, Saad e Malik, "The Influences of Emotion on Learning and Memory", *Frontiers in Psychology*, 24 ago. 2017, <https://www.frontiersin.org/articles/10.3389/fpsyg.2017.01454/full>. Um agradecimento a Lori Snyder pelo uso dessa meditação guiada. Para saber mais sobre o trabalho dela, visite: <https://writershappiness.com/>.

p. 119 *"as palavras se tornaram amplamente utilitárias"*: Kristin Linklater, *Freeing the Natural Voice*, Drama Book Specialists, 1976.

p. 122 *"toda mágoa e ambição"*: Kate Baer, poema chamado "Motherload", publicado em *She Holds a Cosmos*, Chronicle, 2021

p. 123 *"Em um mundo ideal"*: Amy Cuddy, *Presence: Bringing Your Boldest Self to Your Biggest Challenges*, Little, Brown, 2015.

p. 124 *"Hoje, o mundo dos negócios"*: Hitendra Wadhwa, <https://www.hitendra.com/>.

p. 125 *"O primeiro ato de violência"*: bell hooks, *The Will To Change: Men, Masculinity, and Love*, Washington Square, 2004.

p. 126 *"Muitos dos meus colegas"*: Madeline Albright, *Madam Secretary: A Memoir*, Miramax, 2003.

p. 127 *"Ao entrar"*: Toni Morrison, discurso de formatura no Sarah Lawrence College, 1988.

4. ALTURA [pp. 128-56]

p. 128 *"você lentamente reconheceu como sua"*: Mary Oliver, "The Journey", publicado no livro *Dream Work*, Grove Atlantic, 1986.

p. 130 *Se você desafia ativamente*: Para mais informações e apoio relacionados a vozes trans, por favor, visite The Voice Lab, <thevoicelabinc.com>, e leia Liz Jackson

Hearns, *One Weird Trick: A User's Guide to Transgender Voice*, CreateSpace Independent Publishing Platform, 2018.

p. 132 *"o córtex pré-frontal contribui"*: Marc Dingman, *Your Brain, Explained: What Neuroscience Reveals about Your Brain and its Quirks*, John Murray, 2019.

p. 132 *De acordo com o dr. Edward Chang*: Chang, Ditchter, Breshears e Leonard, "The Control of Vocal Pitch in Human Laryngeal Motor Cortex", *National Library of Medicine*, 28 jun. 2018, <https://pubmed.ncbi.nlm.nih.gov/29958109/>.

p. 133 *A entonação exagerada, tanto aguda quanto grave*: Anne Fernald e Claudia Mazzie, "Prosody and Focus in Speech to Infants and Adults", *Developmental Psychology*, v. 27, n. 2, 1991, <https://psycnet.apa.org/record/1991-20983-001>.

p. 135 *Existe uma explicação fascinante*: Richard Dawkins e John Richard Krebs, "Arms Races Between and Within Species", *The Royal Society Publishing*, 21 set. 1979, <https://royalsocietypublishing.org/doi/10.1098/rspb.1979.0081>.

p. 136 *A dra. Christine Runyan é psicóloga clínica*: dra. Christine Runyan, no podcast "On Being", com Krista Tippett, <https://onbeing.org/programs/christine-runyan-whats-happening-in-our-nervous-systems/>.

p. 139 *Diga "não"*: Andrew Newberg e Mark Robert Waldman, *Words Can Change Your Brain*, Penguin, 2012.

p. 144 *Na verdade, essa distinção de voz*: Penelope Eckert e Sally McConnell-Ginet, *Language and Gender*, Cambridge University Press, 2013.

p. 145 *Um deles, conduzido*: O'Connor, Bennett e Feinberg, "Preferences for Very Low and Very High Voice Pitch in Humans", *PLOS ONE*, 5 mar. 2012, <https://journals.plos.org/plosone/article?id=10.1371/journal.pone.0032719>.

p. 146 *Outros pesquisadores, na Universidade College London*: Xu, Lee, Wu, Liu e Birkholz, "Human Vocal Attractiveness as Signaled by Body Size Projection", *PLOS ONE*, 24 abr. 2013.

p. 149 *"Quando você ultrapassa"*: Barbara McAfee, *Full Voice: The Art and Practice of Vocal Presence*, Berrett-Koehler, 2011.

p. 152 *Assim como sentir que estamos*: Leongómez, Mileva, Little e Roberts, "Perceived Differences in Social Status Between Speaker and Listener Affect the Speaker's Vocal Characteristics", *PLOS ONE*, 14 jun. 2017, <https://journals.plos.org/plosone/article?id=10.1371/journal.pone.0179407>.

5. TOM [pp. 157-81]

p. 157 *"Reúna todas as partes de você"*: Jennifer Armbrust, *Proposals for the Feminine Economy*, Fourth Wave, 2018. Confira o curso on-line de Jennifer na Feminist Business School, <https://sister.is/feminist-business-school>.

p. 158 *"Muitas vezes, nós nos recusamos a aceitar"*: Frase atribuída a Friedrich Nietzsche, fonte desconhecida; Roland Barthes, *"The Grain of the Voice,"* ensaio, 1972.

p. 162 *"apenas a mais recente"*: Gretchen McColloch, *Because, Internet: Understanding How Language is Changing*, Random House, 2019

p. 162 *Vamos sair daqui*: Procure "Same Line from Different Films — Let's Get Out of Here" no YouTube.

p. 164 *A má notícia*: John Neffinger e Matthew Kohut, *Compelling People: The Hidden Qualities that Make Us Influential*, Penguin, 2014.

p. 166 *Nada ilustra isso como*: Heilman, Wallen, Fuchs e Tamkins, "Penalties for Success: Reactions to Women Who Succeed at Male Gender-Typed Tasks", *Journal of Applied Psychology*, 1º jun. 2004, <https://psycnet.apa.org/record/2004-95165-003>.

p. 166 *A autora de* Down Girl: Kate Manne, "Women Can Have a Little Power, as a Treat", *The New York Times*, seção de opinião, 28 jul. 2020.

p. 168 *Veja um exemplo*: Valarie Kaur, *See No Stranger: A Memoir and Manifesto of Revolutionary Love*, Random House, 2020; Taylor, *The Body is Not an Apology: The Power of Radical Self-Love*, Berrett-Koehler, 2018.

p. 171 *Esta é uma variação da Teoria do Brilho*: <www.shinetheory.com>.

p. 171 *Em* Purposeful: Jennifer Dulski, Purposeful: *Are You a Manager... or a Movement Starter?*, Portfolio, 2018.

p. 172 *Uma empresa de consultoria de liderança*: "Warmth or Competence: Which Leadership Quality is More Important?", <https://zengerfolkman.com/articles/warmth-or-competence-which-leadership-quality-is-more-important/>.

p. 174 *De acordo com a ciência*: Dacher Keltner, "The Power Paradox", *Greater Good Magazine*, 1º dez. 2007.

p. 175 *"Peça o que você quer"*: Frase atribuída a Maya Angelou, fonte desconhecida.

p. 177 "Traga seu pertencimento": Malika Amandi, <https://www.centerforwomensvoice.com/>.

p. 178 *Para que sua próxima apresentação*: Priya Parker, *The Art of Gathering: How we Meet and Why it Matters*, Riverhead, 2018.

p. 179 *Outro nome para*: Viv Groskop, *How to Own the Room: Women and the Art of Brilliant Speaking*, HarperCollins, 2019.

6. SONS [pp. 182-206]

p. 182 *"A linguagem, de maneira incontestável, expõe o falante"*: James Baldwin, "If Black English Isn't a Language, Then Tell Me, What Is?", *The New York Times*, 29 jul. 1979.

p. 186 *"sotaque descontraído e cantante dos bávaros"*: Carol J. Williams, "Accent Gets in the Way When Bavarian Candidate Speaks to the Germans", *Los Angeles Times*, 22 set. 2002.

p. 187 *"A organização da escrita"*: Dr. John McWhorter, "The Biases We Hold Against the Way People Speak", *The New York Times*, 21 jul. 2020.

p. 189 *"Os sons que saem"*: Roger Love e Donna Frazier, *Set Your Voice Free: How to Get the Singing or Speaking Voice You Want*, Little, Brown, 2016.

p. 189 *"Décadas de pesquisas em psicologia social"*: dra. Katherine Kinzler, *How You Say It: Why We Judge Others by the Way They Talk-and the Costs of This Hidden Bias*, HMH, 2020.

p. 190 publicado no Medium: Margot Macy, "What the Fuck Is My Black Voice?", <https://humanparts.medium.com/what-the-fuck-is-my-black-voice-9cc21d20898c>.

p. 192 *Em um famoso estudo*: Donald L. Rubin, "Nonlanguage Factors Affecting Undergraduates' Judgments of Nonnative English-Speaking Teaching Assistants", *Research in Higher Education*, v. 33, n. 4, ago. 1992, <https://www.jstor.org/stable/40196047>.

p. 193 *"Ninguém tem a intenção"*: Viv Groskop, "Bad News: How You Speak Still Matters More Than What You Say", *Financial Times*, 25 out. 2019.

p. 194 *Que preconceitos você pode estar perpetuando*: Safwat Saleem, "Why I Keep Speaking Up, Even When People Mock My Accent", TED fev. 2016.

p. 199 *Na pós-graduação, no outono seguinte*: Edith Skinner, *Speak with Distinction: The Classic Skinner Method to Speech for the Stage*, Hal Leonard, 2007

p. 202 *"influxo ilimitado"*: M.E. DeWitt, *EuphonEnglish*, Dutton, 1924

p. 202 *E isso começa quando somos jovens*: Anne H. Charity Hudley, "Which English You Speak Has Nothing to Do with How Smart You Are", *Slate*, 14 out. 2014.

p. 204 *Quando menciono esse aspecto*: Josh Katz e Wilson Andrews, "How Y'all, Youse, and You Guys Talk", *The New York Times*, 21 dez. 2013.

7. PALAVRAS [pp. 207-40]

p. 207 *"É treino, ensaio"*: Amanda Gorman a Liam Hess, "Inaugural Poet Amanda Gorman on Her Career-Defining Address and Paying Homage to Maya Angelou", *Vogue*, 20 jan. 2021.

p. 207 *"As pessoas vão esquecer o que você disse"*: Frase atibuída a to Maya Angelou, fonte desconhecida.

p. 210 *"Se você inventa uma frase"*: Dr. David Adger, "This Simple Structure Unites All Human Languages", *Nautilus*, 19 set. 2019.

p. 212 *"Nossos relacionamentos se mantêm no espaço"*: Martin Buber, *I And Thou*, 1923.

p. 215 *"Acho que podemos aprender"*: Anna Deavere Smith, *Talk to Me: Listening Between the Lines*, Random House, 2000.

p. 219 *"descreve o que é mensurável"*: Michael Dowd a Barbara Stahura, "Science of Mind: Interview with Michael Dowd".

p. 222 *a fala emocionante de Scarlett*: Procure "Finding Your Roots Scarlett Johansson" no YouTube.

p. 223 *"Todos nós movidos"*: Procure "Michelle Obama Keynote Address at DNC" no YouTube.

p. 227 *Aqui está um exercício*: Um agradecimento especial a Thom Jones, diretor do departamento de oratória e voz do programa de mestrado da Universidade Brown e da Trinity Repertory Company, por me apresentar grande parte desse aquecimento e por seus ensinamentos.

p. 236 *De fato, como descrito*: Michelle Obama, *Becoming*, Viking, 2018. [Ed. bras.: *Minha história*. Rio de Janeiro: Objetiva, 2018.]

p. 237 *"Segui aquele caminho"*: Procure "Abby Wambach: Barnard Commencement 2018" no YouTube.

8. HEROÍSMO [pp. 241-72]

p. 241 *"Do meu ponto de vista"*: Toni Morrison, discurso inaugural em Wellesley, 2004.

p. 245 *A melhor explicação que ouvi*: Carol Gilligan, *In a Different Voice: Psychological Theory and Women's Development*, Harvard University Press, 1982.

p. 245 *"os psicólogos levavam em conta uma cultura"*: Carol Gilligan, *Joining the Resistance*, John Wiley & Sons, 2013.

p. 249 *"quando falamos na frente"*: Sarah Gershman, "To Overcome Your Fear of Public Speaking, Stop Thinking About Yourself", Harvard Business Review, 17 set. 2019.

p. 251 *ocitocina, o "hormônio do amor"*: Luke Yoquinto, <https://www.livescience.com/18425-oxytocin-fights-fear-brain.html>, <https://www.foxnews.com/health/how-love-conquers-fear-hormone-helps-mothers-defend-young>.

p. 251 *Mas os homens também são perfeitamente capazes*: Scheele, Marsh, Feinstein, Gardhardt, Strang, Maier e Hurlemann, "Oxytocin-enforced norm compliance reduces xenophobic outgroup reation", *Proceedings of the National Academy of Sciences*, 29 ago. 2017, <https://www.pnas.org/content/114/35/9314.short>.

p. 252 *Minha palestra favorita no TED*: Procure "A arte de ser você mesmo, Caroline McHugh, TEDxMiltonKeynesWomen" no YouTube, <https://www.youtube.com/watch?v=veEQQ-N9xWU>.

p. 255 *Como Liz Phair canta*: Rebecca Solnit, "When the Hero is the Problem", <lithub.com>, 2 abr. 2019.

p. 255 *Como a atriz e escritora*: Brit Marling, "I Don't Want to Be the Strong Female Lead", *The New York Times*, 7 fev. 2020.

p. 257 *Ela fez um vídeo*: Jessica Moulite, "Exclusive: Rep. Ayanna Pressley Reveals Beautiful Bald Head and Discusses Alopecia for the First Time", The Root, 16 jan. 2020.

p. 260 *"uma troca simbiótica"*: Frank Rose, "The Art of Immersion: Why do We Tell Stories?", *Wired*, 8 mar. 2011.

p. 267 *"Preencha sua vida com encanto"*: Tuíte de Boze Herrington, @Sketchesby Boze.

p. 268 *Ele usa uma amostra de áudio*: Uri Hasson, "This Is Your Brain on Communication", TED 2016.

p. 270 *Em seu discurso ao receber o prêmio*: Kazuo Ishiguro, discurso do Nobel, 7 dez. 2017.

p. 271 *"as histórias não são apenas o território"*: Dachner Keltner, "Good Leaders Tell Stories that Make People Trust Them with Power", *Quartz*, 17 maio 2016.

Índice remissivo

abandonando hábitos *ver* hábitos

abdômen, 42, 45-6, 50-2, 121; *ver também* barriga; diafragma

Abrams, Stacey, 93

Adger, David, 210

adiantar a carga, 68-73

adultismo, 103-5

agradecimentos, 92-3

agrupamento/*chunking*, 221-4

Alan Alda Center for Communicating Science, 17

Albright, Madeleine, 126-7

Alfabeto Fonético Internacional (AFI), 198, 200

alopecia, 257-8

altura da voz, 128-56; altura ideal, 148-54; para colaboração, 77-87; conexão do corpo com a, 131-2, 137-9; definição, 130; emoção, 97-8; esconder a voz, 107, 128-36; evolução e, 132, 136, 145; exercícios de expansão, 85-7, 136-40; gêneros e, 77-85, 130, 132, 143-9; história pessoal da autora, 128-9, 142, 147; histórias da voz e, 141-3; novo som do poder com a, 133, 154-6; parâmetro de frequência da voz, 143-4, 152, 156; propósito da, 97; variação e

alcance da, 128-36, 143-4, 234-5; *ver também* entonação ascendente; voz crepitante

Amandi, Malika, 177

ancoragem, 118

Andrógino (mitologia grega), 55

anfitriã, ser, 177-9

Angelou, Maya, 175, 207

animais: altura da voz, 131, 144-5; regras de exibição, 102; tom usado com cachorros, 157-8; vocalizações de, 63

Ardern, Jacinda, 21, 172

Armbrust, Jennifer, 157

arrastamento de ondas cerebrais, 269

arriscar, 58-60; *ver também* dimensão

Art of Gathering, The [A arte de reunir] (Parker), 178-9, 258

Art of Immersion, The [A arte da imersão] (Rose), 260

"arte de ser você mesmo, A" (palestra TED), 252

articulada, fala considerada, 207-9, 215-8

atenuadores, 71, 74, 80-4, 86

atos de fala, 61-4

autenticidade: na adolescência, 247-8, 258; definição, 112; nas emoções, 96-8, 112, 114, 123-7; gentileza e, 166, 178;

em plataformas digitais, 21; preconceito em relação a, 216, 239-40; tom e, 160

autocuidado para variação da frequência de voz, 136-8

autoridade *ver* poder; voz de autoridade

Bacon, Wallace, 97

Baer, Kate, 122

Bain Capital, 108

Baldwin, James, 182, 192

Ballour, Amani, 21

barriga, 41-4, 46, 50-2, 122; *ver também* abdômen; diafragma

Barthes, Roland, 161

Bay, Samara: contextualização, 14, 16; dissincronia entre corpo e voz, 10-1; história pessoal de altura da voz, 129, 142; história pessoal de heroísmo, 241-3, 265-6; história pessoal dos sons, 198-200; permissão para falar de, 18-23; trajetória profissional de, 16-8

BBC, 204

Bean, Judith Mattson, 52, 54

Beard, Mary, 9, 13, 54-5, 271

Because Internet (McCulloch), 162

Beecher, Catharine, 52-3

Biles, Simone, 247, 271

"boa dicção", 200-4

Body Is Not an Apology, The [O corpo não é uma desculpa] (Taylor), 59, 168

bonobos, 102

Brackett, Marc, 102, 105, 110, 122

Brous, Sharon, 21

Brown, Brené, 179

Bryson, Bill, 49, 205, 217

Buber, Martin, 212

Buchanan, Barbara, 149-50

Buldogues, 159

Burch, Tory, 17

Burey, Jodi-Ann, 60, 103

Campbell, Joseph, 254

Cassandra Speaks [Cassandra fala] (Lesser), 54, 173, 267

"cause estrago", 121

Chang, Edward, 132

Change.org, 172

Charity-Hudley, Anne, 203

Chemaly, Soraya, 106

chimpanzés, 102

chunking/agrupamento (das palavras), 221-4

Churchill, Winston, 12

Clinton, Hillary, 155

Clooney, George, 179

Coates, Jennifer, 79, 81

Colapinto, John, 63, 145

Colbert, Stephen, 12

Compelling People [Pessoas arrebatadoras] (Neffinger e Kohut), 164-5

conexão entre corpo e voz: altura e, 131-2, 136-9; apoio respiratório e, 33-6; emoção e, 102, 109, 114-24; heroísmo e, 251, 269; ocupando espaço e, 58-61; resposta de luta ou fuga, 35, 38-9, 140-1, 251; resposta da respiração no corpo, 37-46, 51-2; sem sincronia, 10-1; zona de conforto para, 19-20

conferências de física, 15

confiança, 76, 165, 168, 175-81

controlar o ritmo, 31-3, 39-40, 67-8

Convenção Nacional Democrata (2008), 223

Convenção Nacional Democrata (2020), 31, 34, 267-8

cordialidade e potência: dominar o espaço através de, 175-9; equilíbrio de, 158-61, 162-75, 179-81

costelas, 48

Create & Cultivate (fundação), 17

Cuddy, Amy, 50, 58, 122, 176

Dawkins, Richard, 135-6

de Botton, Alain, 99

de Niro, Robert, 187
de Waal, Frans, 102
de Witt, Marguerite, 202
desapego, 96-9, 126
desculpar-se, 71-5, 82-5
diafragma, 37, 40-3, 51-2
dialetos e sotaques, 183, 185-9, 190-3, 200-1, 204-5, 217
dignidade, 91-2
dignidades inalienáveis, 91-2
dimensão, 58-94; "atos de fala" ou "fazer movimentos sociais", 61-4 (ver também adiantar a carga; atenuadores; desculpar-se; entonação ascendente; voz crepitante); encolher como um hábito, 73-7; estratégias para se encolher, 67-72; exercícios de expansão, 85-7; expandir e contrair, 62, 77-85; impedimentos de fala autoimpostos, 64-7; levantar a voz, 61-2, 72; ocupar espaços, 58-60; de palavras, 224; permissão para expandir, 87-94
Dingman, Marc, 132
diretrizes para escrever um discurso, 221-5, 261-4
discriminação: no ambiente de trabalho, 164, 190-1; regras de exibição, 103-4; sons de, 190-4, 197-205
discurso ver dimensão; emoção; heroísmo; palavras; sons
Dolly Parton's America (podcast), 176
dominar o espaço, 58-60; ver também dimensão
double bind, o duplo vínculo, 159-60
Douglass, Frederick, 218
Dowd, Michael, 219
Down Girl (Manne), 166-7
Doyle, Glennon, 66-7
duende, 114, 212, 265
Dulski, Jennifer, 171

Eckert, Penelope, 83, 144, 184
Eltahawy, Mona, 21

emoção, 95-127; autenticidade de, 96-8, 112, 114, 123-7; comparação de sentimentos, 106-7; conexão do corpo com a, 102, 109, 114-24; contexto e, 124-7; desapegar de, 96-9, 101, 107, 126; exercícios de expansão, 115-23; como o novo som do poder, 127; paixão e, 108-15, 125; regras de exibição para, 102-7; vulnerabilidade e, 98-100, 109
encolher ver dimensão
encolher a barriga, costume de, 43
entonação ascendente, 64-5, 67-71, 74, 78-85
espaço ver dimensão
estresse nas palavras, ao dar um discurso, 234-5
eufonética, 202-4
exercício da bola imaginária, 85-7
exercício para relaxar a garganta, 118-21
exercícios da voz: diretrizes para escrever discursos, 221-5, 261-4; exercícios de afinação, 85-7, 136-40; exercícios de dimensão, 85-7; exercícios de emoção, 115-23; exercícios de palavras, 225-31; exercícios de respiração, 46-52, 62, 226-9
exercícios de postura, 46-52, 62, 226-8
exercícios de respiração fácil, 48-9

Faça acontecer (Sandberg), 174
fala cantante, 86, 133, 135, 186
falar, 61, 72-3
falar em público: definição, 24; diretrizes para redigir o texto, 221-5, 261-4; história das mulheres sobre, 52-6; como "ser público", 31; ver também altura da voz; dimensão; emoção; heroísmo; palavras; poder; respiração; sons; tom
fazer desvios pelo coração, 119
fazer movimentos sociais, 62, 64
feminismo, 173

"feminismo branco", 173
Fennell, Emerald, 106
Fernald, Anne, 133
Finding Your Roots (série de tv), 222
Frances-White, Deborah, 41
Friedman, Ann, 170, 197

García Lorca, Federico, 114
Garza, Alicia, 172
genuinidade *ver* autenticidade
Gershman, Sarah, 249
Gillard, Julia, 109
Gilligan, Carol, 245-8, 250, 258, 271
"girlboss", 214
Glass, Ira, 69
Godin, Seth, 40
González, X, 21, 258-9
Goodall, Jane, 271
Gorman, Amanda, 21, 207, 218
"grão" da voz, 161; *ver também* tom
gratidão, 92-3, 138, 261; construtiva, 92-3; destrutiva, 92
Grécia antiga, 96
Greenberg, Yitz, 91
Groskop, Viv, 179, 193
Guilty Feminist (podcast), 41

hábitos: histórias de voz como, 10, 19-20; poder ao abandonar, 22; sotaques e dialetos, 183, 185-93, 200-1, 204-5, 217; usando a respiração para abandonar, 36, 46-52
Handbook on Well-Being of Working Women [Manual de bem-estar para trabalhadoras] (Connerley e Wu), 97
Hanks, Tom, 12
Harris, Kamala, 31, 34, 53, 125-6
Hasson, Uri, 268-9
Hawking, Stephen, 15
Hepburn, Katharine, 203
Here All Along [Aqui desde sempre] (Hurwitz), 91

Heroine with 1001 Faces, The [A heroína de mil e uma faces] (Tatar), 54
heroísmo, 241-72; comunitário, 256-7, 266; conexão do corpo com o, 251, 269; diretrizes para histórias pessoais, 260-4, 266-70; equilíbrio entre cordialidade e potência para, 170-4; gênero e, 244-8, 254-7; história pessoal da autora, 241-3, 265-6; jornada do herói, 254-60, 269; novo som do poder para o, 271-2; poder das histórias pessoais, 243-4, 258-60; segredo para, 248-53
Herrington, Boze, 267
histórias da voz, 140-3
histórias pessoais *ver* heroísmo
Hogue, Ilyse, 111, 125-6, 194, 260
Holmes, Elizabeth, 148, 151
honestidade *ver* autenticidade
hooks, bell, 22, 125
How to Own the Room [Como prender a atenção de todos] (podcast), 135, 179
How You Say It [Como você pronuncia] (Kinzler), 189
Huerta, Dolores, 21
Hurwitz, Sarah, 91, 135, 261

"I Don't Want to Be the Strong Female Lead" [Não quero ser a líder feminina forte] (Marling), 255-6
identidade, sons de, 182, 184, 188-94, 197
idioleto, 191-2, 201
iHeartRadio, 17, 128
ikigai, 242
"imaginação linguística negra", 203
impedimentos de fala autoimpostos, 64-7; *ver também* entonação ascendente; voz crepitante
inglês afro-americano, 190-1
inglês americano padrão, 190-1, 197, 200-4
"inglês da rainha, o", 204

iniciantes no movimento *ver* heroísmo
insegurança linguística, 203
intuição *ver* abdômen
Ishiguro, Kazuo, 254, 270
It's Always Personal [É sempre pessoal]
    (Kreamer), 100

Jamil, Jameela, 21
Jiménez, Nanci Luna, 103-4
Jobs, Steve, 12
Johansson, Scarlett, 146, 222
Johnson, Dwayne "The Rock", 87
Joining the Resistance [Juntando-se à re-
    sistência] (Gilligan), 245, 247
jornada do herói/da heroína, 254-60
"Journey, The" (Oliver), 128
judaísmo, 91, 212

Kardashian, Kim, 69
Katz, Josh, 204
Kaur, Valarie, 168, 271
Kavanaugh, Brett, 102
Kelly, Megyn, 126
Keltner, Dacher, 174, 271
Kennedy, John F., 12
Keys, Alicia, 259
Kimball, Liz, 90, 138, 214, 247
King, Martin Luther, Jr., 21, 218
Kinzler, Katherine, 189, 191
Kohut, Matthew, 164-5
Krater, Jen, 120
Kraus, Michael, 193
Kreamer, Anne, 100, 112
Krebs, John, 135-6

lagartos, 63
Language and Gender [Linguagem e gê-
    nero] (Eckert and McConnell-Gi-
    net), 83, 144, 184
Lawrence, Jennifer, 75
Lead from the Outside [Liderar por fora]
    (Abrams), 93
Lesser, Elizabeth, 54, 95, 107, 173, 267

"leve seu pertencimento com você",
    177-8
Lexicon Valley (podcast), 187
liberdade vocal, 129
Lincoln, Abraham, 218
linguagem corporal, 131
linguagem da noite, 219
linguagem do dia, 217, 219
linguagem formal e a fala considerada
    articulada, 207-9, 215-8
linguagem informal, 208, 217-20
Linklater, Kristin, 120, 224
Lizzo, 21
Love, Roger, 189
lutar, fugir ou congelar (resposta), 35,
    38-9, 140-1, 251

Macy, Margot, 190-1, 202
Maddow, Rachel, 134
Mallory, Tamika, 30, 109
Manne, Kate, 166-7
mansplaining, 213
Maquiavel, Nicolau, 173
Markle, Meghan, 156
Marling, Brit, 255-6
mau uso da fala, 65, 71
McAfee, Barbara, 149
McConnell-Ginet, Sally, 83, 144, 184
McCulloch, Gretchen, 162
McHugh, Caroline, 252
McKinsey (consultoria), 108
McLemore, Cynthia, 78
McWhorter, John, 187
Meadows, Tim, 185
meditação: para conexão emocional,
    115-7; respiração e, 45, 51; para a va-
    riação de frequência da voz, 138
meditação guiada, 115-7
mensagens de texto, tom de, 162
Metamorfoses (Ovídio), 55
Microsoft, 17
Miller, Chanel, 156
Minha bela dama (filme), 15, 185

Minha história (Michelle Obama), 236
mitologia grega, 54-5
monetização da individualidade, 21
Monroe, Marilyn, 15
Montell, Amanda, 79-80, 147, 213
More Myself (Keys), 259
Morrison, Toni, 127, 241, 269
Morton, Eugene, 63
Mother Tongue, The [A língua materna]
(Bryson), 49, 205, 217
MoveOn.org, 17, 242, 264
movimentos sociais, 62, 64
"Mude o foco para os outros" como um
segredo para o heroísmo, 248-53
Mulheres e poder: um manifesto (Beard), 9,
55
"mulheres públicas", 53
música: emoção e, 114; de palavras, 234;
para respirar, 45; para a variação de
frequência da voz, 137
musicalidade, 185, 190, 199, 249

Nagoski, Emily, 271
"Não consigo respirar", grito de protesto, 28
"não", 139
Neffinger, John, 164-5
Newberg, Andrew, 139
Nichols, Lisa, 266
Nietzsche, Friedrich, 158
Noah, Trevor, 134
nódulos (vocais), 10-1, 147, 184
nomear e reivindicar, 214
novo som do poder: através da frequência de voz, 133, 154-6; através do tom,
170-5, 180-1; contexto e perspectiva
geral, 18-23; emoção como, 127; fala
e, 194-8, 206; para o heroísmo, 271-
2; com as palavras, 216, 238-40; na
respiração, 55-6; tamanho do, 93; *ver
também* voz de autoridade

O'Shaughnessy, Arthur, 229
Obama, Barack, 172, 223, 261, 265-6
Obama, Michelle, 172, 223, 236, 261-2
Ocasio-Cortez, Alexandria, 58, 89, 154,
156, 271
ocultar a voz, 107, 128-36
ocupando espaços, 175-6
odisseia, A (Homero), 54
Oliaee, Shima, 176
Oliver, Mary, 128, 133
Omar, Ilhan, 197
On Being (podcast), 136
Ovídio, 55
oxitocina, 251

paixão, 108-15, 125
palavras, 207-40; agrupamento/*chunking*
das, 221-4; cor das, 97; emoção das,
97-8; exercícios de expansão, 225-31;
linguagem formal e fala considerada
articulada, 207-9, 215-8; linguagem
informal, 208, 217-20; novo som do
poder com, 216, 238-40; permissão
para se expressar, 209-14, 216, 220;
Quatro S na preparação do discurso,
231-8
Parker, Priya, 178-9, 213-4, 258, 271
Parton, Dolly, 176, 186
patricinhas de Beverly Hills, As (filme), 70,
185
Pence, Mike, 125-6
perda de cabelo, 257
perfeccionismo: cultura de gênero do
heroísmo, 248; encontrar as palavras perfeitas, 207-11, 215-6, 239;
respiração e, 39-40
permissão para falar *ver* falar em público
Permissão para sentir (Bracket), 102, 110
pertencimento, 177-8; moldando a palavra, 225; sons de, 183-6, 189-94
Phair, Liz, 255
Plank, Liz, 156

292

plataformas digitais, 21

Plena Voz (McAfee), 149

poder, 9-25; dissincronia entre voz e corpo, 10-1; história pessoal da autora, 9-11, 14-8; mentalidade de poder pessoal, 122-3, 176; novo som do, 18-23 (*ver também* novo som do poder); paradoxo do, 23-5; poder pessoal, 122-4, 176; poder social, 122, 127; como respeito, 20; respiração e, 33-4; voz como poder, 19 (*ver também* voz de autoridade)

poder da presença, O (Cuddy), 122-3

Poo, Ai-jen, 21

Portas, Mary, 172

poses de poder, 58-9

potência e cordialidade: equilíbrio entre, 158-75, 179-81; ocupando espaço através de, 175-9

potente e delicada, 179-80

prana, 46

preconceitos sociais: falas e, 193; mulheres em público, 52-6; regras de exibição de emoções, 102-7, 162; *ver também* discriminação

"preenchimento", palavras de, 64, 71, 74, 80-4, 86

Pressley, Ayanna, 257-8

profissionalismo, 103, 124-7

pronúncia recebida, 204

Proposals for the Feminine Economy (Armbrust), 157

prostitutas chamadas de "mulheres públicas", 53

Purposeful [Com propósito] (Dulski), 171

Quatro S (preparação para a fala), 231-18

"r", som do, 186, 229

racismo *ver* discriminação

Rage Becomes Her [A raiva se torna ela] (Chemaly), 106

Rapinoe, Megan, 50, 58, 86

Rascoe, Ayesha, 196

regras de exibição para emoções, 102-7, 162

regras pop-up, 179, 213-4

Reid, Joy, 134, 156

respiração, 27-57; adiantar a carga e, 68-73; apoio para, 31-6, 51; conexão do corpo com a, 37-46; contextualização e perspectiva geral, 27, 29; controlar o ritmo, 31-3, 39-40, 67-8; exercícios de expansão, 46-52, 62, 226-30 (*ver também* dimensão); hábito de segurar o ar, 28-31, 41-2; novo som de poder na, 55-6; ousando respirar em público, 28-31, 52-6; como pontuação, 222; para variar a frequência de voz, 138; *ver também* respiração profunda

respiração das grandes decisões, 46-7

respiração em momentos decisivos, 50-2

respiração pela barriga, 41-4, 51, 118

respiração profunda: apoio de respiração para, 31-3; conexão entre o corpo e a respiração, 41-5; exercícios para, 46-52; hábito de se conter, 28-31, 41-2; rompendo com a tradição, 55-6

"respirando bem", 34, 41, 46

respirar para liberar, 47-8

respirar pelo diafragma, 46

Roberts, David, 126

Rodgers, Rachel, 271

Rose, Frank, 260

Rubin, Donald, 192

Ruiz, Michelle, 89

Runyan, Christine, 136-9

Russell, Bertrand, 14

sabedoria instintiva, 41, 122

Saint John, Bozoma, 21

Saleem, Safwat, 194

Sandberg, Sheryl, 174

Saturday Night Live esquetes, 70, 185
Scheele, Dirk, 251
See No Stranger [Não veja nenhum estranho] (Kaur), 168
sentido, ao fazer um discurso, 232, 235-8
sentimentos: comparação de emoções, 106-7 (*ver também* emoção); expressar com palavras, 211
"ser alguém público", 31
sereias (mitologia grega), 55
Silverstone, Alicia, 70
"sim", 139
síndrome da impostora, 60, 89-90, 93
Skinner, Edith, 199, 201, 203
Smith, Anna Deavere, 215
Snyder, Lori, 115
Sociedade Americana de Eugenia, 202
Solnit, Rebecca, 213, 256
sons, 182-206; definições, 184; nos discursos, 232, 234; história pessoal da autora, 198-200; identidade e, 182-3, 189-94, 197; orgulho e o novo som do poder, 194-8, 206; o poder da padronização dos, 189-94, 197-205; sotaques e dialetos, 183, 185-93, 200-1, 204-5, 217; tendências vocais, 186; *ver também* novo som do poder
Sow, Aminatou, 170
Speak with Distinction [Fale com distinção] (Skinner), 199, 201, 203
"status feliz", 179
Stewart, Jimmy, 203
Stoiber, Edmund, 186
Stone, Emma, 75
Sun Tzu, 173
Sweeney Todd (peça), 88

Talk to Me [Fale comigo] (Smith), 215
Tannen, Deborah, 77
Tatar, Maria, 54
Taxi Driver (filme), 187
Taylor, Recy, 84
Taylor, Sonya Renee, 59, 168

Teoria do Brilho, 170
Thatcher, Margaret, 148
Theranos, 148
This American Life (podcast), 69
This Is the Voice [Essa é a voz] (Colapinto), 63, 145
"This Is Your Brain on Communication" [Esse é o seu cérebro durante a comunicação] (TED Talk), 268
Thunberg, Greta, 21, 156, 271
Tilghman, Shirley, 59
Tilly, William, 201-4
timbre, 161; *ver também* tom
"tipo" (palavra de "preenchimento"), 64, 82
Tippett, Krista, 136
Tolentino, Jia, 21, 255
tom, 157-81; contexto e perspectiva geral, 157-8; definição, 157, 160-2; emoções de, 97-8; equilíbrio entre potência e cordialidade, 158-75, 179-81; gêneros do, 159; das mensagens de texto, 162; monótono, 128-30, 134; novo som do poder através do, 170-5, 180-1; ocupando o espaço através do, 175-9; regras de exibição para, 104-5, 161
três dignidades inalienáveis, 91
Trick Mirror [O espelho que engana] (Tolentino), 255
Trimble, Michael, 98
Tulshyan, Ruchika, 60
Turner, Kathleen, 146

"Valley Girl" (Zappa), 71
valores: cordialidade e, 168-70; dignidades inalienáveis, 91-2; junção de potência e cordialidade e, 172-4, 180-1; em mudar o ambiente de trabalho, 124; poder pessoal e, 122-3, 176; sentimentos e emoções como reflexo de, 105-7, 112; truque para a síndrome de impostora, 93
vestidos tubinho, 43

Virando a mesa do poder (documentário), 58
visualização de mentalidade, 122-3
voz *ver* altura; dimensão; emoção; heroísmo; palavras; respiração; sons; tom
voz de autoridade: altura e, 130, 143, 148; Beard sobre, 9, 13; novo som da, 18-23 (*ver também* novo som do poder); padrão da, 12-4, 55, 68, 126; padronização do som da linguagem como, 190-4, 197-205; tom e, 159-60, 163
voz crepitante, 64-5, 67-70, 74-8, 82-5, 119
voz diferente, Uma (Gilligan), 245-6
voz sexy do quarto, 146-7
voz de Starbucks, 130, 146
voz de super-herói, 131
vulnerabilidade: definição, 99; engajamento e, 99-100, 109; heroísmo e, 171, 254, 257-8; nas plataformas digitais, 21, 99

W20, 17
Wadhwa, Hitendra, 124
Waldman, Mark, 139
Wallace, Nicole, 134
Wambach, Abby, 237
Warren, Elizabeth, 267-8
Waters, Maxine, 271
Watson, Emma, 27

"What the Fuck Is My Black Voice?" [O que diabos é minha voz negra] (Macy), 190-1
"When the Hero Is the Problem" [Quando o herói é o problema] (Solnit), 256
Whippman, Ruth, 72
Wiig, Kristen, 70
Williams, Michelle, 109
Williams, Serena, 102
Williams, Tanya O., 58
Wilson, Kate, 198-200
Winfrey, Oprah, 21, 66-7, 69, 75, 84, 165-6
Wolf, Lizzie, 108, 110
Words Can Change Your Brain [As palavras podem mudar seu cérebro] (Newberg and Waldman), 139
Wordslut (Montell), 79, 147, 213
Work Like a Woman [Trabalhe como uma mulher] (Portas), 172

Ybarra, Stephanie, 238
Yoquinto, Luke, 251
You Just Don't Understand [Você simplesmente não entende] (Tannen), 77
Your Brain, Explained [Explicando seu cérebro] (Dingman), 132
Yousafzai, Malala, 21

Zappa, Frank, 71
Zenger/Folkman, 172

TIPOGRAFIA Adriane por Marconi Lima
DIAGRAMAÇÃO Osmane Garcia Filho
PAPEL Pólen Natural, Suzano S.A.
IMPRESSÃO Gráfica Bartira, junho de 2023

A marca FSC® é a garantia de que a madeira utilizada na fabricação do papel deste livro provém de florestas que foram gerenciadas de maneira ambientalmente correta, socialmente justa e economicamente viável, além de outras fontes de origem controlada.